类型学视野的汉语条件句研究

王春辉 著

商務印書館
创于1897 The Commercial Press

图书在版编目（CIP）数据

类型学视野的汉语条件句研究 / 王春辉著 . —北京：商务印书馆，2024
ISBN 978-7-100-23581-5

Ⅰ. ①类… Ⅱ. ①王… Ⅲ. ①汉语—句法—研究
Ⅳ. ① H146.3

中国国家版本馆 CIP 数据核字（2024）第 062381 号

本书为“教育部人文社会科学研究青年基金项目（11YJC740098）”资助项目

类型学视野的汉语条件句研究
王春辉 著

商 务 印 书 馆 出 版
（北京王府井大街 36 号 邮政编码 100710）
商 务 印 书 馆 发 行
北京盛通印刷股份有限公司印刷
ISBN 978 - 7 - 100 - 23581 - 5

2024 年 6 月第 1 版　　开本 710 × 1000 1/16
2024 年 6 月北京第 1 次印刷　　印张 20¼

定价：78.00 元

好酒更需酝酿期

——序王春辉《类型学视野的汉语条件句研究》

2024年2月14日，农历正月初五，王春辉微信发来他的书稿《类型学视野的汉语条件句研究》，这是他的博士论文，商务印书馆即将出版，请我写序。我有些恍然，毕业十五年了，论文才出版？又有些喜悦，终于要付梓了，功德圆满。看来好论文需要有个“发酵”过程，好好酝酿，不过这发酵过程也太长了点！

春辉2006年进入中国社科院研究生院跟我攻读博士学位，课程学业、阅读问学，都很勤奋，唯独博士论文定题一事颇费点时间。他在武汉大学求学时，专注于社会语言学，尤对拉波夫的变异社会语言学感兴趣。记得考博面试时，我问他若被录取，准备做何研究？他说了两个选题，一是普通话中的[u][v]变异分析，二是民族地区的双语教育考察，都属于拉波夫范式。入学后，我让他选修了社科院语言所的多门课程，如认知语法、功能语法、类型学、语法化、方言学等，先打打基础，开阔开阔视野。2007年下半年定博士论文选题，几经更易，直到2008年初，终于确定为从类型学的视角来研究汉语的条件句。

语言类型学有古典和现代之分，19世纪欧洲的历史比较语言学聚焦形态类型的研究，属于古典语言类型学；20世纪60年代美国约瑟·格林伯格所开创的聚焦蕴含共性的研究，属于现代语言类型学。格林伯格的理论一出现就得到中国学界的引介，但在80年代之后才获得较大关注。从类型学视角研究汉语，可以较方便地发现汉语的特点与共性，也可以用汉语研究的成果丰富语言类型学理论，故而进入新世纪，语言类型学渐成一时显学。

春辉的博士论文，当时名为《汉语条件句的结构与功能》，从语言类型学的视角研究汉语的条件句。论文评审委员和答辩委员都对论文给予了很好的评价。有专家说，对条件句与违实性、时态、语气、体、情态、极性、语序类型、话题结构等方面的研究，填补了空白或首次得到正面的系统考察，考察结果不乏新知卓见，而大量语料的量化统计为文中新见提供了有力的材料支撑。有专家指出，对“条件小句是话题”说法的深入剖析和中肯评价，极富启发性。也有答辩委员认为，这是迄今为止汉语条件句研究中最具独到见解、最富原创价值的一项重要的研究成果；把汉语条件句的研究推向了更加广阔的领域和更为科学的高度。这些评语有因专家厚爱而给予的溢美之词，但也说明当时的论文的确有可称道之处。

近日，我把新收到的论文定稿与当年的论文原稿做了简单比对，发现春辉对全书都加强了理论的阐发、观点的论证以及文字上的梳理润色，特别是对“条件句中的‘那/那么’”“汉语的‘除非’条件句”“汉语的比较关联条件句”“时间与条件的交叠”等章节做了较多补充，使论文的整体性和系统性进一步得到提升。一个科学问题，需要长时间盯着不放，需要长时间的钻研思考。这长长的发酵过程看来还是值得的，酿得一坛香醇老酒。

总体看，春辉这部书稿有许多值得赞赏的特点：第一，语言材料丰富。所用语料，既有专用语料库的，也有广播剧本的，还有借用他人文献的和自省的；第二，参考文献扎实。将近600篇（部）的参考文献，使得论文能站在前人时贤的肩膀上有所创新发展；第三，研究视野开阔。将汉语条件句放在世界语言的条件句系统中，将条件范畴放在相关语言范畴，以及共时和历时相结合的系统中，从而将汉语条件句的研究放置在广阔的视域中；第四，积极吸收前沿成果。在充分吸收语言类型学成果的基础上，还借鉴、利用了构式语法、语法化、认知语言学等当时多方向的前沿理论和方法，获取了多领域的新的学术给养。

汉语的单句与复句，语言学研究的兴趣点很不相同。单句研究主要关注句子成分的组合问题，组合规律涉及句子结构和结构语义问题；复句研究主要关注分句间的组合问题，组合原理主要是逻辑语义关系。所以在汉语中，单句属于句法范畴，复句属于章法范畴，故而语言学对它们的研究兴趣点不同。

条件句是复句的一种。在外部，它与让步复句、假设复句、因果复句都有纠葛；其内部如何分类，各家有各家的看法。条件句的研究就逻辑语义关系看，涉及必要条件、充分条件和无条件，涉及假设和让步；就分句的连接和条件关系看，涉及条件句与结果句的先后位序，涉及上下文的话语连接，涉及不同条件关系的关联词语和标记等。条件句研究所涉及的这些问题，春辉的这部著作都涉及了，而且也都有自己的处理意见，虽然这些意见不见得人人同意。

从思维的角度看，条件句表述的是一种因果关系，即在什么条件下可能发生什么事情。事情可能发生在任何的“可能世界”里，不同的条件就是不同的“可能世界”，现实世界亦即真实世界，只是可能世界之一个。就此来看，条件句的使用就是在进行涉及因果关系的逻辑思维，对因果关系把握的不同，条件的实现与否，便有了推论、预测、想象等认知思维活动。条件句的使用，可以训练人的因果思维能力，可以开发人的推论、预测、想象能力，可以评价人的思维品质。科技语域和议论文文体，其条件句使用的频率和特点也许与其他语域、文体有别，春辉有暇时可以就这方面的情况再做探究。

多年前，春辉的学术兴趣从研究语言本身转向研究语言生活，在语言政策、语言治理等领域取得了不少成果，可谓是“华丽转身”。之所以能够华丽转身，应是有“描写语言”的基本功做基础。所谓描写语言，是指对某种真实的语言现象进行调查、描写、分析的能力。我觉得，不管做语言学哪个领域的研究，都应有描写语言的基本功。

李宇明

2024年2月19日

农历正月初十，雨水之日

序于惧闲聊斋

目　录

第一章　绪　论

条件句（conditional sentences）直接反映了人类的一些独特能力：在不同条件下进行推理、在不完整信息的基础上予以推论、想象不同条件之间的可能关系，以及理解如果某些关系产生了变化，其表述的世界将如何改变等。了解构造和解释条件句的这一能力的心理和行为机制，将有助于加深对人类认知过程、语言能力以及推理策略的认识。也正因如此，条件句受到了来自不同学界的共同关注，特别是哲学、心理学和语言学。[①]

在儿童语言习得的过程中，复句的习得一般要晚于单句，偏正复句的习得要晚于并列复句，而条件句的习得则是各类偏正复句中较晚习得的类型，这一点在许多语言中都已得到了证明（武进之等，1986；Bowerman，1986；Reilly，1986；缪小春、朱曼殊，1989；Katis，1997；李宇明，2004：235—244；Tommola，2005：363）[②]。

条件句是如此复杂，以至于许多学者都指出，要给条件句以及条件性（conditionality）下一个语言学的定义到现在为止依然是很困难的（Ferguson *et al.*，1986：5—6；Wierzbicka，1997：15；Dancygier & Sweetser，2005：8—9）。

本书的研究对象，就是汉语中的条件句，如例（1）—（4）所示：

---

① 哲学和心理学界的相关论述可参见 Traugott *et al*（1986）、Evans & Over（2004）等文献。

② 这是整体的发展趋势，不同语言条件句的习得状况可能会有差异（Akatsuka & Clancy，1993；Katis, 1997），而不同连词所引导的条件句次类习得的时间可能也存在差异（李宇明，2004：241—244）。

（1）如果作家失去与人物的内心联系，而仅仅作表面的描写，那么，肯定的，读者也就会失去与人物的内心联系。（COCO，304）[①]

（2）只要我们愿意记得，还肯尝试，就能凭借妈妈的地址、妈妈的电话号码，联系那已经在飘浮的迁徙中遗失的自己。（COCO，72）

（3）只有加强各种文明之间的交流，推动各种文明共同进步，世界和平与发展的崇高事业才能真正实现。（COCO，1）

（4）不管他曾逆料与否，总之他身后得逢知己是事实，他的世界以文字的因缘无限制地绵延下去也是事实。（COCO，42）

传统上汉语条件句的研究几乎都是在汉语本体系内部展开的，这也是汉语复句研究的整体状况。笔者则试图从跨语言类型学的视角，以功能-类型诸理论为基础，在继承汉语传统研究的基础上，借鉴国际上复句研究的一些新理论和新方法来审视汉语条件句。在对比和比较中，探索汉语条件复句的共性与个性。

第一节　国际学界及汉语学界相关研究的状况

1.1　国际学界类型学视角的研究状况

1983年12月在美国斯坦福大学举行了一次“条件句和认知过程”研讨会。会后1986年由Traugott等四位学者编辑出版了论文集*On Conditionals*。共收论文17篇，展示了当时哲学、心理学、语言学界对条件句研究的最新成果。其中语言学视角的文章大部分都具有类型学的背景。

时隔十年，1994年3月德国杜伊斯堡大学再次举办了关于条件句的研讨会，会议的中心议题是“条件性”。为了保持与十年前研讨会的连续性，

---

① 语料的使用和例句的标注体例详见下文第三节的介绍。

1997年由Athanasiadou和Dirven编辑出版的论文集便命名为*On Conditionals Again*。与*On Conditionals*相比，新论文集主要是从语言学角度研究条件句的。Athanasiadou指出，论文集独特而终极的目的就是将条件性置于一般的概念化过程（conceptualization）这一更广阔的框架中进行考察，即哪些概念范畴是归属条件性的，哪些不是；条件性这一概念能达到怎样的程度（Athanasiadou，1997：1）。论文集的整体思路是偏向认知的，但仍明显地具有很强的类型学特征。

20世纪90年代，以俄罗斯科学院圣彼得堡语言研究所为主的一批学者从类型学的视角完成了对人类条件句的一次系统考察。这次大规模考察的成果就是Xrakovskij主编的论文集*Typology of Conditional Constructions*。该论文集于1997年用俄文出版，并于2005年被翻译为英语，由Lincom Europa公司出版。这部论文集集中考察的语言达到了24种，论文集厚达700页。虽然论文集的整体特征偏向事实描述，但从语言类型学角度来说，这部论文集无疑是人类条件句研究的经典之作。特别值得一提的是，论文集第二部分第18章专门对古代汉语的条件句进行了考察。

除了这三次大规模、系统性的研究，其实从语言类型学这一研究视角出现伊始，就已经将条件句纳入了考察的范围，Greenberg（1966：84）的共性14：在条件陈述句中，所有语言都以条件小句处于结论之前为正常语序。之后的研究除了少数研究涉及了小句间语序以外（如Dissal，2001），大部分研究都着眼于条件句标记与条件小句的语序（如Dryer，1992a、1992b、2005；Kortmann，1997、1998、2001等）。

此外，Haiman（1978）通过跨语言的材料详细论证了条件小句和话题之间的密切关系；Traugott（1985）跨语言地考察了条件标记的语法化来源；Cristofaro（2003）和Thompson *et al.*（2007）在讨论状语性主从复句时，对条件句的一些类型学特征也多有涉及；Podlesskaya（2001）探讨了条件句的许多句法方面的类型特征；Haspelmath & König（1998）对欧洲诸语言中的让步条件句进行了详细考察。

1.2 汉语条件句的研究现状①

以往汉语条件句的研究，主要集中在以下几个方面：

一、汉语条件句范围的界定，包括条件句与其他类复句的区分与划界，条件句的次类划分，如吕叔湘（2004）、王维贤等（1994）、邢福义（2001）等。

二、汉语条件句的逻辑语义考察，包括条件句内部小句之间的语义关系以及与其他类复句的区别，条件连词的语义特征及相互间的比较，条件句的假设性问题等，如邢福义（1986），贺阳（1997），蒋严（2000），徐阳春（2002），徐李洁（2004），Haiman & Kuteva（2002），李莉莉（2011），龚波、谢明君（2012），王芳（2014）等。

三、从语法化或方言的角度对条件连词进行考察，比如项梦冰（1998）、邢向东（2002、2005、2006）、董秀芳（2004）、江蓝生（2004）、张丽丽（2006）、刘丹青（2007）、饭田真纪（2012）等。

四、个别研究涉及了汉语条件句小句间的结构关系、会话功能、构式特征、语序问题或者形式句法的方面，如陆丙甫、金立鑫（1988），姚双云（2012），龙国富（2013），张炼强（1992a、1992b），Gasde & Paul（1996）等。

五、近些年，大陆以外的一些学者开始从认知或篇章功能的角度对汉语条件句进行分析，如Kuo（2006）从信息地位与话语功能角度进行研究，Yang（2007）从认知角度进行了探讨。

六、从类型学视角进行的研究比较少，主要是Wang（1995、2006）和Yeh（2000）对汉语条件句语序的研究。

① 这里只是简单举例说明几类研究的视角。更多的研究文献将在之后的章节中不断呈现。

第二节　几个必要的交代

2.1　几个范围的澄清

除非特别注明，本书“汉语”指的就是现代汉语普通话。必要时会涉及古代汉语和汉语方言的材料，届时会予以注明。

Zaefferer（1991）依据构成条件小句的语法单位类型，将条件小句分成了三类，其实也就是三类条件句，即词汇条件句、短语条件句和小句条件句。本书研究的范围限于最后一类。

“条件句”不等于“条件性”。表达条件性的结构统称为“条件结构”（conditional constructions），条件小句只是条件结构的一种类型，如例（5a）的画线部分。其他表示条件性的结构包括词汇性的，如例（5b）的画线部分；短语性的，如例（5c）的画线部分；小句性的除了条件小句，还有关系性小句等，如例（5d）的画线部分。

（5）a. 只要咱老百姓都动起来，他们就如过街老鼠，逃不出法律的制裁。（COCO，78）

b. 神采，常会使平庸的相貌变得美丽和动人。这是一种只有艺术大师才能捕捉到的美。流动的美，生命的美。（张洁，《漫长的路》）

c. 同时，在靳以先生的支持下，在《文群》上也出过若干期《诗垦地专页》。（曾卓，《曾卓小传》）

d. 门前有一块广场，钢厂保卫处有规定，商贩不得堵住大门口，必须给进出工厂的汽车留出通道。（蒋子龙，《赤橙黄绿青蓝紫》）①

其他语言中的情况也如此，比如英语中除了条件小句，也有其他表达条

① 例（5b、5c、5d）转引自邢福义（2001a：379）。

件性的结构，例（6a）是介词短语，例（6b）是关系性小句（Athanasiadou & Dirven，1997：93）：

（6）a. Without water in the radiator, the engine will overheat immediately.

b. I'll only buy a car whose engine cannot overheat.

此外，文中主要术语第一次出现时会给出对应的英语原文，之后则不再标示。

2.2 语料来源及标示

本书语料的来源及其标示主要有以下几类情况：

一、社科院语言所研制的COCO语料库。所引语例后面用"（COCO，数字）"进行标示，"数字"是此例在笔者所搜集的所有此类条件句例句中的编号；有的用"（现代汉语/北京日报，数字）"等来标示，表示选取的语料来自COCO的某一栏；还有的标明了出处。

二、《中国广播剧精品选》（北京广播电视出版社，2007）的语料。原书共8册，320万字，分单本剧（三册）、连续剧（四册）、儿童剧（一册），我们选取的是单本剧三册，约120万字。剧目选取的原则是，文言词句较浓的以及欧化较重的剧目，没有算入[①]；只选取对话中的语料，对"旁白、解说、人物独白、情景介绍"等类文字不予考虑。所引例句用"（广播剧，数字）"标示。

三、所引文献中的语料，以及作者自省的个别例句。前者的出处依据原文，后者则一律未标出处。使用其他语言的语料时，非英语的先给出英语译文，然后给出汉语译文；英语语料只在必要时才给出汉语译文。不同学者可能使用不同的术语缩略语，为了避免混淆，都按照本书的体例进行了统一，行文中不再一一注明。

① 如《没有织完的筒裙》《杜十娘》《陈妙常》《项链》《诗人纳扎尔》《大禹的传说》《史圣司马迁》《新秦琼卖马》《孤独的向日葵》《落星石》《猫和水暖工》《奥立弗》《路过天堂》等。

第二章　汉语条件句系统

第一节　复句及其构成

汉语学界和国际学界对条件句的认识和研究存在一定的差异，这些差异的部分原因要归结于两学界在整个复句研究范式上的不同。所以在进入条件句的界定之前，有必要先来看一下汉语学界和国际学界对复句认识的异同，以及我们的看法。

1.1　汉语范式与国际范式①

汉语学界与国际学界在复句的性质及复句研究的观念上存在很大的差异。②这些差异突出地表现在两个方面：一是两学界对复句内部次类划分的认识不同，二是对复句构成单位的认识不同。

1.1.1　对复句范围的认识差异

汉语学界在句型下面先分出单句和复句，复句再分为并列复句和偏正复

① "范式"的说法是为了行文方便，并没有将两者对立起来的意思，而是它们互为参照。"国际范式"在此指的是国际语言学界普遍通行的一些认识和研究路向。

② 汉语语言学界和国际语言学界在术语的使用及研究的思路和方法等各方面的差异可以从刘丹青（2008）中清楚地看到。

句[1]，如图2-1所示：

- 句型
  - 单句
  - 复句
    - 并列复句
    - 偏正复句

图2-1　句型分类的国内范式

国际学界的术语体系中与单句（simple sentences）相对的句型是合成句（composite sentences），后者又包括复合句[2]（compound sentences）和复杂句（complex sentences），如图2-2所示。复合句和复杂句的区别就在于前者内部小句之间是并列关系（coordination），后者的小句之间是主从关系（main subordination）。

- 句型
  - 单句
  - 合成句
    - 复合句（并列关系）
    - 复杂句（主从关系）

图2-2　句型分类的国际范式[3]

---

① 除了二分法，还有直分法和三分法，如《马氏文通》、《语法修辞讲话》就都是直接分类而没有上位层的类别，在《暂拟汉语教学语法系统》基础上制定的《中学教学语法系统提要》也是直分（转引自金美兰2006：4）；采用三分法的如邢福义（1985，2001a）、房玉清（1992）、范晓主编（1998）。但是采用二分法的还是占绝大多数，如黎锦熙（2000［1924］）、丁声树等（1979［1961］）、张静（1986）、刘振铎（1986）、胡裕树主编（1995）、马真（1997）、刘月华等（2001）、钱乃荣主编（2001）、黄伯荣、廖序东（2002）、张斌（2002）等。并列复句又称作"等立复句、联合（复）句"等；偏正复句又称为"主从复句、偏正句"等，本书取较为通行的说法。

② 王力（1985［1943］：55—67）、丁声树等（1979［1961］：131—134）曾以"复合句"来统称汉语中的复句，但与这里的概念内涵不同。

③ 句型分类的国际范式还可参看刘丹青（2005b、2008）、Foley & van Valin（1984）、Haiman & Thompson（1988）、Payne（1997）、Lyons（2000［1995］）、Bybee *et al.*（2001）、Croft（2001）、Shopen（2007：vol. 2）等文献。

除了可能在个别下位次类的有无上存在差异，汉语范式的并列复句都包含在国际范式的复合句之中。但它们之间还有一点重要差异，就是转折复句在国际范式中（adversative complex sentences）是包括在复合句中的，但在汉语范式中却被认为是偏正复句的一种[①]。

而偏正复句和复杂句之间的关系就不是这么简单了。复杂句一般按照从属小句（subordinate clauses）结构语义上的差异，可以分为三种类型：

一、功能相当于名词短语的小句，是其所嵌入（embedded）的小句的论元（arguments），称为补语性小句（complement clauses）。其与主句结合构成的复杂句就是补语性主从复杂句，如例（1）所示。其中例（1a）中的“the snake bit the boy”和例（1b）中的“that the snake bit the boy”就分别相当于其所嵌入的主句的受事和施事论元。

（1）a. Everyone knew the snake bit the boy.

b. That the snake bit the boy upset me.

二、功能与形容词类似，相当于名词修饰语的小句，称为关系性小句（relative clauses）。其与主句结合构成的复杂句就是关系性主从复杂句，如例（2）。“that bit the boy”和“who was bitten”分别是例（2a）与例（2b）中的关系性小句。

（2）a. I saw the snake that bit the boy.

b. The boy who was bitten died last night.

三、为主句提供一个情景语境，功能上相当于动词短语或整个命题的修饰语的小句，称为状语性小句（adverbial clauses）。其与主句结合构成的复杂句就是状语性主从复杂句，如例（3）。“the snake bit him”在例（3a）中作时间状语从句，在例（3b）中则是条件状语从句。

① 其实在黎锦熙（2000［1924］）、王力（1985［1943］）、王了一（1982［1946］）等老一辈学者的早期著述中，转折复句是被归入并列复句一类的，但不知从何时起归入偏正复句的观点开始占据了上风，并一直延续至今。

(3) a. The boy was very sick after the snake bit him.

b. If the snake bit him, He will scream.[①]

上述三类小句中，补语性小句和关系性小句在从属连续统上表示的是一种内嵌结构，即它们分别是在另一个小句或一个名词短语之内。但是状语性小句则被看作是与主句间的小句连接（clause combining），因为它们是作为一个整体与主句发生联系。所以，从对主句的依附程度上来说，状语性小句的依附程度要远低于其他两类。[②]（Whaley，1997：247—248；Thompson *et al.*，2007：237—238）

将例（1）—（3）的例句翻译成汉语，可以得到例（4）—（6）的句子。

（4）a. 每个人都知道蛇咬了那个男孩。

b. 蛇咬了那个男孩让我心烦意乱。

（5）a. 我看见那条咬伤男孩的蛇了。

b. 那个被咬伤的男孩昨天晚上死了。

（6）a. 蛇咬了他之后，那个男孩病得很重。

b. 如果蛇咬到他，他会尖叫起来。

通过译文可以看到，传统上汉语学界是将例（4）—（5）这类句子称为“包孕句”[③]（沈开木，1989；黎锦熙，2000［1924］；王力，1985［1943］；Chao，1968：108—109），之后则被分别称为“主谓短语作宾语/主语”和“主谓短语

---

① 例（1）—（3）都引自Whaley（1997：247），其中例（3b）原文是一个因果句。考虑到本书的研究对象，将之换为了条件句。

② 详见下文第三节的论述。

③ 汉语中较早使用“包孕句”这一术语的，是严复的《英文汉诂》，但其内涵与之后的用法很不相同（沈开木，1989；全力波，2004）。之后各家对包孕句的处理是从复句（如黎锦熙，2000［1924］）到单句，特别是王力（1985［1943］）将之划归单句之后，大家一般就认同单句说了。Chao（1968：108—109）将之翻译为“pregnant sentences”，并列出了包孕句和复句之间的三点不同：1. 包孕句当中的母句跟子句之间通常没有停顿或停顿语助词，而一般复句里的附属分句跟主要分句之间，就常有一个可能的停顿或停顿语助词，跟主谓语之间的情形一样；2. 复句中的附属分句常用一个连词起头，而包孕句里的子句就从来不用连词；3. 包孕句里的子句因为是整个句子的一个成分，所以缺了它母句就不完整。

作定语"（朱德熙，1982），都是将它们归入单句范畴的，只有例（6）一类的句子才被看作是复句。也就是说汉语学界所指的偏正复句基本上就相当于国际学界所说的由状语性小句构成的复杂句。

至此，我们可以将汉语学界和国际学界在句型认识上的差异及对照关系绘成图2-3[①]：

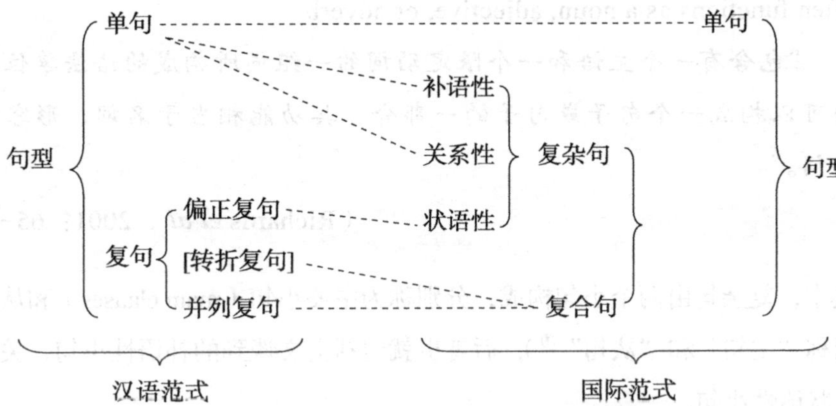

图2-3 汉语范式与国际范式句型对照图

1.1.2 对复句构成单位的认识差异

两种范式的第二点差异，在于国际上通行的句子（包括单句和合成句）的构成单位是小句（clauses），它是一个"小于句子但大于短语、词或语素的语法结构单位"（克里斯特尔，2004：58—59）。下面是几家对小句的定义：

> Any syntactic unit whose structure is, or is seen as reduced from, that of a sentence. Thus, in particular, one which includes a verb and the elements that accompany it.

---

① 这种对应只能是"大致地"，因为首先汉语在单句、复句的划分上就很困难（吕叔湘，2005［1979］；邢福义，1993、2001a等），其次两种范式次类内部会存在某些偏差，比如汉语所说的偏正复句其偏句对主句来说都是状语性的吗。本书无意对它们的对应关系作更详细的论证，而仅是指出两种范式的大致对应，在图中用"虚线"来表示这种大致性。

“结构是一个句子或可以看作是从一个句子简化而来的句法单位，特别是包含有一个动词及其伴随成分的单位。”

（Matthews，1997：55）

A group of words which form a grammatical unit and which contain a subject and a finite verb. A clause forms a sentence or part of a sentence and often functions as a noun, adjective, or adverb.

“包含有一个主语和一个限定动词的一组词所构成的语法单位。小句可以构成一个句子或句子的一部分，其功能相当于名词、形容词或副词。”

（Richards *et al.*，2001：65—66）

其中，复杂句由两个小句构成，分别称为主要小句（main clauses）和从属小句（简称“主句”和“从句”[①]），后者也就包括上文谈到的补语性小句、关系性小句和状语性小句。

汉语学界对句子构成单位的认识则有些模糊，往往认为单句是词与词的组合（朱德熙，1982：21—22）；而说到复句的构成单位，就见仁见智了，如下面几家的定义所示：

句中有两个以上的句子形式，而且他们的联结是比较松弛的，所以咱们可以在每一个句子形式的终点作语音的停顿。这叫作复合句。

（王力，1985［1943］：56）

由一个独立的主谓结构形成的句子叫单句。……两个或两个以上在意义上有关联的主谓结构联合起来表达一个完整意思，每一个都不做另一个的任何成分，这样的句子叫复句。组成复句的主谓结构叫分句。

（朱德熙，1956）

① 关于从句，可参看刘丹青（2008：16—17）。

复句是由两个或几个意义上密切联系、结构上互不包含的单句形式组成的句子。

（黄伯荣、廖序东，1983：426）

两个或两个以上在意义上密切相关的单句形式构成的语法单位，称为复句。组成复句的各个单句形式，叫作分句。

（钱乃荣主编，2001：307）

复句是包含两个或几个分句的句子。小句是复句构成的基础，任何复句都由两个或几个小句所构成。但是复句一旦形成，其中的小句便不再是独立的一个一个单句，而是共同组成复句的一个一个分句。因此，从复句构成的结果说，分句是复句的构成部分，若分析复句的构成部分，得到的便是两个或几个分句。……复句中的小句，是分句化的小句，即分句。

（邢福义，1996：301—302）

复句是一个句子，所以其构成成分肯定是一个小于句子的单位，至于这个单位的性质，上述各家分别采用了“句子形式、主谓结构、单句形式、分句、小句”的说法。术语使用上的不同，本质上反映的是对汉语语法单位系统认识的差异。前四种认识代表的是传统汉语语法单位体系的观念（如朱德熙，1982；张斌，1998），即：

语素——词——短语——句子（单句、复句）

而最后一种说法的体系则是：

语素——词——短语——小句——复句[①]

① 邢福义（1995、1996）将这些单位称为“语法实体”，而“复句”之上还有“句群”一级。

1.2 本书对汉语复句及其构成的界定

1.2.1 关于汉语复句的内部次类划分

本书遵从国际范式，也就是认为例（4）—（6）的句子都是复句而非单句，它们分别是补语性主从复句、关系性主从复句和状语性主从复句[①]，条件句是状语性主从复句的一种。鉴于此，本书将保留汉语学界传统上“并列复句”的说法，将包括汉语传统上的“偏正复句”在内的其他复句统称为“主从复句”。

至于转折复句，本书倾向于将之归入并列复句一类。具体原因有以下几点：

一、国内范式将其归入偏正复句一类，侧重的是其前后小句的语义轻重，即后一小句在语义上要比前一小句更加重要，是说话人最想表达的部分，所以前偏而后正。但是这种角度是无法将例（7）（8）这样的转折句包括在内的。而国际范式则是侧重其两小句间在结构上的独立性，将之归入并列复句一类，这样，例（7）（8）归入转折复句就没有问题了。

（7）小王在北京有两套房子，而小张却还住在租的房子里。

（8）小静喜欢古典音乐，但小宁却喜欢现代的流行音乐。

二、与转折复句同属偏正复句的次类（如条件、时间、原因、目的等）都是依据前一小句之于后一小句的语义特征划分出来的，即它们都可以进入“A是B的……”这个推导式中，如例（9）中，“‘你把这些苹果都吃掉’（A）是‘我给你一百块钱’（B）的条件”，依此类推。但是转折句无法进入这个推导式，因为转折句前后小句在结构上是并列的。

（9）如果你把这些苹果都吃掉，我就给你一百块钱。

---

① 当然，在某些复句上可能存在纠葛，但是从典型性的角度来说，这几类区分应该是清楚的。此外，这种区分也有利于一些问题的解释，比如石毓智（2000、2001b）以及徐默凡（2005）等所讨论的“从句标准”就只限于前两类，而并不适用于最后一类。

三、从句法结构上来说，条件、原因等偏正复句的偏句可以看作是主句的状语性修饰成分，而转折复句的前后小句之间则不具备这种句法关系。

四、从篇章—语用属性上来说，条件、原因等偏正复句的偏句在它们前置的时候，可以被看作具有话题的功能[①]，而转折小句的前置小句则无论如何也无法与话题关联起来。

基于上述缘由，本书的汉语复句内部次类划分系统如图2-4：

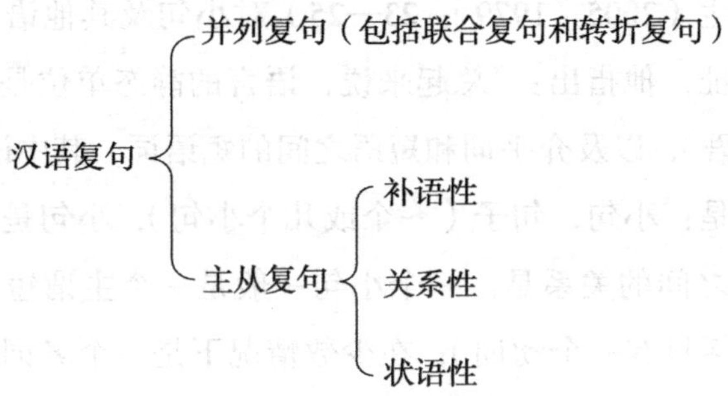

图2-4　本书对汉语复句的分类

1.2.2　关于复句的构成单位

本书认为是复句（以及单句）的基本构成单位是“小句”[②]。小句的概念是：小句是一个至少包含有一个谓语和一个显性或隐性主语的语法单位，它表达了一个命题。

如此一来，本书认同的汉语语法单位体系就是：

语素——词——短语——小句——句子（单句、复句）

“小句”的概念在汉语学界由来已久，据孙良明（2012）的考证，“小句”一词最早出现于严复的《英文汉诂》中，之后其命运一波三折。真正对后学者

① 详见后文第十三章的论述。

② 本章此处只讨论复句和小句的关系，而不涉及从语法上说小句和句子哪个是更为基本的单位这一争论（如Lyons，2000［1995］：161—162/176—177；陆镜光，2006等）。

产生了较大影响，并继之以研究的是吕叔湘（2004［1944］）、（2005［1979］）。吕先生（2004［1944］：101）指出："从形式方面着眼，复句往往可以中途停顿，每一个这样的停顿，假如含有一个或一个以上的词结，我们称之为小句，假如不够一个词结，我们称之为顿，这两个名称不是句法上的名称（如词结、句、简句、繁句、复句等），但是有了这两个名称，述说的时候方便些。"在同书的"表达论：关系"一卷中，吕先生就是用小句来讨论各种复句的。之后的研究，吕先生（2005［1979］：23—25）对小句及其他语法单位的关系进行了更详尽的论证，他指出："总起来说，语言的静态单位是：语素，词，短语（包括主谓短语），以及介乎词和短语之间的短语词，其中语素是基本单位。语言的动态单位是：小句，句子（一个或几个小句），小句是基本单位。静态单位和动态单位之间的关系是：一个小句一般是一个主谓短语；也常常是一个动词短语（包括只有一个动词）；在少数情况下是一个名词短语（包括只有一个名词）。这三种情况同样适用于独立的小句（=句子）和非独立的小句。"

	独立小句=句子	非独立小句
主谓短语	你知道？	你知道，我可不知道
动词短语	快来！	你要看，快来！
名词短语	一个脚印！	一个脚印罢了，也值得大惊小怪！

本书对小句的界定与吕先生的界定较为接近，但是吕先生将充当句子成分的主谓短语排除在小句之外（吕叔湘，2005［1979］：23），而在本书的体系中这却正是小句的核心所在。此外，本书将小句看作是静态单位，是最高一级的语法单位。

邢福义继承吕叔湘的思路，提出了"小句中枢"学说（1995、1996、2000、2001b、2001c、2004）。他对"小句"的定义是，"小句是最小的具有表述性和独立性的语法单位"（邢福义，1996：13），就其外延来说"首先指的是单句，其次指的是结构上相当于或大体上相当于单句的分句"，而"把充当句子成分的主谓短语排除在小句之外"（邢福义，1996：15）。从邢先生的体系可以看出，小句可以看作是等同于单句的，而一旦进入复句，它们就是分句。本书对小句的界定显然有所不同，表现在以下几个方面：1）小句和单句之间是构成和被构成的关系，即句子是由小句构成，而句子又分为单句和复句，小句不等同于单句；2）本书不用“分句”的概念，即小句在进入句子前后都是“小句”的身份，而不是入句前是“小句”而入句后则成了“分句”；3）充当句子成分的主谓短语也是小句。

陈立民（2007）也曾经对“小句”提出过自己的看法，他的界定是：“主张从过去所谓的句子中分出两个语法单位来：句子和复句。句子就是过去所说的单句和复句中的分句。……复句就是过去说的复句，由两个或两个以上的句子按照一定的方式构成。……句子不是直接由短语构成的，在句子和短语之间还有一级语法单位，我们称之为小句。句子是由小句构成的，小句才是由短语构成的。”所以他给出的汉语语法单位体系是：

语素→词→（短语）词组→小句→句子→复句

很明显，本书的观点也不同于此。整体上来看，本书的上述界定更接近于储泽祥（2004）以及屈承熹（2006［1998］：270—271）的论述。储泽祥（2004：49—51）指出：“句子是由一个或若干个小句构成的。词有单纯词与合成词，句子有单句和复句，由一个小句构成的句子就是单句，由两个或两个以上的小句构成的句子就是复句，构成单句的小句是独立小句，复句里的小句（即通常所说的分句）是非独立小句。”“小句包括：分句；单句；居于宾语、补语、主语或谓语位置上的可以独立成句的主谓结构体；紧缩句。后两者是不典型的小句。最典型的小句是传统所说的分句，其次是单句。”他给出的汉语语法单位可图示如下：

静态单位　　　　　　　　　　　　　　　动态单位

语素→词（单纯词和合成词）→短语……小句→句子（单句和复句）→句群

与之不同的是，本书将小句也看作静态单位，是最大的语法单位（陆镜光，2006）。

屈承熹（2006［1998］：27）的“小句”定义是：“包含至少一个谓语，这个谓语可以是不同的形式。”比如下面例（10）中的谓语：

（10）a. 他们来了。
b. 他们住在城里。
c. 他们都很好。
d. 他们家三个人。

其实许多学者已经在依照上述“小句”的概念进行研究了，只不过都未给出一个严格的界定，比如王明华（1989）、王灿龙（2000）、高增霞（2005）、王华（2007、2008）等的研究。其他相关研究可以参看王文格（2010）的综述。而小句在语法（包括对单句、复句及篇章等层面）研究中的价值也正被越来越多的学者所重视（如《汉语学报》2004、2005年的几期讨论，以及Thompson & Couper-Kuhlen2005的研究等）。

对汉语来说，“小句”这一级语法单位的价值一直为人们所忽视的一个重要原因，可能是自《马氏文通》以来的汉语语法研究主要以短语和单句为核心研究对象，而这二者在句法结构上又具有很强的一致性（朱德熙，1982、1985），所以无须借助“小句”这一级单位。可是当研究的视角转向复句时，“小句”的地位就突显了出来，因为“在西方语言中，复句问题可以基本上由单句的句法来解决，而汉语的分句组合规律与单句的句法很不一样，是‘超句法’的问题。因此，词类本位、句成分本位和词组本位，都不能解决汉语的复句问题，更难以解决篇章语法的问题。提出‘小句中枢说’也正是看到了汉语的这一结构特点，就此而言，‘小句中枢’更接近于汉语的特点。”（李宇明，1997：19），这也可能正是“小句中枢说”只有在以复句为核心研究对象的情况下才被提出来的根本原因[①]。

---

① “小句中枢说”与其他几类“本位”观念的比较可以参看萧国政（1995），李宇明（1997），金立鑫、白水振（2003），徐杰（2005）等。

第二节　条件句及其构成

与上述在复句的认识上存在差异一样，汉语学界和国际学界对条件句的认识和研究也存在许多差异。有了上节的认识作基础，本节就来看一下两学界在条件句上的异同，以及我们的界定与分类。

2.1　汉语范式与国际范式

两种范式差异的突出表现不是在条件句的定义方面，而是在条件句的界定范围，以及由此而带来的各次类条件句的受重视程度的差异。

2.1.1　条件句定义的趋同

先来看两组国际学界和汉语学界对条件句的定义：

> 条件句是包含有状语性情景小句的句子的一个次类（subclass），典型的条件句是if句。它包含两个小句，一个是条件小句（protasis），一个是结果小句（apodosis）[①]，前者表达命题的实现与否与后者所表达命题的实现程度相关。
>
> （Podlesskaya，2001：998）
>
> 条件句是一个由两个小句构成的结构，其中一个小句是由if（前面可能有only、even或except）或一个意思上与if、only if、except if相当的词或短语引导。
>
> （Declerck & Reed，2001：9）
>
> 条件句是分句间具有条件和结果的关系的复句。
>
> （邢福义主编，1991：362）

① 这两个小句有两套术语与之对应，一套是遵循希腊语传统，主要用于语言学特别是语法学分析的“protasisapodosis”；另一套则是源于拉丁语传统，一般用于逻辑以及语言学中的语义学分析的“antecedent-consequent”，往往被称为“前件—后件”。关于这两套术语的对应关系可以参看Zaefferer（1991：210—211）等。

（条件句）表示条件和结果的关系。从句提出条件，主句说出结果。

（马真，1997：123）

（条件复句是）前行分句说出某种条件，后续分句说出该条件得到的结果。分句之间是“条件……结果”关系。

（邵敬敏主编，2001：254）

从上述两组定义的对比中可以看到，无论是结构关系还是语义关系，二者几乎没什么不同。二者差异的关键也的确无关句法和语义关系，而在于它们对条件句范围界定。下面先比较汉语学界和国际学界对条件句的次类划分，然后再比较二者的差异。

2.1.2 条件句范围及次类划分的认识差异

2.1.2.1 汉语条件句的次类划分

汉语的条件句到底包括哪些次类，一直以来学界众说纷纭。归纳起来，主要包括表2-1的一些系统。

表2-1 已有的汉语条件句次类划分①

	条件句分类	代表文献
i	必要条件句（只有、除非），充分条件句（只要），无条件句（无论、不管），假设句，“否则”句	王维贤等（1994）
ii	假设的条件（如果），特定的条件/一般条件（只有、只要），无条件的条件（不管、无论）	丁声树（1961），胡裕树（1995），范晓（1998）
iii	充分条件句（如果、只要），必要条件句（只有、除非），无条件的条件（不管、无论）	张斌（2002）

① 对国内条件句的分类系统，出于避免重复的考虑，笔者绘制此表而不再细述。本表也基本囊括了国内条件句分类的主要系统。

续表

	条件句分类	代表文献
iv	假定条件句（如果），特定条件句［又分为充足条件句（只要）、必要条件句（只有、除非）、周遍条件句（无论、不管）］	邵敬敏（2001）
v	特定条件句/有条件句（只有、只要、除非），无条件句（无论、不论、不管）	马　真（1997），刘月华（2001），钱乃荣（2001），黄伯荣、廖序东（2002）
vi	充足条件（只要），必要条件（只有），"除非……，否则……"类条件	房玉清（1992），邢福义（1998、2001）

从表2-1可以看出：

第一，国内学界都认同将"只要、只有、不管"类连词引导的复句纳入条件句的范围，但是在"如果"类连词引导的复句的归属上则有较大差异：要么就是将之从条件句中划分出来，单独列为一类"假设复句"（如黎锦熙，2000［1924］；刘振铎，1986；房玉清，1992；马真，1997；邢福义，1998、2001；刘月华等，2001；黄伯荣、廖序东，2002等），表2-1中i、v、vi三类属于这种情况；要么就是虽归入条件句但并不认为它是典型类型①（如张静，1986；胡裕树，1995；范晓，1998等），表2-1中ii、iii、iv三类属于这种情况。

第二，在条件句各次类的范围和术语的使用上分歧严重，从第i类到第vi类条件句的范围就是依次缩小。此外，还要指出的是，虽然有此分歧，但各家在划分类型时，无一例外是以连词所反映的逻辑语义关系为基础。

前贤在对条件句（以及其他状语性复句）进行分类时，往往只着眼于汉语本身，限于在汉语内部进行讨论而没有一个参照点，所以学者们见仁见智也就不足为怪了。本节则会介绍国际学界关于条件句分类的一些成果，在国

① 王力（1985［1943］：59—61）所说的"条件式"主从句专指"如果"类连词引导的复句，是一个例外。

内和国际分类的相互参照、互相比较中得出一些有用的结论。

2.1.2.2 国际上条件句的次类划分

国际上对条件句的划分大致可以分为三个大的派别：形式分类、语义分类和认知分类。

一、形式分类（formal）

纯粹依据条件句的时、体等句法特征对条件句进行的分类，可以分别称为条件句Ⅰ、条件句Ⅱ和条件句Ⅲ。如下几例所示（Werth，1997：245；Declerck & Reed，2001：Chapter 7）：

（11）If prices go up, I'll sell my car / I sell my car.

现在时　将来时　现在时

（12）If prices went up, I'd sell my car.

过去时　条件时（conditional）[①]

（13）If prices had gone up, I'd have sold my car.

过去完成时　条件完成时（conditional perfect）

这种角度的划分也是国际学界的传统划分方式之一。这类划分对印欧语系等一些形态较发达的语言是合适的，但对形态相对缺乏的汉语来说显然并不适用。而就这种划分系统本身来说，其核心功能也是描写性的而非解释性的。鉴于此，此处不再过多讨论。

二、语义分类（semantic）

根据条件句所表示的语义特征对其进行分类。这个角度的分类是分支最多也是最有成效的一种分类。下面对各分支一一说明：

（一）真实性（reality）+ 非真实性（unreality），如Thompson *et al.*（2007：255—256）。真实性条件句指的是那些指称"真实现在"（real present）、惯性

① "条件时"及下面的"条件完成时"是西方语言学传统语法中的术语，指的是用would、should或相当于此类情态动词的形式，或者是用专用的形态来标记出来的（如法语）一种时态（克里斯特尔，2004：75）。

/习性（habitual/ generic）或过去情形（past situations）的条件句，如下面几例所示：

（14）If it's raining out there, my car is getting wet.　（真实现在）

（15）If you step on the brake, the car slows down.　（惯性/习性）

（16）If you were at the party, then you know about Sue and Fred.（过去情形）

非真实性条件句是指称非真实情形的条件句。可分为两类：一类是我们想象（imagine）可能会是什么或已经可能是什么，另一类是我们预测（predict）会是什么，可以分别称之为"想象条件句"和"预测条件句"。其中，"想象条件句"又可以分为"假定条件句"（hypothetical）[①]和"违实条件句"（counterfactual）两小类，前者是有可能会发生的情形，而后者则没有发生或不可能发生。例子如下：

（17）a. If I saw David, I'd speak Barai with him.（what might be – 假定）

b. If you had been at the concert, you would have been seen Ravi Shankar.（what might have been – 违实）

（18）If he gets the job, we'll all celebrate.　（预测）

这种分类系统有很多变体，但基本上大同小异。有的也是二分，即分为开放条件句（open）和假定条件句，前者包括上述的真实性条件句和预测条件句，后者则与想象条件句相当（Leech & Svartvik，1975）；也有的二分是将真实性条件句、预测条件句和假定条件句合称为"非真实条件句"，而将违实条件句单独列为一类（Givón，2001：330—335）；有的则是三分，即真实条件句、假定条件句和违实条件句，将真实性条件句和预测条件句合称为"真实条件句"，其他两类与上述"想象条件句"的两次类相对应（Taylor，

---

① "hypothetical"一词经常出现在条件句的次类划分系统中，但是在不同系统中其内涵和外延并不相同，Declerck & Reed（2001：14）有较好的汇总。

1997）。Li & Thompson（1981：646—651）就曾借鉴这最后一种划分方法分析过汉语的条件句。不过同时他们也指出，汉语中没有像如英语中的助动词、时、体等标记来标示是哪一类条件句，所以判断给定的条件句究竟是哪一类，要取决于语境。

应当指出，这种视角的语义分类事实上依据的是说话人的认识状态（epistemic status）：即当说话人知道条件小句所指称的情形已经发生、发生着或将要发生时，就会用真实条件句；当说话人不知道所指称的情形是否发生了、发生着或将要发生时，就会用假定条件句；当说话人知道所指称的情形没有发生、不发生或不会发生时，就会用违实条件句。

尽管这种分类还是与时、体、语气等句法特征密切相关，但是这种分类对汉语条件句研究还是比较有意义的，特别是违实条件句这一类型。虽然汉语中“违实性”还不足以构成一个独立的语法范畴，但是显然违实性是一个具有跨语言性质的语义范畴。前贤针对汉语违实条件句已经有了一些成果（如蒋严，2000；李晋霞，2010等），但是显然无论从句法还是语义上，都有必要对之进行更深入的研究。①

（二）简单（simple）+假想（hypothetical）+违实（counterfactual）+否定（negative）+让步（concessive）+言语行为（speech-act）。这类划分以Payne（1997：319—320, 2006：299—230）为代表，各自例句分别如下：

（19）If you make her laugh, you have a life.（简单）

（20）If I were to see David, I would speak Quechua with him.（假定）

（21）If you had been in the concert, you would have seen Ravi Shankar.（违实）

（22）Unless it rains, we'll have our picnic.（否定）

（23）Even if it rains, we'll have our picnic.（让步）

（24）If you are thirsty there's coke in the refrigerator.（言语行为）

① 详见下文第三章及第九章相关部分的分析。

可以看出，其前三类与上文（一）中的分类并无太大差别，而后三类则较为显眼。“否定条件句”基本上相当于汉语中以“除非”引导的条件句，这类条件句无论从共时还是历时来说，可能都是条件句内部最为复杂的类型之一[①]。“让步条件句”其实不仅包括“even if”（即使）引导的条件句，还包括了相当于汉语的“不管、无论、不论”等连词引导的条件句。例（23）例（25a）（25b）分别被称作“量级让步条件句”（scalar）“选择让步条件句”（alternative）和“普适让步条件句”（universal）。

（25）a. Whether we get any financial support or not, we will go ahead with our project.

b. No matter how much（/However much）financial support we get, we will go ahead with your project.

正如表2-1所示，传统上国内学界是将这类条件句称为“无条件句”或“周遍条件句”，前贤也多有论述（如王维贤等，1994：109—121；黄卫星，2001等）。而作为一个具有类型学意义的条件句次类，我们有必要在类型学框架内对这类条件句做进一步探讨。[②]

而对言语行为条件句来说，国内的探讨更是远远不够，还没有成系统地进行研究。

（三）事件过程+假想+语用+逻辑。这是Athanasiadou & Dirven（1996）的分类系统，他们分了两大类四小类，如下所示：

1. 基于事件的条件句（event-based conditionals）

（1）事件过程条件句（course of events conditionals, CEC）

If there is a drought like this year, the eggs remain dormant.

（2）假定条件句（hypothetical conditionals, HC）

---

① 详见下文第十章的论述。

② 详见下文第八章的论述。

If there is no water in your radiator, your engine will overheat immediately.

2. 边缘条件句（marginal conditionals）

（1）会话“如果”条件句（conversational if-clauses, CIC）

He had learnt far more from him than from his tutors, if the truth were known.

（2）逻辑“如果”条件句（logical if-clauses, LIC）

If there's an elite in China, she wrote, it's the masses; and the masses are the workers, peasants and soldiers.

其中，事件过程条件句可以再细分为描写（descriptive）、推论（inferencing）和启示（instructive）三小类；而假定条件句又分为中性（neutral）、非中性（non-neutral）和外围（peripheral）三小类。基于事件的两类条件句关注的都是前后小句所表征的事件的关系，区别在于：CEC指称的是一般的或临时重复（recurring）的事件，而HC通常指称的是假设的事件，而且往往是一次发生的事件；CEC可以指称时间上同时的或连续的事件，而HC则只能指称时间上连续的；CEC指称真实时间，而HC则指称假设时间。

会话“如果”条件句的条件小句完全不指称任何事件，而是与正在发生的言语事件相联，而且也正是这种关联使条件小句成为可能。

逻辑“如果”条件句其实是一个元语言操作（metalinguistic operation），这类条件句指称的不是两个而是一个事件，其参与者之一的逻辑确认是以真值条件为基础的。

之后的研究中（Athanasiadou & Dirven，1997b、2000），他们将会话“如果”条件句改称“语用条件句”（pragmatic conditionals），连同事件过程和假定条件句一起看作是条件句的三个主要类型。

这种分类在国际上的影响不是很广泛，追随者较少，而且也存在着一些缺陷（Declerck & Reed，2001：5—6）。但是正如Athanasiadou & Dirven

（1997b：61—62）所指出的，传统上对条件句的研究以及得出的结论其实是仅限于其分类中的假定条件句一类，而对事件过程和语用这两类核心条件句的关注则较少。这一点与上文（二）中的“言语行为条件句”类似。

（四）认知分类（cognitive）。即从心理认知角度对条件句进行的分类。Sweetser和Dancygier是心理认知角度分析条件句的代表人物，她们秉承的理念是通过自然语言条件句的研究来探究语言和人类认知-思维之间的密切关系，她们的理论基础是Fauconnier（1994［1985］、1997）所提倡的“心理空间”理论（mental spaces）以及Fillmore（1988）、Fillmore & Kay（1999）和Goldberg（1995）等人提出的“构式语法”理论（Construction Grammar）。

Sweetser（1990）首先提出了“事理/行域”（content）、“认识/知域”（epidemic）和“言语行为/言域”（speech act）三个概念域（conceptual domains），并将三域理论应用到了复句特别是条件句的分析当中，例子分别如下：

（26）If Mary goes, John will go.　（事理/行域）

（27）If she's divorced,（then）she's been married.　（认识/知域）

（28）If I may say so, that's a crazy idea.　（言语行为/言域）

此后，Sweester（1996）又提出了“元隐喻域”（meta-metaphorical），它表达的是隐喻映射之间的关系，如例（29）就涉及“桥”和“马”这两个域之间的隐喻。“马”域和“桥”域在谱系历史、美丽程度和实用价值等方面具有可比性，一旦人们在这两个域之间建立起了隐喻关联，那么它们就可应用在这样的条件句中。这类条件句其实可以看作是言语行为条件句的一个次类（Dancygier & Sweetser，2005：132）。在这一点上汉语比英语等语言，表现要明显得多，因为汉语中这类条件句的标记是“如果说”，其中就包含着一个正在语法化的言说动词“说”[①]（李晋霞、刘云，2003；方梅，2006）。

（29）If the beautiful Golden Gate is the thoroughbred of bridges, the Bay Bridge is the workhorse.

接着Dancygier（1998）在上述四域之外又增加了一个域“元语言域”（metalinguistic），即条件小句对结果小句来说，是一个元语言意义上的条件。如：

（30）The philosophy of life, if it could be defined by such a phrase, was beyond his grasp.

Dancygier & Sweetser（2005）二人合作的最新成果，也是她们长期以来研究条件句和条件意义的集大成之作，就是在之前提出的五类认知域之外，又提出了第六个认知域：元空间域（metaspatial）（Dancygier & Sweetser, 2005：136—137）。“元空间条件句”往往用于对比语境中，对某两个事项进行对比述说时使用，比如例（31）的上文语境是在对比其他女人与“罗二娘”的不同，就以得罪了其他人和得罪了“罗二娘”作对比，这时条件小句所建立的就是“元空间域”。

（31）你以为，得罪罗二娘，就只是得罪她一家是不是？要只是这样，好像也就不需要太多的勇气了；不，事情远远不这样简单呢！你得罪了一尊神，也就是对所有的神明的不敬；得罪了姓罗的一家，也就得罪了梨花屯整个的上层！瞧，我们这乡场，是这样的狭小，偏僻，边远，四小里是漠漠的水田，不远的地方就横着大山青黛的脊梁，但对于我们梨花屯的男男女女来说，这仿佛就是整个的人世。比方说，要是你没有从街上那爿唯一的店子里买好半

① 关于“如果说”，有的学者认为是一个短语“如果+说”（邝岚，2004；吕叔湘主编，1999），有的认为已经词汇化为一个连词了（邢福义，2001）。本书同意李晋霞、刘云（2003）的观点，将它看作是一个正在词汇化的成分，但是其连词的性质已经比较明显了。

瓶煤油、一块肥皂，那你就不用指望再到哪儿去弄到了！……但是，如果你得罪了罗二娘的话，你就会发觉商店的老陈也会对你冷冷的，于是你夜里会没有光亮，也不知道该用些什么来洗你的衣裳；更不要说，在二月里，曹支书还会一笔勾掉该发给你的回销粮，使你难度春荒；你慌慌张张地，想在第二天去找一找乡场上那位姓宋的书记，但就在当晚，你无意中听人说起，宋书记刚用麻袋不知从罗二娘家里装走了什么东西！（COCO，567）

概念域达到了六个，与之相应的条件句也就被分作六类，分别是：事理条件句、认识条件句、言语行为条件句、元语言条件句、元隐喻条件句和元空间条件句。相比较而言，前三类是最典型、最核心的条件句类型，后三类相对来说使用得较少，特别是最后两类更是如此。

许多研究已经证明了认知域划分对汉语复句研究的推进作用（如沈家煊、王伟，2002；沈家煊，2003；张宝胜，2006等），但依此角度针对汉语条件句的专门研究则尚待进一步拓展。

2.1.2.3　两种范式的差异

比较上述事实可以发现，汉语学界和国际学界对条件句范围及其次类划分有很大差异，这些差异主要表现在以下几个方面：

一、汉语学界注重逻辑—语义的二维，而国际学界注重语形—语义—认知的三维。汉语的条件句分类几乎都着眼于逻辑语义以及与之相对应的不同条件连词的划分。而国际学界则不同，它重视的是语义的而非逻辑的视角；此外，由于一些语言形态较发达，它也注重前后小句形态上的表现；认知语言学的兴起，则将学者们的视线引向了条件句的认知划分。

与国际学界相比，汉语学界对汉语条件句的逻辑特征更为关注（如杨树森，1994；贺阳，1997；聂炎，2002等），这从表2-1中“充分条件句”和“必要条件句”的命名中就可以明显地看出来。如此“关注”的关键原因之一，就在于汉语中有语法化程度较高的专用连词“只要”和“只有”来表达实质蕴涵逻辑中的“充分条件”和“必要条件”。汉语的这一表现并不奇怪，因为各种语言的条件句所选择的语法化的视角不一样，比如有的语言对真实条件句—违实条件句有系统的语法区分，如上文形式分类中英语的例子，汉语等语言就没有这种形式区分；有的则用专门的语法标记来标示出条件句中事件的“期望性”（desirability）程度，即它们有专门的标记来表示条件小句和结果小句所表示的命题是说话人不期望发生的，比如日语中的-tewa和韩语中的-taka引导的条件句就是如此（Akatsuka，1997），而汉语、英语等语言中则没有相应的语法化手段。汉语选择的视角是将与“充分条件”“必要条件”“无条件”（unconditional）等实质蕴涵逻辑特征相对应的语言形式进行语法化与范畴化，但英语等语言却是使用其他手段来表示，如使用程度副词加条件标记“only if、if only、even if”，以及总括类疑问代词“whatever、whoever”等词汇形式来表示。与汉语类似的语言比较少见，印尼语是其中之一。印尼语中有专门表达充分条件的连词asal和asalkan，相当于“只要”（Ogloblin，2005：468—469）。

与汉语学界不同，国际学界在探讨条件句逻辑特征时的核心关注对象是“如果”类连词引导的条件句，而汉语对“如果”类复句的考察则较少关注其逻辑特征，更多关注的是其假设性特征。

此外，虽然汉语学界非常注重依据语义的划分，但显然无论是从分类设置的参数数量上，还是从语义特征挖掘的深度上，与国际学界都有着不小的差距。

二、对待“if-如果”引导的条件句的不同态度。“if-如果”引导的条件句是国际学界条件句研究的核心，而汉语学界在对待“如果”类连词引导的复句时如引言中所述，往往另立一类“假设复句”，但是另设一类会遇到以下两个问题：

（一）“假设复句”和“条件复句”的区分并没有实质性的依据，二者的差异也仅仅在于前者更偏重假设，后者更偏重条件。支持这一看法的证据至少有两方面：第一，即使是将假设和条件作为两类复句并行起来的学者也明显表达了这种观点。刘月华等（2001：875）指出："假设复句与条件复句有相通之处，因假设复句的偏句也包含条件的意思，条件复句的偏句也包含假设的意思，不同的是，一个侧重假设，一个侧重条件。"邢福义（2001：41）认为"条件句……跟假设句相比较，这类复句也以虚拟性原因作为推断前提，但着重强调所虚拟的原因是条件"。甚至有的学者尽管将二者分为两类，但是给它们的定义却几乎是相同的，房玉清（1992：367—371）说"所谓假设，实际上是一种尚未实现的原因，因此也是一种因果关系"，"所谓条件，实际上是一种假设的尚未实现的原因，因此也是一种因果关系"。第二，在是否区分二者这一点上，有的学者采取了兼顾的态度。如吕叔湘（2004［1944］：408）就认为"因为条件和假设可以有这种种不同的区分方法，我们索性不去分别，把这种句子总称为假设句，把假设之辞称为条件，假设的后果简称为后果，两者之间的关系成为条件关系"。张斌（2002）则用"假定条件句"来统括假设和条件复句，甚至有的学者认为"条件句"就专指"如果"类连词引导的复句，如王力（1985［1943］：59—61）。

（二）徐阳春（2002）指出"复句类别的命名大多着眼于不同分句之间在语义上的联系，如并列、递进、选择、条件、因果、目的、转折等，说的都是不同分句之间在语义上的联系。似乎只有假设比较特殊，其命名的着眼点在于分句所述情况与现实的关系"。

考虑到上述两点，也是从复句整体系统的划分着眼，本书认为在复句次类中分出"假设复句"既不科学，也无必要，还是将"如果"类连词引导的复句归入"条件复句"更好。而且如前所述，这类条件句也正是条件句的典型类型。

三、"即使"类复句的归属有差异。如前文语义分类部分所述，国际学界把"即使"类连词引导的复句连同"无论、不管"等引导的复句一起归入"让步条件句"，着眼的是其让步语义和条件语义兼有的特征。

而传统上汉语学界则将"即使"类连词引导的复句归入"让步句"。但是出于以下原因，将"即使"句归入"让步条件句"也未尝不可：

（一）"即使"类连词引导的复句和"无论"类引导的复句具有以下一些共同特征，这是"尽管"类连词引导的典型的让步复句所不具备的：

1."即使"类和"无论"类连词引导的复句都涉及一个量级（scale），而且都遵循"全量肯定否定规律"（石毓智，2001：41/78；沈家煊，1999：94—96），即对一个最小量的否定意味着全量否定；对一个最大量的肯定意味着全量肯定。"无论"类连词引导的复句可以看作是两个或多个"如果"类小句的相加，比如例（32a）就可以解读为例（33a）[①]，而例（32b）则可以解读为例（33b）。如果我们将"z"和"实现理想"看作各自量级的最大量，那么肯定了它们也就意味着肯定了其他所有量中的例子。照此类推，如果将"不喜欢"看作例（34）中喜欢量级的最小量，那么否定了它也就意味着否定了其他所有量。"即使"类连词对上述规律的反映更直接一些，例（32c）对"报答"的全量否定就是通过否定最小量"方子不传给我"实现的，与之相对的最大量是"方子传给我"。例（35）对"她省钱买蔷薇花"的肯定，则是通过对日子难易量级上最难、最穷者这一最大量的肯定实现的。

（32）a. 老实说，不管你跟谁结婚，结婚以后，你总发现你娶的不是原来的人，换了另一个。（COCO，45）

b. 我却以为无论她能不能实现这一理想，她为之奋斗的一系列行为本身就是美的。（COCO，21）

c. 我虽是义子，可和您的亲生儿子又有什么两样？即使方子不传给我，您对我的养育之恩，我都报答不完的。（COCO，67）

（33）a. 老实说，如果你跟x结婚，结婚以后……换了另一个人；如果你跟y结婚，结婚以后……换了个人；如果你跟z结婚，……

b. 我却以为如果她能实现这一理想，她为之奋斗的一系列行为本身就是美的；如果她不能实现这一理想，这一系列行为本身也是美的。

---

① 当然现实中人们可能不会这样说，但并不妨碍我们做出这样的解读。

（34）我向你保证永远不以嘲笑的态度对待你的每句话，不管我喜欢不喜欢我永远不对你隐瞒我的真实看法。（COCO，8）

（35）即使在最难、最穷的日子里，她也要从嘴里省下钱，为换些蔷薇花，插在窗台的大花瓶里。（COCO，47）

2. 尽管有些“即使”类连词引导的复句不具有假设性（邢福义，1985），但是假设性依然是此类复句的重要特征之一，而让步句的典型类型“尽管”类连词引导的复句则一定没有假设性（龚千炎，1985；王力，1985：62；冯志纯，1990；张斌，1998：53；刘月华等，2001：875）。

（二）许多语言中“即使”类连词与其他类条件连词之间往往在共时或历时上有联系，如英语中的if-even if；古拉丁语、罗马语中的si（if）- etsi, etiamsi, tametsi（even if）（Harris，1988：77）等就有着共同的语法成分。而汉语中“假使”类连词与“即使”类连词则都与使役动词“使”的虚化有关（太田辰夫，2003［1958］：306；洪波，1998；徐丹，2003；张丽丽，2006；池昌海、凌瑜，2008；郑丽，2008）。

四、典型与非典型条件句的差异。从前文论述可以看出，国际上所界定的条件句的典型类型相当于汉语中的“如果”类连词所引导的条件句，而汉语学界所界定的条件句的典型类型则是以“只要、只有、无论”类连词引导的条件句。先按下“只要、只有”类不说，让步条件句与“如果”类连词引导的条件句相比，是一类非典型条件句。原因如下：

1. 典型条件句可以用并列（coordinate）或并联（paratactic）结构来表达，但让步条件句则不可以（Haiman，1983、1986：216），如例（36）就只能解读为“只要”或“如果”，而不能解读为“即使”[①]。

（36）你再往前走一步，我就开枪了。

---

① 即使是“不……不……”这样的紧缩形式也是如此（寿永明，1997；陆承刚，1998）。

2.典型条件句可以有“双条件”的解读①，但是让步条件句则不可以（König，1986；Dancygier & Sweetser，1997：119—122），如例（37a）就有“如果你不去响应，你就不会变得更加充实，更加能够有力地生活”的解读，而例（37b）则没有相应的解释。

（37）a.在经过你的时候它们都带着自己表情，只要你去响应，你就会变得更加充实，更加能够有力地生活……（COCO，95）

b.对幼儿来说，他们的观点、情感、意志可以自由表达，很少受到约束和控制，即使他们把一朵红花涂上很多黑点，大人也不会随意指责他们。（COCO，45）

3.典型条件句的结果小句可以使用连词“那/那么”，如例（38），但是让步条件句通常是不可以的②，即使有个别例外出现，也是有严格条件的（Dancygier & Sweetser，1997：119—122；Dancygier & Sweetser，2005：161—168）。比如我们将例（37b）的结果小句中加入“那么”，整个句子就比较别扭了。

（38）只要我们都明白，态度是最重要的，知道对我们队员来讲，每一场比赛都是最重要的，那么我们就将是一支强大的球队。（COCO，19）

4.让步条件句的前后小句之间有一种转折（adversative）关系，但是典型条件句则没有。

2.2 本书对汉语条件句的界定及分类

本书对汉语条件句的界定遵循以逻辑语义关系为定义基准的传统，给出的

---

① 又被称为“条件完善原则”（conditional perfection），由Geis and Zwicky（1971）首先提出，可以表述为：形式为X＞Y的句子邀约到形式为～ X＞～ Y的推理（Geis and Zwicky，1971：562）。

② 可参看下文第七章的论述。

定义如下：

条件句，是由两个小句组合而成的复句，其中一个小句所表达的命题的实现是另一个小句所表达命题得以实现的前提条件，前一小句称为“条件小句”，后者称为“结果小句”。

截至此处，上文的分析都是针对形式和语义对称（symmetry）的条件句。具体说来，就是前后小句在语义上有条件关系，在形式上又有条件标记[①]的条件句，这类条件句无疑是条件句系统的核心类型。基于上文的分析，并借鉴汉语传统以及普通语言学界的分类体系和术语，本书将这些汉语条件句分为三大类，即假定条件句、特定条件句和让步条件句。

假定条件句：着眼于前后小句较之其他类条件句更为突显的假设性特征[②]，典型的连词是“如果”类连词，其他连词还包括“要是、若是、假使、假如、倘若、倘、若、要、设若、万一、一旦”等；

特定条件句：着眼于它们与逻辑上区分的条件的大致对应关系，典型的连词是“只要”类连词和“只有”类连词，以及否定连词“除非”等；

让步条件句：着眼于条件小句的让步特征以及小句间的轻微转折关系，典型的连词是“无论、不论、不管、即使”类连词，其他如“纵然、就是、哪怕、即便”等。

此外，很多文献也将一些只在前后小句的语义上有条件关系但却没有形式标记的复句也归入了条件句的范围，比如并列条件句、祈使条件句、比较条件句等，这几类条件句的形式和语义之间是不对称（asymmetry）的。例如：

（39）你一直这样做下去，肯定会有成功的一天。

（40）你再往前走，我就开枪了。

---

① 具体到汉语，主要是“如果、只要、只有、无论”等条件连词，但从类型学的视角来看则不限于此。详见下文第 五章的论述。

② 对假设性特征的讨论详见第三章第二节的论述。

（41）你越是装得若无其事，他心里越是比你还急。

本书将类似例（39）—（41）这类句子也包括在条件句范围之内，但它们只能算作条件句的边缘次类。

综上所述，我们可以将汉语的条件句系统表示为图2-5：

- 汉语条件句
  - 核心条件句（形-义对称）
    - 典型条件句 —— 假定条件句
    - 非典型条件句
      - 特定条件句
        - 充分条件句
        - 必要条件句
      - 让步条件句
  - 边缘条件句（形-义非对称）
    - 祈使条件句
    - 并列条件句
    - 比较条件句

图2-5　汉语的条件句系统

“核心”（central）与“边缘”（peripheral）的区分主要依据一个标准：形-义是否对称。“典型”（prototypical）与“非典型”（non-prototypical）的区分依据三个标准：1）是否仅表达条件义，如让步条件除了有条件语义，还有让步语义；2）假设性特征，如特定条件句就主要是表达实质蕴涵逻辑中的充分条件和必要条件。它们通常表达的是习惯性事件，具有持久性（persistency）或常规性（conventionality）的特征，因此基本不具备假设性特征；3）跨语言的普遍程度，如特定条件句在类型学的视野中就不太常见。

2.3　两点进一步的说明

一、特定条件句其实是接近“元条件”（meta-condition）的一类条件句，它们只用来表达实质蕴涵逻辑上的“充分条件”和“必要条件”。换句话说，只有当说话人想强调充分条件或必要条件时才用“只有、只要”一类条件。

它们和“如果类”假定条件句的一个核心区别是：前者与时间无关，其核心功能是表示逻辑上的充分条件和必要条件，这是它们的本质属性，所以无所谓假设性；而后者则与时间相关，表示充分条件是其附属属性，而非核心属性，所以它们具有假设性特征。也正因为如此，它们一直就不是语言学甚至心理学的研究核心，在国际学界也很少有文献专门研究此类。

二、关于“只有”形式。“只有”这一形式有三种意义（徐菊秀，1987；冯志纯，1988）：一是副词“只”与存在动词“有”组合成的动语短语，如例（42）；二是修饰动词短语或介词短语等成分的副词“只有”，如例（43）；三是作为条件连词的“只有”，如例（44）。

（42）a. 华联超市总经理汤琪接受记者采访时表示，京沪携手、三方合作最大的原因只有两个字——市场。（《北京日报》，2001）

b. 由于气候不适应，下种较晚，结果无籽西瓜一个个只有拳头大小。（《北京日报》，2001）

（43）a. 市科协将“科普大篷车”开进社区，把那些平日只有在科技展览馆中才能看到的展品摆到百姓家门口，让市民们免费观看、试验，寓教于乐。（《北京日报》，2001）

b. 听到这样质朴率真的语言，看来你只有笑着把杯中酒一饮而尽了，别无选择。（《北京日报》，2001）

（44）公有制经济的发展必须依靠先进的生产力，只有国有经济搞好了，国家才会有更有效的调控能力。（COCO，47）

正因如此，如果没有后续小句，我们就无从判断在同一个小句中出现的“只有”，是一个短语还是一个连词，例（45）（46）就是由于最后小句的不同导致了“只有”归属的差异，前者是动词短语，后者则是连词：

（45）你所做的事其实我们都查得很清楚了，包括你与谁一起作案。现在你只有交代事实，争取从宽处理。（《北京日报》，2001）

（46）你所做的事其实我们都查得很清楚了，包括你与谁一起作案。现在你只有交代事实，才能得到宽大处理。

下面两个例子的对比则更加明显。前文语境几乎相同，但后续小句的差异决定了两个“只有”的不同性质，前一个是动词短语，后一个是连词：

（47）展览用精选的134个案例、862幅照片、950件实物、201封信件、57幅灯箱、8部电视短片，以无可辩驳的事实深刻揭露了邪教“法轮功”反人类、反科学、反社会的罪恶本质和严重危害，告诫世人：只有崇尚科学和文明，才是人类追求健康幸福的唯一途径。(《北京日报》，2001）

（48）展览表明：反科学是一切邪教的共同特征。一个人在掌握科学技能、文化知识的同时，还应树立正确的世界观、人生观、价值观，培养正确的人生取向。人类文明博大精深，科学技术、思想道德都被其涵盖其中。只有崇尚科学文明，才能使人不受邪教思想的侵蚀，使邪教无容身之地。(《北京日报》，2001）

第三节　条件句与复句连续统

并列复句和主从复句之间的界限不是截然分明的，而是构成了一个结构、语义相呼应的连续统（continuum）。条件句作为状语性主从复句的一种，处于连续统的中间部分。在状语性主从复句的内部，各次类之间也构成了一个语义上的连续统，这一连续统的存在不仅表现在共时层面，也可以从各次类标记的历时演变中找到依据。明确条件句在这两个连续统中的位置，将有助于后面章节对条件句各方面的考察。

3.1　并列到主从复句的结构连续统

20世纪80年代之前，在以印欧系诸语言为核心的研究框架下，学者们对并列复句结构和主从复句结构的区分是很严格的。80年代之后，随着非印欧系语言以及口语研究的深入，人们质疑这一区分的呼声越来越高（Foley & van Valin, 1984; König & van der Auwera, 1988; Lehmann, 1988; Haiman & Thompson, 1988; Payne, 1997; Bybee & Noonan, 2002; Croft, 2001; Hopper & Traugott, 2003; Shopen, 2007：vol. 2）。本书赞同这一观点：并列复句和主从复句之间没有泾渭分明的鸿沟，而是构成一个斜坡/连续统；小句间结构上的疏紧所反映的，正是它们之间语义上的紧密程度。

Hopper & Traugott（2003：176—184）根据小句之间结构上的整合程度，给出了一个“小句连接斜坡”（cline of clause combining）：

并联连接（parataxis）>主次连接（hypotaxis）>从属连接（subordination）

一、并联连接（又称“相对独立的连接”），指的是排除语用学上的意义和相关，两个或两个以上相对独立的小句的连接，如例（49）：

（49）You keep smoking those cigarettes, you're gonna start coughing again.

你再继续吸烟，你又会咳起来。

二、主次连接（又称“相互依存性连接”），是由一个主句及一个或多个的小句连接而成[①]，这些小句不能单独存在，而是依附于主句的，但它们又不包含在主句的任何一个成分当中，如例（50）：

（50）If you keep smoking those cigarettes, you're going to start coughing again.

如果你继续吸烟，你又会咳起来。

三、从属连接（或用其极端的形式称为“内嵌连接”（embedding）），小句完全依赖于主句，前者完全内嵌在后者的一个成分之中，如例（51）。

---

① 本书采用Longacre（1985）的术语，主句用“nucleus”，小句用“margin”。

（51）I think the guy who just walked out of the store resembles the photo in the post office window.

我看刚刚走出店门那家伙长得就像邮局窗口贴的照片上的人。

以上三类连接从依存（dependent）和内嵌（embedded）两个特征来审视，可以得出如下连续统表示（Hopper & Traugott，2003：178）：

并联连接（parataxis）	> 主次连接（hypotaxis）	> 从属连接（subordination）
−依存	+依存	+依存
−内嵌	−内嵌	+内嵌

Givón（1990：826、2001：328）指出，两个事件或情形在语义或语用上的融合程度越高，那么它们的小句在语法上的融合度也就越高；或者用Foley & van Valin（1984：269）的"语义关系等级"来表示，即语义关系越强，句法连接就越密切，这是象似原则的体现。基于此，Hopper和Traugott给出了一个假说：标示小句连接的形式越是显性和独立，则与之关联的就是最小化的语义-句法结合；而显性程度低的（一些语言中的屈折词缀，或像英语那样的没有标记的）则与最大化的语义—语用结合联系在一起。与小句连接斜坡相关的特征可以表示如下（Hopper & Traugott，2003：179）：

并联连接	—— 主次连接	—— 从属连接
（相对独立）	（相互依存）	（依存）
主句	——	小句
最小化结合	——	最大化结合
最大化显性连接	——	最小化显性连接

Croft（2001：320—361）也曾经给出过一个并列-从属连续统（coordination-subordination continuum），如图2-6所示：

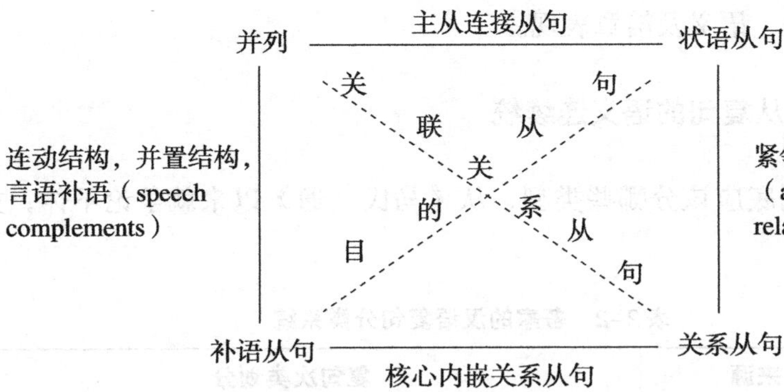

图2-6　复句类型连续统（Croft，2001）①

上述结构中的连续统从语义概念空间的角度则可以表示为图2-7：

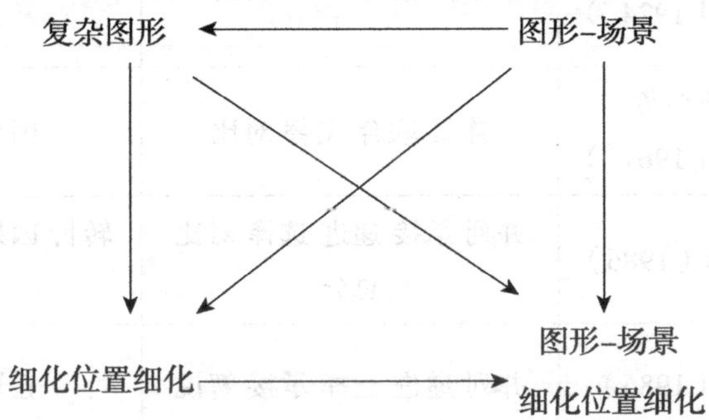

图2-7　复句类型的概念空间（Croft，2001）

李晋霞、刘云（2007）则从历时的角度考察了汉语复句从并列到因果再到转折的发展路径，给予了共时上的状态支持。汉语中同一个复句格式可以表达两种或两种以上的语义关系，李、刘认为这种多义性反映了各类复句之间的历时演变关系。大致的演变路径就是“并列>因果>转折”，细分为“并列>因果”“并列>转折”“因果>转折”三小类。

可以看到，不论是从共时还是历时来看，条件句始终处在结构连续统（以及语义和历史演变连续统）的中间层级。条件句的这一位置在一定程度上

① 图中“主从连接从句”的译法借自詹卫东（2004），原文是“cosubordination”。

也决定了其句法、语义及篇章表现。

3.2　状语性主从复句的语义连续统

汉语复句到底应该分哪些类型，从《马氏文通》以来就争论不休，如表2–2所示。

表2–2　各家的汉语复句分类系统

划分法	来源	复句次类划分	
二分法		联合复句	偏正复句
	黎锦熙（2000［1924］）	平列 选择 承接 转折	时间 原因 假设 范围 让步 比较
二分法	丁声树等（1979［1961］）	连贯 联合 交替 对比	因果 让步 条件
	刘振铎（1986）	并列 承接 递进 选择 对比 总分	转折 因果 假设 条件 连锁 目的
	张静（1986）	并列 递进 选择 承接 解说	让转 因果 条件
	马真（1997）	并列 连贯 对立 选择 递进 分合	假设条件因果转折目的连锁时间
	胡裕树主编（1995）	并列 连贯 递进 选择	因果 转折 条件 让步
	张谊生（2000）	并列 连贯 递进 选择 取舍 解说	转折 因果 假设 条件 目的 让步
	刘月华等（2001）	并列 承接 递进 选择	因果 转折 条件 假设 让步 取舍 目的 时间 连锁
	黄伯荣、廖序东（2002）	并列顺承解说选择递进	转折 条件 假设 因果 目的

续表

划分法	来源	复句次类划分		
三分法	邢福义（1985a, 2001a）	因果类	并列类	转折类
		因果 推断 假设 条件 目的	并列 连贯 递进 选择	转折 让步 假转
	范晓主编（1998）	偏正复句	联合复句	补充复句
		因果 转折 条件 让步	并列 连贯 递进 选择	注释 总分 记叙 表相

除了表2-2列举的这些，王维贤等（1994）则依照“条件”标准给出了一种独出心裁的汉语复句分类系统，如图2-8所示：

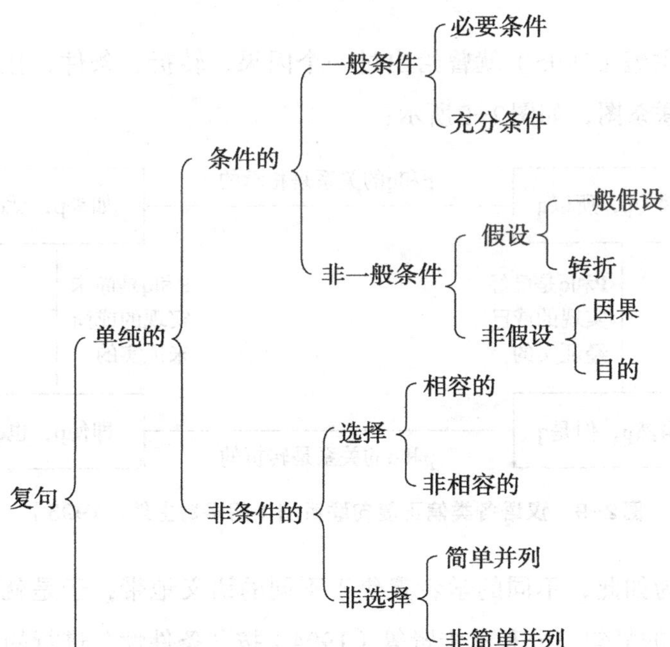

图2-8　王维贤等（1994）的汉语复句分类系统

徐阳春（2002：2-3）从研究对象的复杂性和研究方法的局限性两个方

面对上述分类进行了解释。但是本书认为问题的关键不在于此，而是在于各类复句所承载的语义不是单一的，即同一类复句可以从几个语义特征出发进行描述，一类复句就是一个“语义特征束”，而不是只表示一种语义。更进一步追究造成这种语义多义的原因，则是因为各类复句之间无法做出离散式（discrete）的清晰区分，而是组成了一个个连续统，这些连续统的存在使语义多义成为可能。比如我们可以依据不同的语义参数建立起一些连续统，如依据前后小句之间是否有转折关系，可有如下连续统：

条件复句、因果复句>让步复句>转折复句

依据前后小句是否已经实现，也可以建立如下连续统：

因果复句、转折复句、让步复句>条件复句

胡裕树主编（1995）就曾给出过一个因果、转折、条件、让步四类复句之间的语义联系图，如图2-9所示：

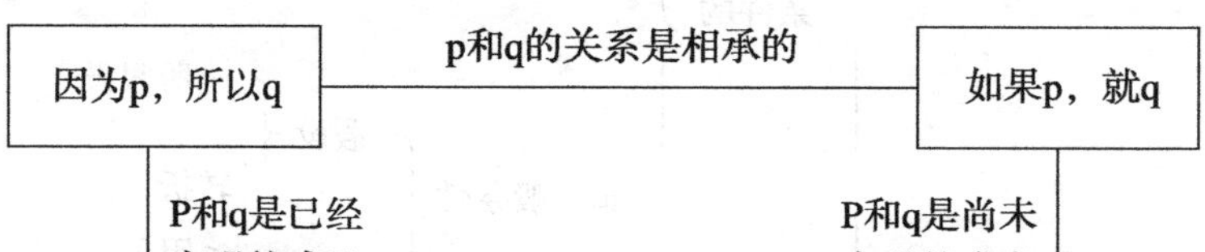

图2-9　汉语各类偏正复句联系图（胡裕树主编，1995）

也正因为如此，不同的学者聚焦于不同的语义地带，于是就形成了邢福义（2001a）的复句三分和王维贤等（1994）按“条件性”进行的分类体系。

各类状语性复句的这种联系不仅体现在共时层面中，历时考察也提供了充分的证据。近代汉语中表示假设条件的语助词“时”“着”都是来源于其时间助词的形式（张炼强，1990；艾皓德，1991；曹国安，1996；李泰洙，

2000；董秀芳，2000；江蓝生，2002、2004；冯春田，2004），英语中的条件连词“as long as”就是由时间小句连词语法化为条件连词的（Traugott & Dasher，2005：36—38）。除了“时间>条件”的演变，Frajzyngier（1996：322—330、381—382、412—413）还曾提到乍得语诸语言有的时间小句标记是来源于条件标记的现象，即“条件>时间”。[①]

除此之外，Heine & Kuteva（2007 [2002]：293）的跨语言研究表明，空间或时间标记在具体语境中语法化为逻辑语法关系标记，是一类较常见的演变模式，如向格（allative）、处所格（locative）、自从（since）、时间标记发展为原因标记，或者时间标记发展为条件或让步标记等。

就从属连词之间的语义演变来说，原因、条件、让步总是语义演变的目标阶段，从时间、方式、地点等标记演变为上述三者是单向的（unidirectional），而让步又总是处于演变的最末端（König，1985b：2；Kortmann，1997：347；Kortmann，2001：849）。让步义发展较晚的原因一方面在于让步比起其他几种语义来更抽象，另一方面是由于其在逻辑上更为复杂。（Hopper & Traugott，2003：187）

后面章节的论述在某种程度上正体现了条件句在上述状语性主从复句连续统中的位置。

小　　结

汉语学界与国际学界在复句的性质及复句研究的观念上存在很大的差异。这些差异突出地表现在两个方面：一是两学界对复句内部次类划分的认识不同，二是对复句构成单位的认识不同。而国内和国际两种范式在条件句研究上差异的突出表现不是在条件句的定义方面，而是在于条件句的界定范围以及由此而带来的各次类条件句的受重视程度的不同上。本章在前人研究的基础上对

① 详见下文第十二章的论述。

这几个关乎系统性的问题进行了新的讨论，得出了一些不同以往的结论。

此外，本章的研究还表明，并列复句和主从复句之间的界限不是截然分明的，而是构成了一个结构—语义相呼应的连续统，条件句作为状语性主从复句的一种，处于连续统的中间部分。在状语性主从复句的内部，各次类之间也构成了一个语义上的连续统，这一连续统的存在不仅表现在共时层面，也可以从各次类标记的历时演变中找到依据。

第三章　汉语条件句的基本语义特征

第一节　自然语言条件句中的“条件”不同于逻辑中的“条件”

自然语言中的条件句不同于其他类状语性主从复句的很重要的一个方面，就是它与并列连词（“和、或”等）、否定（negative）以及量词（quantifiers）等一起，常被逻辑学家拿来作为观察命题演算（propositional calculus）中的概念是如何反映在自然语言中（以及相反的过程）的例证。条件句中条件小句和结果小句的关系也往往与逻辑上的实质蕴涵（material implication）相对应（Podlesskaya，2001：998），特别是汉语学界往往将“如果、只要”类连词引导的条件句与逻辑上的充分条件相对应，而“只有”类连词引导的条件句则与逻辑上的必要条件相对应（如杨树森，1994；贺阳，1997；聂炎，2002等），这从许多研究以“充分条件句”“必要条件句”等术语来给相应的条件句进行命名（如黄伯荣、廖旭东，2002；张斌，2002等）这一点上就可以清楚地看出来[①]。而且由于实质蕴涵研究的悠久历史，以及逻辑学家对条件句实质蕴涵的大量论述，使得语言学家在定义自然语言中的条件句时就往往以实质蕴涵为基础（Ferguson *et al.*，1986：5；Xrakovskij，2005：ⅶ）。但是尽管实质蕴涵逻辑对自然语言的“和、或”、否定以及量词的逻辑特征的分

① 可参看第二章2.1.2.1中表2-1的综述。

析是恰当的，但是对自然语言条件句的分析则与后者本身的许多特征不相符合（Kaufmann，2006：7）。

自然语言中的条件句对实质蕴涵的逻辑特性的确有所反映，比如例（1）—（2）就符合充分条件和必要条件的实质蕴涵特征。

（1）如果李同志患肺炎，那么，他就发烧。

（转引自金岳霖，2005［1979］：106）

（2）只有认识了自己的缺点，才能改正自己的缺点。

（转引自金岳霖，2005［1979］：108）

例（1）中，当“李同志患肺炎”为真，“他就发烧”也为真时，那么整个复合命题为真；当“李同志患肺炎”为假时，不管“他就发烧”是否为真，整个复合命题都为真；只有当“李同志患肺炎”为真，而“他就发烧”为假时，整个复合命题才不成立，所以条件小句是结果小句的充分条件，如表3-1所示：

表3-1　充分条件实质蕴涵表

李同志患肺炎（p）	他发烧（q）	p, q
真	真	真
真	假	假
假	真	真
假	假	真

例（2）中，当“认识了自己的缺点”为真时，不管“能改正自己的缺点”真假与否，整个复合命题都为真；当两个命题都为假时，整个复合命题也为真；只有当“认识了自己的缺点”为假，而“能改正自己的缺点”为真时，整个复合命题才为假，如表3-2所示：

表3–2　必要条件实质蕴涵表

认识了自己的缺点（p）	改正自己的缺点（q）	p, q
真	真	真
真	假	真
假	真	假
假	假	真

Comrie（1986：79）更是给出了一条共性假说，来阐述自然语言条件句的这一逻辑特征，复述为：

如果一种语言中有条件结构，那么就会有两个命题的逻辑关系和命题演算中实质蕴涵所提供的关系一致的条件结构。

换句话说，也就是符合实质蕴涵的条件句是自然语言中最基本、最典型的条件句。

但是正如许多学者所指出的，尽管自然语言中的条件句在许多情况下与逻辑中的实质蕴涵有着对应关系，但是二者在许多方面都存在着显著差异（如吕正春、徐景茂，1983；Akatsuka，1986；Comrie，1986；Ferguson *et al.*，1986；刘新友，1996；Turner，1996；van der Auwera，1997；Podlesskaya，2001；徐阳春，2002：24—30；Su，2005；Xrakovskij，2005：vii—viii），这些差异主要包括以下一些方面：

一、实质蕴涵只考虑真值（truth values）情况，如对一个充分条件来说，只有p为真而q为假时，整个复合命题p→q才为假。但是自然语言中的条件句好多情况下表达的却是非命题内容，特别是言语行为条件句（speech act conditionals）[①]，如例（3）—（5）中的结果小句就分别表达了疑问、祈使、建议等非现实内容。而这些内容是无所谓真假的，所以也就不能用实质蕴涵来说明。

① 也被称为“修辞条件句（rhetorical conditionals）、语用条件句（pragmatic conditionals）、会话条件句（conversational conditionals）”等。可参见第二章2.1.2.2的论述。

（3）如果你有空，我们出去走走好吗？

（4）如果你有空，出去走走！

（5）如果你有空，我们出去走走吧。

二、自然语言条件句中的条件小句和结果小句之间往往存在着某种关系，比如例（1）中“李同志患肺炎”是“他就发烧”的原因。我们同意Akatsuka（1986：333）的观点，即认为条件句中的p和q之间一定存在着某种关联，即每一个有“如果p，q”语义的结构都有一个类似于“p和q之间的关联/联系”的抽象的语法意义。

传统上都认同条件小句和结果小句之间存在因果性语义联系，即小句之间是尚未实现的原因和结果的关系，但是也有许多学者认为因果关系并不是对所有的条件句都适用[①]，很多条件句的两个小句之间根本不存在因果关系，或者说很难判断就是因果关系，如例（6）（7）的两个例子：

（6）如果孔子出生在<u>得克萨斯州</u>，那我就是牛顿。

（7）你要是饿了，冰箱里有面包。

从事理逻辑上来讲，“孔子出生在得克萨斯州”与“饿了”的确无法成为“我就是牛顿”和“冰箱里有面包”的原因，而传统上的理解也正是在这个层面。但是如果不将之局限于事理域，而是从言语行为域来看，就可以看出前后小句之间仍然是存在着因果关系的，即说出条件小句是说出结果小句的原因。例（7）的特殊之处则是两个命题在荒谬性的程度上存在关联

① Comrie（1986：78—83）将条件小句和结果小句之间存在因果关系作为条件句的特征之一，黎锦熙（2000［1924］）、吕叔湘（2004［1944］）、邢福义（2001）等也持相同的观点。但是Seiler（1997：309）、Wierzbicka（1997：19—20）以及Athanasiadou & Dirven（1997b：67）等却指出，很多条件句两个分句之间根本不存在因果关系或者说很难判断就是因果关系，如上文例（4）—（5），再如下面（i）—（iii）的例子：

（i）如果他侮辱我，我会原谅他。

（ii）如果他邀请我参加晚会，我不会去的。

（iii）只要你做了，他们就知道。

（Akatsuka，1986：335、345—346），即说出“孔子出生在得克萨斯州”这样荒谬的话，是说出“我就是牛顿”这一荒谬的话的原因。

实质蕴涵则只考虑两个命题的真假，对它们之间是否存在某种关系不做要求，所以就可能出现例（8）这样自然语言中很难出现的句子。

（8）如果巴黎是法国的首都，那么2就是一个偶数。

三、自然语言中的条件句往往与情态（modality）、极性（polarity）等范畴有密切关系[①]，所以在韩语中，表示时间小句的标记-taka也可以用作条件小句标记，但只有在说话人非期望（undesirable）的道义情态（deontic modality）中才可以，在期望的情况下则不能使用，所以例（9）合语法，而例（10）则不合语法（Akatsuka，1997：324—325）。

（9）如果你天天休息，考试会不及格的。

（10）*如果你天天休息，身体会好起来的。

与极性范畴的关系中，否定条件句所表示的事件的可能性要比相应肯定句的低（Wierzbicka，1997：38—43）。所以波兰语中否定条件句例（11）只有违实（counterfactual）的解读，而其相应的肯定句例（12）则有违实和假定两种解读。

（11）Gdyby nie posz-li w te strone to by sie nie zgub-li

If NEG go-PST to that diretion then SUB RELF NEG lose-PST

‘If they hadn’t gone in that direction, they wouldn’t have got lost.’

如果他们没有往那个方向走，（他们）也就不会迷路了。

（12）Gdyby posz-li w te strone to by sie zgub-li

If go-PST to that diretion then SUB RELF lose-PST

‘If they had gone in that direction, they would have got lost.’

---

① 详见第四章中相应部分的论述。

如果他们是往那个方向走，（他们）早就迷路了。

Or ‘If they went in that direction, they would get lost.’

如果他们往那个方向走，（他们）就会迷路。

条件句与极性范畴的关系在汉语中也有体现，就是“要不是、若不是、如果不是”这一类否定短语所连接的条件小句都是违实性的，如例（13）（14）所示[①]：

（13）李老三说，还是你心好肚量大，我可不中，到现在我还背着黑锅，<u>要不是</u>给我戴个大帽子说我没立场保举了坏人，我也早成国家干部了。（COCO，73）

（14）何如锦曾经有过一刹那间的不愉快，马上就觉得自己也有很大的贡献，<u>如果不是</u>他坚持节约的话，马而立就不会去找旧砖瓦，不找旧砖瓦就找不到琉璃砖，没有琉璃砖这围墙就会毫无生气，简直不像个东西！（COCO，63）

而上述各种现象在实质蕴涵的研究中是无法考虑到的。

四、自然语言中的条件句往往有“双条件”（biconditionals）的解读，也即由Geis & Zwicky（1971）首先提出来的“条件完善原则”（conditional perfection）[②]。这一原则可以表述为：

> 形式为X>Y的句子邀约到形式为~X> ~Y的推理。（Geis & Zwicky，1971：562）

“条件完善原则”主要是针对“如果、只要”类连词引导的条件句而提出的[③]，即它们所表示的充分条件往往被完善（perfect）成双条件，即充分且

---

① 详见下文第四章第五节的相关论述。

② 对此原则的分析和解释可以参见König（1986：236）、Sweetser（1990）、Dik（1990：245—246）、van der Auwera（1997a、1997b）、Declerck & Reed（2001：421—446）、Dancygier & Sweetser（2005：35—42）等的论述。

③ 汉语学界对这类双条件的研究可以参见迟永长（2002）、徐阳春（2002：24—30）、徐盛桓（2004）、贾宝书（2007）等。

必要条件，如例（15）往往邀约（invite）到例（16）的推理，从而有了例（17）的双条件解读：

（15）如果你把麦子都收割完，我就给你一百块钱。

（16）如果你不把麦子都收割完，我就不给你一百块钱。

（17）当且仅当你把麦子都收割完，我就给你一百块钱。

但是汉语的事实表明，不仅是上述表示充分条件的条件句遵循此原则，以“只有”类连词引导的表达必要条件的条件句也遵循此原则（吕叔湘，2004［1956］：416；Chao，1968：117；吕正春、徐景茂，1983；刘新友，1996；贾宝书，2007）。下面转引自刘新友（1996：43）的两个例子，在表示出没有条件小句就没有结果小句的同时，还表示出有了前件就有后件的逻辑意义，也就是前件是后件的充分且必要条件。

（18）只有铁路修通了，这些木材才能运出去。

（19）你只有亲自去赔礼道歉，他才能原谅你。

上述“条件完善原则”在实质蕴涵逻辑中是不可能出现的。

五、逻辑上的实质蕴涵对条件小句与意愿、时间、原因小句以及祈使句之间的句法和语源（etymology）上的密切关系无能为力（Ferguson *et al.*，1986：5）。

综上所述可以看到，尽管逻辑学家对条件句的研究可以给我们启示，但是语言学者对条件句的研究应该从自然语言条件句的丰富现象出发，并以此为基础建立与之相适应的解释机制和理论体系。

第二节　汉语条件句的假设性

2.1　假设性的适用范围

所谓“假设性”就是条件句中的小句所表达的事件是非现实的（irrealis）。

正如第一章1.2.2中所指出的，汉语学界一般都认同条件句的假设性特征。但我们认为这一特征尽管对“如果”类连词引导的假定条件句完全适用，但是对其他几类条件句却有所限制。

2.1.1 假定条件句都具假设性

假定条件句中，条件小句所表达的事件有的是现实世界中可能真实发生的，如例（20）；有的是想象可以发生的，实现的可能性较小，如例（21）；有的则是与真实发生的事件相违背的，如例（22）。这种区分在有些语言中是用系统的形态标记来标示的，下一小节将详细地讨论。

（20）小河从容向全村各处流去，左右索回，彩带似的打着花结，把一个村子分成许多岛屿。如果爬到山上鸟瞰一下，恰像是田田的荷叶。（COCO，172）

（21）有那么一会儿，我想着我昨天好像做了一件非常丢人的事，犯了非常大的错误，因而有一种不愉快的、烦恼的情绪。但很快就被另一个念头代替了；如果房子里的人一早起来发现我死了，他们除了惊奇和忙乱一阵外，还有什么呢？也许他们上午会不出工，张罗着埋我。可是埋完了，他们照样还是要去出工的。（COCO，359）

（22）它的主人呢，也和农村里亿万农民一样，如果不是我在他所在的生产队劳动过，如果不是他和他的狗的特殊关系引起了我的兴趣，我也不可能注意到这样一个极其平常的农村老汉。（COCO，317）

但是也有些情况，其述说的事件并不是将来的，而是过去已经发生过的，那这种条件句的何来假设性呢？如下例所示：

（23）老会计在这点上也确实迂腐得可笑。比如，他对我与他铺位之间的分界线，比两个关系紧张的毗邻国家的国界还敏感——其实我与他相处得还好。如果他的被角偶尔搭在我的草铺上，他会像被子掉到火上了似的慌忙拽过去；如果我的破网套有一团棉花沾上了他的褥子，他也会郑重其事地捧着送回来，好像那团破棉花是我丢失了的钱夹子。这种战战兢兢不敢越雷池一步的人，我想象不出怎么也成了“右派”。

这种句子有两个特征：1）描述的是过去某个时间段内反复发生的动作，类似于习惯性动作；2）一个p只是总论点的证据之一，或者说p只是整个变项组的一个变项而已。这种“如果”句可以用“只要”来替换。

2.1.2　特定条件句的假设性限制

徐阳春（2002：71）曾提到“只要p，就q”句式所述情况有时带有一般时的特征，即句中所述情况的存在或发生并不限于某一特定时间段。在所述情况具有一般时特征的情况下，该句式说明的往往是某种带有规律性的现象，通常属于说话人对以往经验的总结和陈述。这时，其虚拟性的特征通常是不明显的，甚至已经很难说还存在着虚拟性了。下面所举三例都属于这种情况：

（24）尽管日前不断有小道消息从碗叮、瑞丽传来．但是对于闭目塞听惯了的老百姓来说，只要战争不打到家门口，一切生活照旧。（邓贤，《大国之魂》）

（25）当雨水不停地冲刷看大地的时候，街道似乎还不显得这么肮脏。可是只要雨一停，路上的积水，立刻就会变成黑灰色的泥汤。（张洁，《漫长的路》）

（26）晚上访人，只要看窗里有无灯光，就约略可以猜到主人在不在家。（钱锺书，《窗》）

这种现象其实是一种“惯常条件句”。条件句可以依照时间指示上的特征做出一种区分，即独特/特性条件句（unique/ specific conditionals）和惯常/习性条件句（habitual/ generic conditionals）（Langacker, 1997; Werth, 1997：244; Podlesskaya, 2001：1000/1004）。前者指的是条件小句和结果小句之间的关系是临时性的，是某种特殊环境下的现象，在时间上指向未来可能出现的事件，比如例（27a）是《北京日报》2001年8月20日的一则评论稿，当时中国还没有加入世贸组织，所以“采取适当的措施”和“超过对手”都只是假设性的事件，例（27b）的情况也是如此：

（27）a.“入世”后虽然我们会暂时落后一些竞争对手，但只要采取适当的策略，就有超过对手的可能。（COCO，83）

b. 中国女篮以国家队为班底组成，此次利用东道主之利，只要战胜上届亚军美国队，就有望夺魁。（COCO，149）

但是例（28）则不是，它的时间指示是一般性的，是惯常时态，条件句中的事件不是说话人假设出来的，而是不管在过去、现在还是将来它都是如此发生。这又可以分为两种情况，一是客观规律或规则规定导致的惯常事态，如上文中的例（25），再如例（28a）（28b）；二是习惯成自然的事件导致的惯常时态，如例（24）（26）（28c）[①]。

（28）a. 在3月22日世界水日到来之际，联合国环境规划署在此间发表报告，强调世界水危机已严重威胁人类生存，只有有效管理和使用珍贵的水资源，人类才能免遭灭顶之灾。（COCO，106）

b. 在签约现场，华以刚重申了引进海外棋手的3个原则，即棋手本人有参加中国联赛的愿望，要经棋手所在的围棋组织的正式批准和要加盟的俱乐部（队）的同意。只有3个条件都具备了，并在规定的时间内履行了注册手续，该棋手才能参加联赛。（COCO，68）

c. 兆致清楚地记得，1986年2月24日他第一次站在这样的剑道上，广州市体校的老师摸着他的头说，要练剑就得有股子永不服输的劲儿。15年来，只要一站到剑道上，他头脑中就闪出这句话。（COCO，163）

许多表示惯常义的条件句中都会有明显的表达惯常义的词汇，如例（29）中的“必然”。这种区分在特定条件句中尤为普遍。

---

① Werth（1997：244）认为这样的句子不是条件句或者不是真正的条件句。

（29）只要垄断地位存在，它所具有的特征和品质必然会在许多方面表现出来。（COCO，47）

在形态较丰富的语言中，有的用专门的形态来表示出上述区分，如Caddo语[①]用专门的前缀（prefix）来表示出是特殊条件（hi-）还是普通条件（nas-）（Podlesskaya，2001：1004—1006），如例（30）所示：

（30）a. hi-t́a-yi-bahw

PARTICULAR.COND-1SG-IRR-see

‘If I see it…’

如果我看见它……

b. nas-t́a-yi-bahw

GENERIC.COND-1SG-IRR-see

‘If, whenever I see it…’

如果，任何时候我看见它……（Chafe，1995）

此外，对于“只要”类连词引导的条件句，还有一类较为特殊的情况，如例（31）（32）所示：

（31）只要大家都来了就好。

（32）只要他不再喝酒就好了。

例（31）可以是春节的时候，尽管经历了一些曲折，但是一家人还是都到齐了之后说话人说出的话，这时的“大家都来了”是现实情况，而非假设的情况；例（32）则可以在“他”许诺以后不再喝酒之后，另一个说话人发出的感叹之语，尽管还未实现，但似乎也不好看作是假设性的。当然，这是在具体语境下的解读，如果脱离了上下文语境，上面两例还是倾向于解

① 北美俄克拉荷马州和德克萨斯州巨苏族（Macro-Siouan）使用的一种语言。

读为假设性的条件句。这类条件句在英语中是用“if only”[①]短语来引导的（Dancygier & Sweetser，2005：211—236），如例（33）所示：

（33）If only he would stop drinking. 只要他不再喝酒就好了。

2.1.3 让步条件句的假设性限制

对让步条件句来说，“即使”类连词引导的条件句在绝大多数情况下都是假设性的，如例（34）所示；但是在一定上下文中，它们也可以表达已经发生的事件，不表达假设性。不过，这是一种有限制的用法，如例（35）（邢福义，1985b、2001：440—458；柳英来，1988；梅立崇，1995）。

（34）a. 只要我还活着，即使我们的太平镇填成了大陆，甚至整个的后湖变成了大陆，我还是喜欢后湖的。（鲁彦，《我们的太平湖》）

b. 没有好的全战役计划，绝不能有真正好的第一仗。这就是说，即使初战打了一个胜仗，若这个仗不于战役有利，反而有害时，则这个仗虽胜也只算败了。（毛泽东，《中国革命战争的战略问题》）

（35）a. 那时，他们很少交谈。即使交谈，也只是工作上的联系，干干巴巴，三言两语。（张洁，《祖母绿》）

b. 杨老是奋斗发家的，因此即使他后来家财万贯，也还始终保留着节俭的本色，有时未免给人有些过分的感觉。（陈祖德，《超越自我》）

而“无论”类连词引导的条件句，当所表达的事件是过去时间已经发生的，就没有假设性可言，如例（36）（37）：

（36）王喜记得，他爷爷在世时，不管是不是吃饭时间，小桌上老是戳着

① 学者往往将英语中的此类句子划为“祈愿结构”（optative construction）的一种（Rifkin，2000；Biezma，2011等）。除了引导这类句子，“if only”还可以引导另一类条件句，如下例所示：

（i）If only I could get the story together I might be able to find a way to make it public.
要是我能将故事创作出来，我就能找到出版的办法。

一瓶“二锅头”，一只酒杯，还有一个盛下酒菜的碟子。（COCO，83）

（37）是大立和金枝一块儿把张全义送回家的。不管大立怎么劝，还是没拦住张全义喝了个烂醉。（COCO，32）

综上可见，假定条件句之外，其他类条件句尽管一般情况下具有假设性，但有些情况下，它们则不具备假设性。

2.2　汉语条件句与“假设性等级”

本节的讨论仅限于假定条件句。原因一方面是通过上一小节的讨论可以看到，假设性并不完全适用于其他几类条件句；另一方面的原因是国际学界在探讨此问题时，也往往是限于假定条件句。

2.2.1　“假设性等级”的提出

国际学界传统上将条件句分为开放/封闭条件句，真实/非真实条件句，真实/假设/违实条件句等[①]，这种二分或三分的前提就是条件句表达的命题在假设程度上有所不同。而跨语言的研究事实也证明，假设性是一个连续统（continuum），各次类条件句之间在假设性程度上没有清晰的划分，不同的语言会依照这个连续统区分不同程度的假设性，而主观评价（subjective evaluation）而非真值条件语义（truth-conditional semantics）则决定了形式上的选择。Comrie（1986：88—93）正是在此基础上，针对条件句提出了“假设性等级”（degrees of hypotheticality）的说法，并且认为汉语是属于没有等级区分的语言。

所谓“假设性”，Comrie指的是条件句尤其是条件小句中所提到的情形实现的可能性（probability），所以“高假设性”就意味着“低可能性”，而“低

① 参见第二章第二节的内容。

假设性”则意味着“高可能性”。[①]于是叙述真实事件的句子就处在假设性等级的最低处，而违实条件句则处于最高等级，我们可以用一个量级图3-1表示如下，从下至上假设性的程度依次增强：

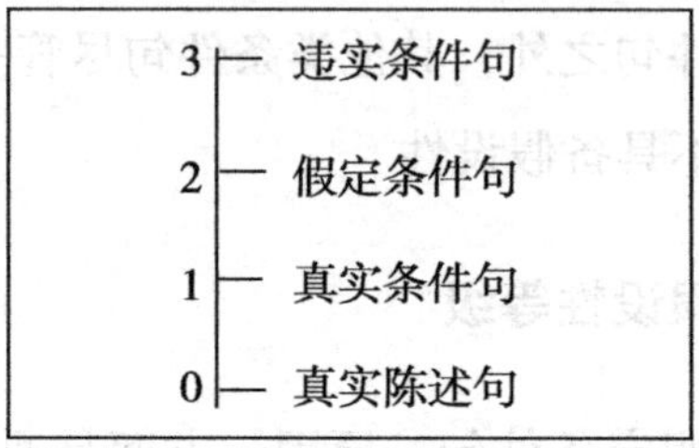

图3-1　条件句假设性等级图

上述假设性等级在不同语言中的表现很不一样，有的语言会通过某些形式手段予以区分，而有的语言则不作区分。存在假设性等级的语言，其区分的手段主要有两种：一种是通过动词形态变化（主要与时态相关），另一种就是通过连词。[②]

通过动词形态变化的，比如英语首先区分出开放条件句，如例（38），剩下的条件句就依据说话人的主观评价区分出低假设性的和高假设性的。开放条件句和后两类条件句的核心区别就是前者没有时态后移（tense

① Dik（1990：243—244）提出过类似的说法，他使用的是“可能性值”（probability value）这个概念，并做了三分：

（i）相对可能（relatively probable）；（ii）中性可能（neutral as to probability）；（iii）相对不可能（relatively improbable）。而且指出古希腊语有这三种值的对应形式：可能值用“eán+虚拟语气”；中性值用“ei+直陈语气”；不可能值用“ei+祈愿语气”。斯瓦希里语（Swahili）中也存在：可能值用动词的非完成体或分词形式加上-ki-词缀表示；中性值用连词kama；不可能值用连词ikiwa或者iwapo中的一个。Athanasiadou & Dirven（1995：629—637）在他们划分出的假定条件句中提出了“可能性级差”（likelihood scale）：中性（neutral）> 或多或少可能（more or less likely）> 不可能（unlikely）> 违实（unreal），这个连续统中，可能性依次降低。这几个“等级”尽管在操作的层面和细节上有所出入，但是核心思想却是一致的，就是语言中条件句的假设性程度是有差异的，而且有的语言对这一等级有系统性的区分。

② 蒋严（2000：263）认为违实条件句与一般条件句的组合语义无异，违实语义的达成受语用因素的制约。虚特征并非违实句的语法标记，与违实性并无直接的联系。但是本节的语言事实则显示，有些语言中虚特征以及连词等词汇形式就是违实语义的标记，语用因素的制约则是次要的。

backshifting）现象[①]，而后两类则有，如例（39）（40）中的条件小句就分别使用了过去时和过去完成时。

（38）If you translate this for me, I'll give you $100.

（39）If you translated this for me, I would give you $100.

（40）If you had translated this for me, I would have given you $100.

其他许多欧洲语言中也有类似情形，如俄语、法语、德语、拉脱维亚语等使用没有时态后移的直陈语气来表示低假设性，但是在表示高假设性时，它们却使用以下一些动词形式：法语中在条件小句中使用未完过去时，在结果小句中使用条件过去时；德语中的前后小句都使用过去虚拟语气或是条件语气；俄语和拉脱维亚语则是使用条件语气。

除了动词形态的变化，Palmer（2001：214—216）还提到英语条件小句中选用不同的助动词也可以反映假设性程度上的差异。should和were to可以分别用于真实条件小句和非真实条件小句中，如例（41）（42），这可以从其结果小句中will和would的使用上看出来。而它们与例（43）（44）的差异，仅仅在于例（41）（42）在条件小句表达的事件的可能性（likelihood）上要比例（43）（44）高一些。所以在真实与非真实的对立上，英语中其实是有四种可能性表达的。

（41）If John should come, Bill will leave.

（42）If John were to come, Bill would leave.

（43）If John comes, Bill will leave.

（44）If John came, Bill would leave.

通过不同的连词予以区分的，比如马耳他语中jekk用在低假设性条件句

① 关于时态后移，可以参看Dancygier（1993、1998），Dancygier & Sweetser（2005：43—45），徐李洁（2005：66）等的相关论述。此外还可参见下文第四章第一节中的论述。

中，kieku用在高假设性条件句中；雅浦语（Yapese，大西洋西北部雅浦人使用的一种南岛语系语言）faqā n raa用于低假设性的情形，yuyu raa或者（goo）-mangea则用于高假设性的情况；古希腊语中，高假设性的条件句中，结果小句要用an；等等。Bystrov & Stankevič（2005：502）指出越南语中可能条件和违实条件也有严格的连词区分。Caron（2006：70—71）也提到非洲一些语言也是使用连词来区分可能条件句和违实条件句，如豪萨语（Hausa）语中可能条件句用"in…（sai）"结构，如例（45）所示；而违实条件句则用"*dà*：… *dà*："，如例（46）所示。此外，阿拉伯语、俄语、柬埔寨语等也有类似情形；但与雅浦、豪萨等上述语言不同的是，俄语等语言中的情形是有些连词对高、低假设性都可以表示，而另外一些连词则只能表示一种（Xrakovskij，2005：63—64）。

（45）**in** mutà：ne：sun shiryà：，（**sai**）mù tàfi.

if people 3PL.PRF get.ready （**then**）1PL.SUBJ leave

'If people are ready, let's go.'

如果大家准备好了，我们就出发吧。

（46）**dà**：sun tàimàke：mù，**dà**：mun gamà：.

IRR 3PL.PRF help 1RL IRR 1PL.PRF finish

'If they had helped us, we would have finished.'

如果他们帮助了我们，我们早完成了。

以上这些语言都是假设性二分的，有的语言则通过连词将假设性程度进行了三分，如波斯语分别使用agar miravi、agar beravi和agar mirafti三个连词来表示直陈、虚拟和条件语气，假设性依次增强，此外拉丁语中也有类似情形。

没有假设性等级的语言，Comrie认为汉语和印度尼西亚语都是此类语言的典型。他的依据就是汉语的同一个句子例（47）可以解读为英语中的真实、假定或违实条件句，如例（48）—（50）所示：

（47）张三喝了酒，我就骂他。

（48）If Zhangsan has drunk wine, I'll scold him.

（49）If Zhangsan drank wine, I would scold him.

（50）If Zhangsan had drunk wine, I would have scold him.

2.2.2　学者对“假设性等级”的质疑

对上述“假设性等级”的提法，有学者提出过质疑，如Wierzbicka（1997：35—37）。她指出Comrie用“可能性”来定义“假设性”的做法是不可取的，原因如下：1）“可能性”本身就缺乏一个清晰的定义；2）自然语言中“可能、非常可能、不可能、很不可能”这样的说法与条件句之间没有对应关系；3）Comrie“事实句代表了假设性等级最底层”的说法让人无法理解，因为如果“事实句”陈述的是一个事实（比如“北京是中国的首都”），那么它就没有任何假设性可言。

此外，Wierzbicka还认为英语中“if”和“if（过去完成时）、would”这两类条件句在语义上的区分是清晰的，它们都是语义基元，在任何语言中都能清晰地表现出来的。英语中的假定条件句作为真实条件句和违实条件句的过渡部分而存在，这只是个别语言的独特现象而不是人类语言和思维的共同特征。所以她认为“假设性连续统”和不同条件句之间泾渭分明的说法都是不可取的，而是在表面连续统之下，存在着一些稳定而严格对应的语义共性，即真实条件句和违实条件句。

我们认为Wierzbicka反对“假设性等级”的几个证据不足以成立，因为“可能性”本身要比“假设性”更容易让人认知，用更简单的概念来分析/定义较难懂的概念是通行的概念定义方法；自然语言中“可能、非常可能、不可能、很不可能”这样的说法与条件句之间是否有对应关系，与条件句所表达的事件的可能性大小没有必然的联系；非假设的就是事实，所以将事实分析为假设值为零的情形也未尝不可。还有最重要的一点，就是Wierzbicka也提到的，有些语言（如英语）除了真实条件句和违实条件句之外，还有一类假设性条件句，如上文的例（39）以及下面的例（51）（52）所示，这类条件句的假设程度是处在真实条件句和违实条件句之间的。

（51）If you kissed him, John would be so happy.

（52）If he married Jane, I would disinherit him.

而且假设性条件句往往被认为是最核心、最典型的条件句（Athanasiadou & Dirven，1997）。因此，即使类似图3-1的假设性等级也不是对所有语言都适用，但对其他许多语言来说它依然是符合事实的。

而对Comrie认为汉语没有假设性等级区分的观点，Wierzbicka也不予支持。她根据朱晓农先生向她提供的例（53）（54），认为汉语中违实与非违实的区分也是清楚的。

（53）假如那时候*x*没发生的话，也就没有*y*了。

（54）假如将来*x*不发生的话，就不会有*y*。

Wierzbicka指出以上两个句子至少有三方面的差异：1）两个句子的否定形式不同，一个标记的是过去时，一个是非过去时；2）使用的时间副词不一样，“那时候”指向的是过去事件，而“将来”则表示将来时；3）“不会”这一情态形式隐含了一种真实的可能性。此外，她根据Tien（1994）的研究指出，台湾闽语中“条件句”和“违实句”的区分是很明显的，尽管这种区分是非强制性的，如下面只有例（55）是违实条件句，而例（56）则不能有违实解读。所以，Wierzbicka总结认为，说汉语条件句没有假设性等级的区分是错误的。

（55）yi lae shizwun wa na wu ji, wa ae twa yi.

that CL time 1SG if have money, 1SG will/would marry 3SG/3SG.ACC

‘If I had money that time, I would marry her.’

那时候如果我有钱，我会娶她。

（56）yihou/ jionglai wa na wu ji, wa ae twa yi

later/ future 1SG if have money 1SG will/would marry 3SG/3SG-ACC

'If I had money in the future, I would marry her.'

以后我如果有了钱，我会娶她。

Wierzbicka所提到的例（53）例（54）的三方面差异的确如此，但是显然仅凭这几点还无法推翻Comrie的结论。我们的理解是，Comrie对某语言是否区分假设等级的标准，是用这种语言有无系统性的标记来标示这种差异，也就是说要判断各等级上的假设是否构成了一个语法范畴，特别是违实范畴。而汉语中条件句的违实表达也的确还无法构成一个语法范畴[①]，正如汉语的时态（tense）也很难说是一个语法范畴一样。由于汉语有无违实范畴的讨论由来已久，而这一点对理解汉语中对“假设性等级”无法区分的观点至关重要，所以我们有必要先来看一下违实范畴与汉语条件句的关系。

2.2.3 汉语条件句与违实范畴[②]

条件句只是表达“违实性”的许多语言结构中的一种。有学者（Bloom，1981等）提出汉语条件句中没有违实这一语法范畴，而且也没有表达违实语义的语法形式。但是大量的语言事实表明（Eifring，1988；陈国华，1988；Feng & Yi，2006等），尽管汉语条件句中表达违实语义的语法手段还无法提升为一个语法范畴而存在，但是其违实语义的语法表达形式却是多样的。所以本节下文的分析支持了Comrie（1986）的论断，即汉语条件句不区分“假设性等级”。与此同时，汉语的情形也证实了Wierzbicka（1996、1997）针对条件句所提出的假设。

① 本书对语法范畴的理解遵从戴耀晶（1997：6），即语法范畴是通过形态形式而不仅仅是通过词汇形式来表达的。

② 下文第九章将详细探讨汉语的违实条件句。

2.2.3.1 语言中表达"违实性"的结构

语言中有许多结构可以表达违实性（counterfactuality），比如由表祈愿的动词所引出的宾语从句，例（57）"希望"的宾语从句就是违实性的：

（57）因为不能将我的高峰期、我的走红期、我的轰动期加以延长、发展、上扬，所以，我不能承认年轻一代超过跨越我的现实！我希望改变这个现实、抹煞这个现实、倒退这个现实！……（刘心武，《五十自戒》）

表达相似性的暗喻句，如例（58）。"她"显然不"是""怒火"，而是"像怒火"；

（58）她已不辨白天与黑夜，不晓得时间。她的梦与现实已没有了界线。她哭，笑，打，骂，毫无冲突的可以同时并举。她是一团怒火，她的世界在火光中旋舞。（老舍，《四世同堂》）

再就是条件句，如例（59）的两例条件小句和结果小句都是与现实情况相反的。[①]

（59）a. 您瞅瞅，是不是豁亮多了？要不是区里和街道下决心拆掉这些占路建筑，新世纪我们家还是见不到太阳。（COCO，1）

b. 如果我们钻到他心里去，你就会发现他这时的心思并不在那个什么会上，而是在想一个古老的笑话。（COCO，322）

用条件句来表达违实性可以分为两种情况，一种是跟自然规律相反或自然界中不会发生的事件相违背，或者是与正在发生的事情相违背，比如例（59b）（60）；另一种就是与过去已经发生了的事件相违背，比如例（59a）（61）。根据两类条件句在时间指示上的差异，将前一种称为"现在违实条件句"，后一种称为"过去违实条件句"。

① 蒋严（2000：258）把第一种称作违实愿望句，把第三种称作违实条件句。

（60）a. 连长是完全掌握了我们的行动方案了！有人“出卖”了！一定是副班长！严班长的脸红得冒血，如果不是握着竹篙，他的拳头一定捏得崩响。（COCO，35）

b. 如果我是米兰，一定要有所择求的话，恐怕我也会选择高晋。他当时确实在我们那群孩子中出类拔萃，个子最高，像混血儿一样漂亮，而且具有不同寻常的阅历，这阅历熏陶出他集明朗、残忍、天真于一身迷人气质。（COCO，517）

（61）a. 作家们年年12月空等斯德哥尔摩喜讯的那份伤心，大概比每年高考落榜生们的全部悲哀还要大。不过，要是我们出不了屈原、曹雪芹那样伟大的作家，出不了与《离骚》、《红楼梦》同样伟大的作品，得一个什么外国大奖就不害羞了？（《北京日报》，2001）

b. 而刚装修完的王先生却认为，装修居室请设计师就像看病挂个“专家号”一样，对这些不懂行的局外人来讲，无疑是很有必要……要是当初不请设计师，仅凭自己的好恶就让装修队蛮干，说不定要搞出不伦不类令人啼笑皆非的“杰作”呢。（《北京日报》，2001）

有的语言中上述两种违实条件句有形态上的区分，比如英语中的现在违实条件句使用跟假定条件句相同的形态，即条件小句中用过去时（除了be），结果小句中用“would+动词原形”，如例（62）：

（62）If I were you, I would write a book.

而过去违实句的形态则不同，条件小句用过去完成时，结果小句中用“would+现在完成时”，如例（63）（Thompson *et al.*，2007：259—260）：

（63）If we had wanted a quiet evening, we would have left you at home.

普通语言学界提到违实条件句时，往往指的是过去违实条件句。除非特别指明，本节下面的讨论主要针对的就是此类违实条件句。

2.2.3.2 汉语中没有表达违实语义的语法形式？

一种流行已久的观点认为汉语条件句中没有表达违实语义的语法形式，所以汉语不存在违实范畴，例（64）的违实解读就完全是通过上下文语境的阅读而获得的，仅从条件句本身是看不出任何违实性的。

（64）海喜喜打鞭子的技术很娴熟，抽身背后的东西也极准确。一会儿，他的鞭梢又呼地甩了过来。我举起铁叉一挡，抽得铁叉铮铮作响。这一鞭更有力，如果我不挡，就正抽在我脸上。（COCO，357）

这种观点以及由此引起的许多争论一般认为是从Bloom（1981）开始的[①]。Bloom首先提出了这样一个假设：由于汉语不像英语及其他一些印欧语系语言那样有"反事实"的形式标记，所以讲汉语的人在进行与事实相反的推论时会遇到困难。Bloom为此先后设计了四个实验，其实验的结果也证实了上述假设。

Bloom（1981：16）认为"汉语里没有任何词法、句法或语调手段来表示话题已经进入反事实假设的范畴，明确地指出所谈到的事件肯定没有发生，而只是为了讨论过去、现在或将来有可能出现的情况而作的虚设"，汉语也可以表达反事实假设和推理，但必须依赖具体语境或上下文来对推论前提的真实性做出明确的否定。而印欧语系的语言如德语、法语就能够脱离具体环境，在没有任何语境提示的情况下，表达反事实假设和推理。例（65）（66）中违实的表达就是通过两个小句动词时态上的后移形成的：

（65）If John were to go to the library，he would see Mary.

（66）If John had gone to the library，he would have seen Mary.

但是对语言事实的分析远不是Bloom的重心所在，他的研究是心理学范式的，其最终的结论也不是仅仅要告诉人们汉语中没有违实范畴，而是将这

① 此处只提及Bloom（1981）的核心观点，更为详细的介绍可以参看邵京（1988）、张迈曾（1993）、李敏（2006：41—45）等。

一现象与“语言相对论”的观点联系起来得出这样的结论：语言影响和限制思维，汉语结构上的“不足”（deficit）导致了使用汉语的人抽象思维能力的欠缺。

Bloom（1981）的观点提出之后，立即在心理学、哲学及语言学界揭开了一场关于汉语中有无违实范畴，由此给使用汉语的人的思维带来何种影响的大讨论，这个讨论也一直延续到了现在[①]。

我们无意对争论中的心理学、哲学成分予以评论，只关心其中的语言学部分。我们承认汉语条件句中没有违实这一语法范畴，但是却不赞同Bloom所说的“汉语里没有任何词法、句法或语调手段来表示话题已经进入反事实假设的范畴，明确地指出所谈到的事件肯定没有发生，而只是为了讨论过去、现在或将来有可能出现的情况而作的虚设”的说法[②]，因为这种说法其实就是在标明汉语中没有任何语言形式来表达违实性语义。

2.2.3.3　汉语中表达违实语义的语法形式及其非语法范畴性

Eifring（1988）较早对汉语中违实语义表达予以了关注。她指出英语和西方语言中的条件句通常会清楚地区分违实的和非违实的，而汉语的条件句则往往不区分。这也是大多数学者的看法。但同时她也指出，认为汉语中绝对没有违实性的观点是不对的。比如在违实谓词（counterfactive predicates）层面，汉语中的“以为”可以是算作一个；而条件句中，“不

① 相关讨论可以参看Bloom（1981、1984），Au（1983、1984），Cheng（1985），Liu（1985），Wu（1987），Eifring（1988），邵京（1988），张迈曾（1993），陈保亚（2002），Yeh & Gentner（2005），Feng & Yi（2006）等。

② Haiman & Kuteva（2001：112—117）也曾经提出过类似的观点。他们根据语言中如何区分反事实条件（counterfactual）、非可能条件（unlikely）、假定条件（hypothetical）和既定条件（given），将世界语言分成了两个大类，四小类：（1）反事实条件没有任何形式标记，这些语言分布在亚洲、太平洋中南部诸岛、北美、南美、非洲、澳洲、Papasia等广泛的地区，其中最为著名的就是汉语；（2）反事实条件和假定条件或既定条件有形态句法上的区别，又可分为三小类：（i）反事实条件中条件小句和结果小句形式上平行的程度与其他条件句一样；（ii）反事实条件中条件小句和结果小句形式上平行的程度比其他条件句低；（iii）反事实条件中条件小句和结果小句形式上平行的程度比其他条件句高。

是”则可以看作是现代汉语中表达违实性的标记。

陈国华（1988）提到了汉语条件句中表达违实语义的许多词汇或语法形式，其中他认为“要不是、若不是”以及文言文中遗留下来的“若非”所引导的条件句都是违实条件句。在口语中，“要不是、若不是”也可以省略为“不是”，而“若非”在现代汉语中则已极少使用了，如下面例（67）—（70）。

（67）不是我拦着，窝心脚把你的肠子窝出来了。（曹雪芹，《红楼梦》）

（68）瓜蒌党员示范基地创办人唐丽华拉着战士们的手说：“要不是你们保住了大堤，别提吊瓜，什么瓜都没有，连家也保不住……”（《人民日报》，20160801）

（69）至于桐芳，她有心肝，有胆量，有见识，你却拿她当作玩物，她恨日本人，也恨你们巴结日本人。若不是你们一家子寡廉鲜耻，她或者还不至于去冒险。她恨你们。（老舍，《四世同堂》）

（70）至傻极笨的人，若非无路可走，断不肯搞什么诗歌小说。（钱锺书，《写在人生边上》）

多数学者都认为“要不是、若不是”等是一些独立的连词（李晓琪，1991：83；周刚，2002：37等），但也有些学者将它们排除在条件连词之外（陆俭明，1983：90），视之为条件连词加否定标记“不是”构成的短语，我们倾向于第二种观点。最主要的原因就是这里“要不是、若不是”的语义是“要、若”与“不是”的组合语义，“不是”的词汇意义很完整，不是虚化的成分。当“要不是、若不是”等成分的后面是名词短语时，这一点就表现得更加明显了，如例（71）（72）所示：

（71）要说我没忘什么，我就没忘了毛主席。要不是毛主席、共产党，哪有我今天的好日子？（《北京日报》，2001）

（72）小姐的绣楼已无法确认，整个荒地里只是依稀有些杂草，一片残瓦、一根朽木都难以找到。若不是那两棵状若尸骨的枫树，柳生怕是难以确

认此处。(余华,《古典爱情》)

除了陈国华提到的“要不是、若不是、若非”,其实只要是“假定条件连词+不是[①]”所引导的条件句就都只能是违实解读而不可能是其他情况,比如例(73)—(75)都是如此。

(73)“日本人是你什么?会不狠心!”高第搓着手问。假若不是几千年的礼教控制着她,她真想打他几个嘴巴!(老舍,《四世同堂》)

(74)它的主人呢,也和农村里亿万农民一样,如果不是我在他所在的生产队劳动过,如果不是他和他的狗的特殊关系引起了我的兴趣,我也不可能注意到这样一个极其平常的农村老汉。(COCO,317)

(75)假如不是警察敲了我舅舅的后脑勺,小舅能把那个贼掐死;因为他还敢说我舅舅眼睛有毛病。(王小波,《2015》)

蒋严(2000:271)将以上现象的原因归结为,条件小句用否定假设词引导,往往指向已然的事态,而否定已然则自然导致违实解。但是事实上许多由“假定条件连词+不是”引导的违实条件小句中的时间并不是指向已然的事态,而是说话当下时间或者将来时间的事态,如例(76)是当下时间的事态,例(77)是将来时间的事态。

(76)过道那头,传来嗦嗦的响动,一个影子慢慢朝我走过来。我的头发都竖起来了。如果不是他的一双脚在移动,我真会以为自己大白天遇上了一具僵尸。(COCO,556)

(77)要不是明天检查卫生,我们就不打扫这间空屋子了。(陈国华,1988:17)

我们认为“假定条件连词+不是”引导的条件句之所以是违实解读的真

① 汉语中的另一个否定词“没有”则没有这种用法。一般的看法是“没”否定过去的事件,“不”否定将来的事件,但这里似乎不太一样。

正原因在于，“不是”的否定辖域是其后面的整个命题，而这个命题正是一个过去已经发生或当下正在发生或者将来一定要发生的事态，正是这一对事态确定性（certainty）的否定，导致了违实的解读。

于是可以明白Eifring（1988）所说的“不是”，更确切一点说应该是“假定条件连词+不是”这个构式中的“不是”。

除了“要不是”这类形式，陈国华（1988）还提到了一些语言形式也能表达违实语义：从句动词的体态，即在指过去的条件小句里，当用动词的一般态表示动作的完成或事态的实现时，所表达的条件一般是违实的。陈国华指出，如单独说出例（78）的两个小句，例（78a）无法告诉我们“昨天下雨了”没有，而例（78b）则可以明确地表达出“昨天没有下雨”这一意思；使用“早”之类的时间直指词的条件句，如例（79）；结果小句句尾使用“呢”和“了”的条件句，如例（80）；条件连词使用了句重音的条件句，如例（81）。

（78）a. 昨天要是下了一场雨，……。

b. 昨天要是下一场雨，……。

（79）早告诉我一声［实际上没有告诉］，有什么不成的。

（80）a. 要依我的性，早撵出去了。

b. 我要是想当教师，就报考师范院校了。

（81）'假如将其隐秘披露出来，那家人就名誉扫地了。[①]

上述特征有其合理性，但有的却需要进一步讨论。蒋严（2000）就提出了反驳的意见，指出例（82）（83）表明在表过去事态的条件句中，有“了”无“了”都可以有违实解读。“早”起的作用并不限于时间直指词，它还是个使时间后移的词汇虚特征；句尾“了”则从来就不是违实义的语法标记。从条件命题的逻辑语义来看，前件必然引进一种新的事态，因为它指向一个可能世界。相对于交际双方的背景知识而言，这个新事态既可以是双方背景知

① “'”表示句重音所在。

识的共核（common ground，简称知识共核）的子命题，也可以是知识共核域外的命题，“了”表示的就是这后一种情形。这种解释与形式语义学对虚拟态的解释相吻合。按可能世界语义学的解释，条件式前件引入一个与现实世界尽可能相似的可能世界，它可以是另一个世界，也可以是现实世界本身。不管条件假设是否违实，都有可能是交际者知识共核之外的命题。所以“了”对违实或事实假设皆适用。如果前件引入的是现实世界，且有关命题在知识共核之内，“了”就不会出现在句末。

（82）[当初]要是早听了你一句话，也不至今日。（蒋严，2000：267）

（83）要是早把那钱花完了，也不会有现在的麻烦。（同上）

我们基本同意蒋严的反驳意见，但是对“早”类词的看法，却认为有必要进一步予以商讨。一定条件下条件小句中使用“早”类词的无标记解读确实是违实语义。具体说来有以下三点证据：

第一，时间副词“早”只有出现在表达过去事态的条件小句中才会有违实的解读，用在将来事态的条件小句中则无此结果。比如例（84）（85），如果没有上下文，那么当条件小句表示将来的事件时，它们就是真实条件句的解读；但当条件小句表示的是过去的事件时，则都成了违实解读。事实上它们在各自的原文中例（84）说的是过去的事件，所以是违实条件句，而例（85）说的则是将来的事件，所以是真实条件句。

（84）如果他们早一分钟到，他们就会遇到东山。（余华，《难逃劫数》）

（85）兰医生想起她曾矢口否认自己有病，就说：“要是早点医，会好得更快些。”（毕淑敏，《女人之约》）

第二，正如陈国华（1988：14—15）已经注意到的，当“早”与“知（道）”组合成“早知（道）”这一词组，表示“事先了解到”的意思时，由这个词组构成的条件小句表达的总是违实性语义，如：

（86）早知这样，我竟一起头求婶子，这会子也早完了。（曹雪芹，《红楼梦》）

（87）早知是这样，我也不烦他了。（曹雪芹，《红楼梦》）

而事实上除了"知（道）"，其他的一些动词如"明白、学会"等与"早"组合成词组，表示"事先……"义时，它们引导的条件小句也都是违实义的。

第三，Feng & Yi（2006）针对汉语条件句违实语义的表达所进行了心理学研究。他们研究的其中一项，就是选取了以往文献中提到的汉语条件句中表达违实语义的一些语言形式①，接着让一个汉语本族语人从文本中挑出200个包含这些语言形式的句子，然后让另外两个汉语本族语人来判断哪些句子是违实条件句。与这里讨论相关的几个形式的统计结果如表3-3所示：

表3-3 汉语中一些表达违实语义的形式的心理学统计（Feng & Yi，2006）

语类	标记	百分比
时间指示	早	83%
体标记	了	21%
否定式	要不是	91%

表3-3表明，大多数情况下人们会将包含"早"和"要不是"的条件句解读为违实条件句。"早"的比例稍低的原因，可能是由于搜集的例句将过去和将来事态都包括在内的缘故。

综合上面的讨论可以看出，"假定条件连词+不是"以及例（80）中的这些词汇、语法特征尽管往往与违实语义相连，但是除了"假定条件连词+不是"构式与违实义的联系有较强的强制性以外，其他特征与违实义的联系都是松散的、有条件的。所以到目前为止，还没有证据表明汉语这些表达违实语义的语法形式已经构成了一种违实范畴。

① 这些语言形式包括：时间指示词"早"；体标记"了"；否定式"要不是、没、要不然"；谓语"就好了、还以为、原来应该"；其他"的话、真的"。

2.2.3.4　汉语的条件连词与"假设性等级"

除了上面提到的一些，在汉语条件连词是否显示了假设性程度的差别这一问题上，也曾经一度产生过争论。Chao（1968：116）曾认为"要是（语源上等于'若是'）、要、假如、若是、倘若、假若、假使、倘使、设若"这些连词的先后次序反映了：1）出现的频率；2）假设的程度/可能性，即越靠后的假设词表示跟事实相左的程度越大。这差不多就是认为汉语像上面提到的马耳他语、豪萨语一样，能够通过连词来区分"假设性等级"。但是吕叔湘（2004［1944］：413）则认为汉语中条件可能实现的程度，在关系词上没有多大差别，他举的关系词有"倘若、假若、假使、倘使、假如、如果、果真、果然、但……便"等。现在大家的看法已经基本趋向于一致，即认为还是后一种观点更符合实情（蒋严，2000：264—266），因为用"要是、若、假如、若是"等赵先生认为的高假设性的连词造出的非违实条件句比比皆是，下面仅举数例：

（88）碰到那种时候。我不敢打保票老是情绪很好，但我敢保证我对你决不掩饰自己的情感。要是有人告诉你我在背后说你坏话，你可千万别信，一定找到核实后再作出判断。（王朔，《痴人》）

（89）为了确保消费者的利益，金太阳家装市场实行质量保证金制度，市场预收装饰公司质量保证金，如果公司和客户出现质量纠纷，市场进行调节。若公司由于某种原因不能对客户负责，市场将用质量保证金进行先行理赔。（COCO,5）

（90）假如中国足协同意，美国人愿意出钱请中国队的刘英、白洁、李洁和赵利红去美国大联盟踢球。（《北京日报》，2001）

（91）在我的记忆中，给客人递茶之后，若是碰到父亲陪客人离开火塘，我就会不失时机地赶紧倒一杯茶给自己喝。（《北京日报》，2001）

有趣的是，尽管现代汉语中连词的假设程度标记功能已经不存在了，但是在古代汉语当中似乎曾经有所表现。比如何乐士等（1985：501）指出古汉语中作为假设连词的"向使"侧重对往事的假设，即其引导的往往是违实条件句，如例（92）（93）所示：

（92）向使能瞻前顾后，援镜自戒，则何陷于凶患乎?(《后汉书·张衡传》)

（93）向使婴有庸主之才，仅得中佐，山东虽乱，秦之地可全而有，宗庙之祀未当绝也。(贾谊,《过秦论》)

原因可能与“向使”中的“向”是从作为时间副词表示“原先、当初”的意义虚化而来的有关（何乐士等，1985：621）。表示时间的词语语法化为表示条件的连词或者其中的某个成分则是一种具有普遍性的语法化路径（Traugott，1985；Hopper & Traugott，2003：186；Heine & Kuteva，2007［2002］：293）[①]。

张丽丽（2006）指出古汉语中表假设条件的“使”字句大都是属于反事实的类型，或者是与过去事实相反如例（94a、95a），或者是与现在状况相反如例（94b、95b），或者是不符合常理如例（98c、99c），比如：

（94）a. 有是哉颜氏之子！使尔多财，吾为尔宰。(《史记·孔子世家》)

b. 上曰：“使武安侯在者，族矣。”(《史记·魏其武安侯列传》)

c. 平曰：“嗟乎，使平得宰天下，亦如是肉矣！”(《史记·陈丞相世家》)

（95）a. 使民无欲，上虽贤犹不能用。(《吕氏春秋·览部·为欲》)

b. 使神可祝而来，亦可禳而去也。(《史记·齐太公世家》)

c. 使知者而必行，安有王子比干？(《史记·孔子世家》)

吕叔湘（2004［1944］：412）也指出古汉语中使用“使、令、假、设”类字的句子多半表示与事实相反的假设。Eifring（1988）也认为汉语从古到今在违实语义的表达上，是一段从清晰到模糊的历史。

2.2.4 汉语条件句不区分“假设性等级”

通过上面的分析，我们的结论是，汉语中有表达违实语义的词汇和语法形式，但是这些形式却无法构成违实范畴这一语法实体。这种情形就正如汉

① 可参看下文第十二章的相关论述。

语中有表达时、数（number）等语义的手段，但却很难说汉语中存在时、数等这些语法范畴一样。如此一来，汉语条件句也就无法做出如2.2.1中图3-1一样的区分，“假设性等级”在汉语条件句中无法表现，Comrie（1986）的论断是正确的。

汉语的这一情形正符合Wierzbicka（1996、1997）提出的一种假设，即认为条件结构和违实结构都是所谓的“语义基元”①，具有跨语言的普遍性，这两种结构在所有语言中都会有相应词汇或句法形式的表达。这也就意味着，违实在认知语义层面具有普遍性，但是在句法层面是否构成一种语法范畴，不同语言间的表现则不同。Hasada（1997）对日语条件句的研究也为这一假设提供了支持。一般的认识是日语中条件小句和时间小句之间没有明显的区分，许多句子都可以解读为条件句或时间句，如例（96）；此外认为一般条件句和违实条件句之间也没有显性形式的分别。

（96）Kimi　ga saizen　o　tsukusu nara (ba), sore　o　age-yoo.
　　2SG　SUB best　OBJ　do　CP　3SG OBJ　give-FUT
　　‘When/if you try to do your best, (I) will give it to you.’
　　当/如果你想去竭尽全力，（我）会把它给你。

但是Hasada经过仔细分析发现日语中的时间小句和条件小句不是无法辨别的，*moshi +-ba*（副词“假使、万一”+-连接助词）组合成的条件句就只能解读为条件而非时间句，如例（97）所示：

（97）Moshi kimi ga saizen o tsukusu nara (ba), sore o ageyoo.
　　If/*when you try to do your best, (I) will give it to you.
　　如果/*当你想去竭尽全力，（我）会把它给你。

① 所谓“语义基元”，就是不能再用其他概念来解释的概念，比如限定词“这、那、the”等，心里动词“知道、想、看到、听到”等，评价词“好、坏”等。Wierzbicka是这一理论的主要倡导者。

大多数情况下日语中的条件句表示的是可能实现的条件还是违实的条件要依靠语境信息的帮助，比如A、B二人从新闻中得知一对夫妇在沙漠中走失了，他们只有发现水源才有可能生存下去，一周之后，A问B事情的结果怎样，B可能说出例（98）；但是如果B的确知道那对夫妇发现了水源并且生存了下来，那么就会说出例（99）那样的违实条件句。

（98）［Moshi (mo)］karera ga mizuumi o mitsukenakereba, (karera wa) ikinokoranakatta daroo. Demo are irai doonana ka kiite inai kara, karera ga jissai mizuumi ni tadoritsuite, ikinokotta ka dooka wa yoku wakara nai.

'If they did not find the lake, they won't have survived. But as I have not heard any news about it since then, I am not really sure if they actually reached the lake, and survived.'

如果他们发现不了湖泊，他们就无法生存。但从那以后我就没再听到过任何消息，所以我无法确定他们是否真的到达了湖泊并生存了下来。

（99）［Moshi (mo)］karera ga mizuumi o mitsukenakereba, (karera wa) ikinokoranakatta daroo. Yokatta yo ne, mitsukerare te.

'If they had not found the lake, they would not have survived. Thank God, they were able to find (it).'

如果他们没有发现湖泊，他们就无法生存下来了。谢天谢地，他们发现了它。

日语中的确存在着一种条件句只能有违实的解读，就是在结果小句谓语之后加语助词（no）ni（尽管、虽然）[①]构成的条件句，如例（100）。但是日语中的这种违实条件句与英语中的不同，前者在使用时总是表达出说话人对实际发生的事件的否定态度，也就是说话人不希望发生。所以例（100）中说

---

① 除了（no）ni，还有ga（但是）、-ke（re）do（mo）（但是）等语助词可以出现在这一位置，但是功能上却与（no）ni不同。

话人期望的是生个男孩，但是事实却是个女孩。如果说话人期望的就是一个女孩，那么就不能使用例（100）。

（100）（Moshi[mo]）Umarete kuru ko ga otokonoko deare-ba,
if expect.PST child SUB ? boy COP-CP
haha wa zettai yorokobu noni.
mother TOP definitely be.pleased CONTRA
‘If the expected baby had been a boy, my mother would definitely have been pleased.’
如果期望中的宝宝是个男孩，母亲当时一定非常高兴。

经过详尽的分析之后，Hasada（1997）认为日语中的事实是支持Wierzbicka（1996、1997）所提出的假设的。于是可以看出，尽管日语和汉语条件句的表现各不相同，但是都有各自表达出违实语义的途径。

语言中的“范畴”是对表达某种语义的语法手段的进一步提升和概括，“违实范畴”也就是对语言中表达违实性的语法手段的概括。西方语言学界在提到范畴时往往指的是狭义的“语法范畴”，也就是通过句法形态来表示某种语义的手段；汉语学界所研究的范畴则往往是广义的语法范畴，即语义语法范畴（胡明扬，1995；马庆株，1998等），或者更广义的语义范畴（李宇明，2000：1—29）。关于汉语条件句中是否存在违实范畴的讨论，国外的学者往往采取前一种狭义语法范畴的视角，说汉语条件句无违实范畴，而许多学者特别是国内学者在反驳的时候，则往往采取的第二种视角。也是在这个意义上，经过上面的分析，我们可以说汉语条件句所表现的违实范畴不是作为一个狭义句法范畴而存在，而是作为一个语义范畴而存在。除非特别指明，这里提到违实范畴时是在其狭义句法层面使用的，这显然是个语法概念，而违实性语义则是一个认知概念。一种语言可能没有某种语法范畴，但是却很难说她也没有表达这种认知语义的语言形式。

第三节 汉语条件句的依存性

所谓“依存性”其实包含两个意思，除了指条件小句和结果小句之间有某种语义上的联系之外，还包括了条件小句作为从属小句在句法表现上要依赖于主句的形式。依存性对不同类条件句的适用程度有所不同，语义和结构依存对假定条件句和特定条件句都适用，而对让步条件句来说则主要体现在结构依存方面。

3.1 条件句小句间的语义依存

有的学者指出例（101）这样的句子，前后小句都是假命题，它们之间没有任何联系。

（101）如果孔子诞生在韩国，那么伦敦就是法国的首都。

但是我们可以说两个小句是在所述事件的荒谬性上相关。所以本书同意Akatsuka（1986：333）的观点，即认为条件句中的p和q之间一定存在着某种关联，即每一个有“如果p，q”语义的结构都有一个类似于“p和q之间的关联/联系”的抽象的语法意义。

传统上都认同条件小句和结果小句之间存在因果性语义联系，即小句之间是尚未实现的原因和结果的关系（黎锦熙，2000［1924］：218；吕叔湘，2004［1944］：427—429；Comrie，1986；邢福义，2001a；Ramsey，1931：284[①]），但是也有许多学者认为因果关系并不是对所有的条件句都适用（Haiman，1978、1988：66—67、1994：685—686；Taylor，1997：289—291；Athanasiadou & Dirven，1997：67；Seiler，1997：309；Wierzbicka，1997：19—20），很多条件句的两个小句之间根本不存在因果关系或者说很

① 转引自Haiman（1994：685）。

难判断就是因果关系，如例（102）—（108）的例子（转引自Wierzbicka，1997：19—21）。

（102）如果他在睡觉，我不会叫醒他的。

（103）如果你这样做了，人们总会知道的。

（104）如果你这样做了，就糟了。

（105）如果他侮辱我，我会原谅他。

（106）如果他邀请我去参加晚宴，我不会去的。

（107）如果巴黎是法国的首都，2就是一个偶数。

（108）你要是饿了，冰箱里有面包。

例（102）—（104）三例其实完全可以认为前后小句间存在事理逻辑上的因果关系；而例（105）—（108），如果从事理逻辑上来讲，条件小句的确无法成为结果小句的原因，而传统上的理解也正是在这个层面。但是如果不将之局限于事理域，那么从言语行为域（Sweetser，1990；Dancygier & Sweetser，2005）来看，就可以看出前后小句之间仍然是存在着因果关系的，即说出条件小句是说出结果小句的原因。

3.2 条件句小句间的结构依存①

小句间的结构依存指的是作为从属小句的条件小句对作为主句的结果小句的依赖。这种依赖一方面表现在从属小句在句法特征上的去句子化（desententialization）（Lehmann，1988；Croft，2001；高增霞，2005）；另一方面则表现在有形态变化的语言中，条件句的形态变化主要体现在结果小句上，而有的语言中条件小句在形态变化上要随结果小句形态的变化而变化。

所谓条件小句的去句子化特征，就是作为从属小句的条件小句往往会失

① 本节主要谈论的是条件句的语义特征，而且结构依存在汉语条件句中并无太明显表现，所以此处仅简略提及。

去一些典型句子的句法特征，比如第三章2.2.3.3及第四章3.1部分所看到的体标记的限制。

小 结

自然语言中的条件句所表达的条件不同于逻辑上所说的条件，尽管二者的关系在通常情况下可以理解为前者是后者在自然语言中的体现。条件句的假设性特征在条件句各次类中的体现并不平衡，假定条件句都具有假设性，但是其他次类的条件句则在有些情况下并不表示假设性。汉语条件句中没有违实语法范畴，不区分“假设性等级”，但是并不缺少表达违实语义的语法形式，这也证明了违实语义“语义基式”的地位。条件句的依存性语义特征一方面体现在小句间存在某种语义上的联系，另一方面也可以从条件小句对结果小句在结构上的依赖上面反映出来。

第四章　汉语条件句的基本句法特征

第三章所述条件句的语义特征表现在句法方面，就是只有假设/非真实语义的句法特征才能够进入条件句。由于从属小句的结构依附性，导致了有些句法特征在去句子化的过程中失去了。本章就来讨论汉语条件句的基本句法特征。汉语条件句的句法特征，不是表现在用语法形式，特别是动词形态变化来标示出条件句的实现性（reality）、极性状况、频率性状况等方面，而主要表现在某一语法现象能否与条件句相适应、相兼容等方面。

第一节　汉语条件句的时态特征

在用动词形态变化表示时态的语言中，时态往往与条件句所承载事件的实现性状况相关。比如过去时（past tense）就往往用来表现语言中的一些非真实性（unreality）情况，其中最明显的就是非真实条件句中过去时的使用（Whaley，1997：253—254；Palmer，2001：207—216）。英语是典型的通过时态来表示不同类型条件句的语言，即用现在时表示真实条件句，如例（1）；而用过去时或过去完成时表示非真实条件句，如例（2）（3）。

（1）If John comes, Bill will leave.

（2）If John came, Bill would leave.

（3）If John had come, Bill would have left.

其他语言的例子，如古希腊语在现在非真实条件句中，前后小句都用未完过去时直陈式（imperfect indicative），如例（4）；在过去非真实条件句中，则使用不定过去时（aorist），如例（5）。

（4）ei toúto epoíeis, he:má rtanes án

if this do.2SG.IMPF.INDIC err.2SG.IMPF.INDIC án

'If you were doing this, you would be wrong.'

如果你做这件事，你就错了。

（5）ei tó uto epoíe:sas, hé:martes án

if this do-2SG.AOR.INDIC err-2SG.AOR.INDIC án

'If you had done this, you would have been wrong.'

如果当时你做了这件事，你就会犯错。

厄立特里亚使用的两种埃塞俄比亚闪族语言（Ethiopian semitic）提格雷语（Tigre）和提格里尼亚语（Tigrinya）也有类似的表现。在表示非真实性时，提格雷语在两个小句中使用过去时（相当于闪族语中的“未完过去时”）加上语助词wa，如例（6）；而提格里尼亚语则是在条件小句中用现在（未完过去时），在结果小句中用过去（完成时），如例（7）。

（6）London wa-gəsko, wa-mətko

London COND-go.1SG.PRF COND-die.1SG.PRF

'If I went to London, I would die.'

如果我去伦敦，我会死。

（7）'əntä təḥarm-o, mə-mote

if hit.2SG.IMPF-3SG.ACC COND-die.3SG.PRF

'If you hit him, he would die.'

如果你打他，他会死。

汉语中的时态是否是一个语法范畴还很难说，大多数的意见是倾向于持否定态度（戴耀晶，1997：31—32），词汇而非语法形式是汉语中时态表达的核心手段。汉语中的时态与条件句之间也没有上述语言中所述的密切关联，所以准备从三方面来讨论汉语条件句与时态之间的关系：（1）条件小句对时态的影响；（2）结果小句中将来时标记“要”的使用；（3）“再”和“又”在条件小句中的不同表现。

1.1　条件小句影响时间指示

范继淹（1982）提供了一个条件句影响时间指示的例子。他探讨了汉语中的四类体在是非问句中的句法表现，即：

（8）a. 未然体（尚未发生）：你开窗户吗？
　　b. 曾然体（曾经发生）：你开过窗户吗？
　　c. 已然体（已经发生）：你开了窗户吗？
　　d. 持续体（持续进行）：窗户开着吗？

接着他考察了四类动词短语构成的是非问句中这四种体的表现情况，即单纯动词句、助动词短语句、动结短语句、动趋短语句。谈到单纯动词句的未然体时，他指出未然体是非问多指将来，句中常有表示将来的时间词伴随出现，如例（9）。

（9）a. 明天你去不去？
　　b. 明天你去吗？

但是在条件句中，作为结果小句的是非问可以指过去，如例（10）。

（10）a. 要是当时找到工作，你走不走？
　　b. 要不是有人刁难，你走吗？

这里可以看出，条件小句设置的心理空间改变了时间指示，从而使指向将来未然的时间转到了指向过去未然的时间。

1.2 “要”假设事件逻辑

张万禾、石毓智（2008）在讨论现代汉语的将来时范畴时，提到“要”作为现代汉语最典型的将来时标记，有一些使用上的特点，即它往往表示将来时间发生的现实理据，其中的一种情况就是一个假设事件的逻辑结果，如例（11）（12）。

（11）也没办法了，不锻炼是要发胖的了。（王朔，《编辑部的故事》）

（12）要他一张嘴啊，电源就要自动跳闸。（王朔，《编辑部的故事》）

上两例中画线部分就是“要”后动词实现的前提。

1.3 “再”与“又”在条件小句中的使用

作时间副词表示动作的重复或继续的“再”和“又”当用于条件句的条件小句中时，有两点值得注意：一是“又”只能出现于违实条件小句中，如例（13），而“再”则能用于违实条件小句之外的其他类条件句，如例（14）。

（13）如果不是老李又回来了，我们还真不知道第二天该怎么办了。

（14）a. 你再推辞，大家就有意见了。

b. 你再怎么劝，他还是不同意。

二是条件小句中使用了“再”的条件句，往往就不再使用条件连词。广播剧语料出现条件小句使用“再”的条件句，全部都没有使用条件连词，如例（15）。

（15）a. 老龙：在你面前我什么都敢讲。老杨，我看你还是把那个女犯人放到别的队去吧。我，我管不了哇！再这样下去，我要打报告，申请回老家种田去。（广播剧，398）

b. 徐白：不怎么样。西湖再这么亮下去，都快成了“灯具市场”了。（广播剧，406）

两个副词的上述表现，是它们各自时态特征的反映。表示动作的重复或继续的“再”只用于未实现的动作，而“又”则用于已实现的动作，二者呈互补分布（北京大学中文系，1996：530；吕叔湘主编，1999：644），如例（16）（17）。

（16）这次失败了，下次再来。

（17）我找过一遍，他又找了一遍。[①]

违实条件句否定的命题是已经发生的事件，与“又”的时态特征相符合；而其他类条件句就都是将来未发生的假想事件，“再”的时态特征正好符合。“再”的时态特征是如此显著，即使说话人不使用条件连词，受话人也不会将其所在的小句理解为已经发生的事件，而是解读为假设性的条件小句。

第二节　汉语条件句的语气特征

汉语中的语气差异往往通过语调、副词、助动词以及语气助词来表现（贺阳，1992；齐沪扬，2002a、2002b）。以往对条件句中语气的研究可以分为两大类，第一类着眼于不同次类的条件句与陈述、疑问、祈使、感叹等语气的使用关系（邢福义，2001a：85—88；徐阳春，2002：79），第二类则是从语气助词的角度来考察条件句的假设语气（房玉清，1992：601—668；陈颖，2001）。

假定条件句与几类从语气角度划分出的句类都是和谐的，比如例（18）—（21）依次是陈述句、疑问句、祈使句和感叹句，但是其他类条件句中这几种句类的使用则有所限制。

（18）在一道唱着欢歌，不停不息地奔跑的小溪旁，在一座古老的不长的石拱桥的桥头，儿子挑着邮包，站住不动了。父亲如果不转回山坳那面的绿门绿墙的营业所，他决计这样站下去。（COCO，52）

---

① 例（14）、（16）—（17）均引自吕叔湘主编（1999）和北京大学中文系（1982）。

（19）我们应该加强点儿热爱生命的积极意识啊！她说，如果人人都无一例外地要求照顾，她能热爱得过来么？（COCO，245）

（20）我们要为我们的根据地的存在而浴血奋战！如果我一去不回，您千万不要难过。（COCO，286）

（21）而我，连不接受的权力，仿佛都在无形中被剥夺了。有时候我甚至很坏地想，如果她是天使，那么就让我做暴君吧！可我又做不成一个暴君。（COCO，248）

"只有、只要"类条件句中使用陈述和感叹语气没有问题，但是"只要"类只能使用极性问句或反意疑问语气，而不能使用特指疑问，如例（22）（23）；"只有"类则不能使用疑问语气（贺阳，1997：14）。此外，这两类条件句也不能使用祈使语气。

（22）老人睁开眼睛，好像要对小顺儿说，你我是四世同堂的老少两辈，咱俩都得活下去。只要咱俩能活下去，打仗不打仗的，有什么要紧？（老舍，《四世同堂》）

（23）她想幸亏不是我病。又想人只要活着是否就必须得承受这些呢？（方方，《暗示》）

房玉清（1992：643—644）是少有的将"假设语气"单独列为汉语语气范畴一个次类的著作。他认为语气助词是汉语中表达语气的主要手段，而且是汉语区别于印欧系及其他诸语言的特点之一。其语气次类的划分也基本上是按照不同语气助词所表现出的功能来进行的，其中提到表示假设语气的语气词有"呢""吧"两个，使用了这两个语气助词的假定条件句往往有左右为难的意思，如例（24）（25）。

（24）是这么办<u>呢</u>，咱们大家都是朋友；不是<u>呢</u>，你们俩马上拿出五百元来。（老舍，《四世同堂》）

（25）这把花让她犯了愁。不买<u>吧</u>，怕两位老人不痛快；买<u>吧</u>，又怕引起

同事们无谓的猜测。（苏叔阳，《故土》）

其实除了这两个语气词，“的话[①]、啊、嚜（么）”等几个也往往被看作能用于条件表达，如赵元任（1968：118）举的例子：

（26）要是不肯的话，那就算了。
（27）要是下起雨来嚜，让我看怎么办。
（28）要是下起雨来啊，那就糟糕了。

直陈语气（indicative）和虚拟语气（subjunctive）的对立是印欧语系，特别是罗曼语族诸语言在语气上的基本区分之一，前者是对真实事件或可能发生的事件的陈述，而后者则是对非真实事件的表达。如下面西班牙语的例子（转引自Palmer，2001：107）：

（29）Insisto　　que　aprende
1SG.insist　that　learn.3SG.PRS.INDIC
‘I insist that he is learning.’
我坚持认为他正在学习。

（30）Insisto　　que　aprenda
1SG.insist　that　learn.3SG.PRS.SUBJ
‘I insist that he learn.’
我坚持认为他在学习。

国际上对条件句语气的研究，主要指的就是上述语气上的对立，特别是虚拟语气在条件句中的表达。在印欧系语言中，语气往往与时态相结合来表示出条件句现实性上的差异（Palmer，2001：209—211）。如拉丁语在表示现在非真实条件句时，前后小句要使用非完过去时虚拟语气（imperfect subjunctive），如例（31）。

① “的话”的语气助词性质可参看下文第五章第二节2.4的论述。

（31）Si hoc faceres, errares

If this do-2SG-IMPF-SUBJ err-2SG-IMPF-SUBJ

'If you did/were doing this you would be wrong.'

如果你做/正做这件事，你会犯错。

但是拉丁语跟古希腊语一样，当非真实条件句有明显的未来指向时，就要使用不同于以上的一组形式，即前后小句都使用现在时虚拟语气（present subjunctive），如例（32）。

（32）Si hoc facias, erres

If this do.2SG.PRF.SUBJ err.2SG.PRF.SUBJ

'If you did/were to do this you would be wrong.'

如果你做/要做这件事，你会犯错。

德语中的情况稍微复杂一些，德语的非真实条件句在条件小句中使用未完成过去时虚拟语气，结果小句中则使用未完成过去时虚拟语气或者条件时态（conditional tense）都可以。其中，"条件时态"事实上是由表示将来时的情态助动词werden的未完过去时虚拟语气构成的，如例（33）。

（33）Wenn ich ihm heute schtiebe, wü rde

If I to.3SG.ACC today write.1SG.IMPF.SUBJ be.3SG.IMPF.SUBJ

er den Brief morgen bekommen

3SG the letter tomorrow to.get

'If I wrote to him today, he would get the letter tomorrow.'

如果我今天写信给他，他明天就能收到信。

Palmer（2001：214—216）还提到过比上述语言更复杂的情况。比如他援引Hetzron（1969：25）的研究指出，在南部阿高语[①]中，条件小句和结果

① Southern Agau，埃塞俄比亚库施特语（Cushitic）的一种。

小句都有特殊的条件词形变化（标记人称、数和性），但是时（未完成和完成）是在条件小句中标记而真实/非真实则是在结果小句中标记的。除此之外，结果小句中还对“非限定”（indefinite）和“限定”（definite）有进一步的区分，这对说话人对事件的确定性也是进一步的表明。Hetzron提到了六种组合模式，对真实条件句来说，条件小句中用条件未完成过去时，而结果小句中则用限定的或非限定的一般未完成过去时，如例（34）（35）；而非真实条件句中，条件小句用条件未完成时和完成时都可，而结果小句中则使用条件非限定或条件限定形式，如例（36）（37）。

（34）'an desú ni　　ə́ ncɣe yé gcé

1SG study.1SG.COND.IMPF　　work find.1SG.IMPF.INDEF

'If I study I shall find work.'

如果我学习，我会找到工作。

（35）'an desú ni　　ə́ ncɣe yé gcá ɣá cé

1SG study.1SG.COND.IMPF　　work find.1SG.IMPF.DEF

' If I study I shall find work.'

如果我学习，我会找到工作。

（36）'an desú ni　　yizá gá　　desé š í ɣʷà

1SG study.1SG.COND. IMPF　　1SG.POSS.relative sduty.3SG.COND.INDEF

'If I study my relative would (probably) study.'

如果我学习，我的亲戚也（可能）会学习。

（37）'an desá š ú ni　　yizá gá　　desá wš í ɣʷà

1SG study.1SG.COND.PRF　　1SG.POSS.relative sduty.3SG.COND.DEF

' If I had studied, my relative would (certainly) have studied.'

如果当时我学习，我的亲戚也（一定）会学习。

上述语气区分尽管普通话中没有表现，但是许多方言中却有用专门的语气助词来表达虚拟语气的条件句。比如钱乃荣（2004：103）就提到，原来的上海话是有虚拟语气的，即上海话原来用提顿助词可以区别“可能实现的假设”（用“末”“仔”或“是”）和“不可能实现的假设”（只能用“末”或“是”，不能用“仔”），如下面的两个例子：

（38）明朝勿落雨仔，阿拉就到公园里去
　　　如果明天不下雨，我们就去公园

（39）昨天吪没落雨是，阿拉就到公园里去了
　　　如果昨天没下雨，我们就到公园去

但是现今的上海话都用“如果……就”来表达了，在形态上不再区分，而只能用时间词等去区别了。

涂光禄（1993）描写贵阳方言时指出，语气词“么”和“舍［sɛ⁵⁵］（又读［si⁵⁵］）”都可以用于假设性条件小句的末尾，二者的区别在于表达的语气不一样：一般假设，用“么”，如例（40）；如果假设的情况是不存在的，反证结果是不可能的，或主句含警告意义等，就用“舍”，如例（41）（42）。

（40）你不来么，就喊（叫）老王来嘛。

（41）有意见舍，早就提了喽。（实际上无意见）

（42）有意见舍，早点提哈！（舍“若不早提，后果自负”的意思）

这种区别可以看作是非违实/违实的表现形式。但是要注意的是，上面两例中违实意义的表达可能是后句中“早”显示的[①]，所以“舍”究竟是否表达了假设，还需更仔细的考察。

邢向东（2002：635—646、2005、2006：155—200）提及陕北晋语许多方言用语气助词来表达虚拟语气。尽管他使用的也是“虚拟范畴”和“虚拟语气”的说法，而且将之分为“愿望、假设、犹豫、纵予”四类，但是似乎只有第一类与这里所讨论的虚拟语气相对应，其最常用的语气助词是“时

① 可参见第三章2.2.3.3的论述。

价”，如例（43）（44）。

（43）我那会儿好好儿念书时价，早考上大学了。

（44）你不要跟人家瞎造蛋时价，人家也开除不了你了。

第三节 汉语条件句的体特征

汉语条件句的体特征，可以用“有界/无界理论”（沈家煊，1995、2004c）来做出统一解释。

第三章2.2.3.3节中提到，陈国华（1988）和蒋严（2000）关于有无完成体标记“了”与违实解读的关系的论述，认为有无“了”并不影响表达过去事件的条件句的违实性解读。条件句属于非事件句①，是无界的（沈家煊，1995b：374—375）。非事件句基本上都是非现实情态的，Li & Thompson（1981：195—197）指出，“了”表示有界时间性，所以非现实情态中不能用完成体标记“了”。但是这种说法对条件句来说有些绝对了，因为表达过去事件的违实条件句显然是个例外。而这一点是很容易理解的，正因为违实条件句表达的是过去的已经完成的事件，所以是有界的，也就与“了”的有界性相适应了。其他一些体标记不能或极少出现于条件句等非现实句中的情况（张雪平，2008：30—32）也是这一原因导致的结果。

张雪平（2008：28—30）指出动词重叠的VV式不能出现在自足的现实句中，如例（45），但却能出现在自足的非现实句中，包括条件句，如例（46）。

（45）a. *我昨天看看书了。

b. *我看看过电影了。

---

① 与“事件句”相对应，所谓事件句就是叙述一个独立的、完整的事件的句子（沈家煊，1995b：374）。关于“事件”和“动作”的区别可以参见沈家煊（1999：98）。

（46）a. 如果你锻炼锻炼，身体会好起来的。

b. 你只要锻炼锻炼，身体就会好起来的。

c. 你只有锻炼锻炼，才能彻底恢复健康。

d. 即使你锻炼锻炼，身体也不会马上就强壮起来。

动词重叠属于“短时体”（戴耀晶，1997；陈前瑞，2008：第二章）。我们认为动词重叠表示的短时体应该是无界的，原因就在于：（1）短时体所表达的动作内部是同质的，而非异质的。“看看书”在时间上可以任意分割，任取一部分仍然是“看看书”；（2）短时体所表达的动作有伸缩性。“看看书”在延伸时间上增加一些或减少一些，仍然是“看看书”；（3）短时体所表达的动作没有可重复性。“看看书三次”的说法是不合语法的[①]。

上述三点正是无界区别于有界的核心特征（沈家煊，1995）。也正是短时体的无界性，才使其能出现在具有无界性的条件句等非现实句中。

第四节　汉语条件句的情态特征

条件句属于典型的非现实情态范畴（沈家煊，1999c：103—106；Palmer，2001：177—179；石毓智，2001a：47—51、2001b：第8章；李敏，2006；张雪平，2008）。

范继淹（1982：430）提到，在助动词短语句中，“会、该、应该、可以”在“V过”或有时间词等上下文时，表达曾然都没有问题，但是“敢、能、肯”等情态助动词表示曾然则只能出现在条件句的结果小句中，如例（47）。

（47）a. 要是我不在场，你敢说他不敢说他？

b. 在当时能不能找到一个比较好的环境？

c. 如果你是一家之长，你肯答应吗？

---

① 动词重叠排斥数量短语（包括宾语和补语）的原因可以参看李宇明（1998，2000a、b）。

可见，条件句与各类情态的相容程度是较高的。

张谊生（2006：131）指出：从带有主观量标记的句子所表的时态特征和模态语义看，几乎所有的含有“不一会儿、好一会、好一阵”的句子和绝大多数带有“没（V）儿/两”的句子，都是表达已然事件和实然命题的。在其所收集的语料中表已然/实然和表未然/或然的比例竟高达20∶1。比如例（48a）句一旦改为未然句、或然句的例（48b）句，就完全不能接受。

（48）a. 老头子坐着，闭了眼睛，摸了好一会，呆了好一会，便张开他眼睛说，“不要乱想”。（鲁迅，《狂人日记》）

b. 如果老头子坐着，闭着眼睛，摸［*好］一会儿，呆［*好］一会儿，便会张开他眼睛说，“不要乱想”。

反之，下面例（49）—（51）三句都是未然和或然的，所以都不能附加主观标记“没、不、好”。

（49）她的心一下子被施肖萌流出来的和自己吞下去的泪水泡酥了，“……过［*不］几天，可能有个公判大会，如果有他的话，我看能不能给你找张票吧。”（海岩，《便衣警察》）

（50）因为新闻太多而民间权威人士太少，不读报纸［*没］几天马家军的新闻就改调子改内容了。（赵瑜，《马家军调查》）

（51）没外人，［*好］一会儿就是援朝来，这肘子就是他搞来的；还有萌萌的那个小朋友，也来。（海岩，《便衣警察》）

之所以会具有这样的时态特征和模态语义的倾向性，是因为未然和或然的事件本来就具有不确定性，而已然的事件多具有现实性和确定性。人们一般总是对现实的、实然的情况进行减量或增量的主观评判，而很难对不确定的未然或然的情况进行减量或增量的主观评价。

现代汉语中的“会”是典型的认识情态词（epistemic modality）。其无标记的状态是出现于将来时中表示可能，而用于过去时间内表示可能性时，则只能出现于一些非现实语义的句子中，其中条件句的结果小句就是其中之一（王晓凌，2007a）。如下面两例所示：

（52）秦千事想要是王景这时从花丛中走来，她应该不会犹豫，她**会**拨开花丛一径迎向他，任他挽住，一道去走遍天涯。（王晓凌，2007a：63）

（53）要不是看到自己“血肉模糊”的车鼻子和不远处满地的碎玻璃，我**会**以为刚才睡着了做了个噩梦。（COCO，41）

“会”表达的非现实性与条件句的非现实性语义相兼容，是前者在过去时中用于后者的决定性因素。

Dancygier（1998）以及Dancygier & Sweetser（2005）曾区分出预言条件句（predictive conditionals）和非预言条件句。这两类条件句的重要差别之一就是前者的结果小句往往需要有情态动词，比如例（54）（55）两例中的“can、might”等，而非预言条件句在时态及情态上则没有这种严格要求。

（54）If John comes, Bill **can** leave.

（55）If John had come, Bill **might** have left.

上文的例（47）（48）（53）（54）就都是预言条件句。

Palmer（2001：78）指出，英语中的will可以表示两种情态，一种是指向未来的假定情态（assumptive），一种是表达愿意（willingness）的意志情态（volitive），分别如例（56）（57）。

（56）The berries will be ripe. 浆果要成熟了。

（57）She loves him and she won’t leave him. 她爱他，她不会离开他。

这两种用法的will有一个形式上的区别，就是表示意志的will能用在条件句的条件小句当中，而表将来的will则不能，如例（58）（59）的对比。

（58）It’ll rain tomorrow → If it rains romorrow

（59）John'll help you　→ If John'll help you

这里体现的是条件句对情态次类的选择限制。

第五节　汉语条件句的极性特征

所谓"条件小句的极性特征"，就是结果小句中事件的实现是以条件小句中事件的实行（fulfillment）还是非实行（non-fulfillment）为基础，前一种情况本书称为"肯定条件句"，后一种情况为"否定条件句"。[①]

关于否定条件句，就汉语来说包括两类，一类是有专门否定条件小句标记的，如例（61）使用了否定条件标记"除非"。

（60）这种鞭，成本很贵，除非有人定做，平常是不预备的。（COCO，10）

另一类是条件小句中使用否定标记的，这又分为两类，第一类是否定标记在连词之后小句之前的，这时否定的是整个命题，如例（61a）；第二类是否定标记出现在小句之中的，这时否定的是谓语动词，如例（61b）。

（61）a. 如果不是小王正好这时候过来，把金秀叫走了，金秀是会把陈玉英说通的，因为这时候陈玉英已经动心了。可小王过来叫，说老爷子让过去给病人拿金丹，金秀就起身跟她过去了。（COCO，1）

b. 只要飞机不掉下来，我不管多晚都要与北京记者见面。（COCO，41）

邢福义（1984）指出"要不是"等于"如果不是"，"要"相当于"如果"。如下面例子中的"要不是"可以说成"如果不是"：

（62）那晚上要不是老娘下了他的蒙心药，那北京姑娘就莫想活命了。

---

① 这里对"肯定/否定条件句"的界定不同于Akatsuka（1997）的方法，后者的肯定—否定指的不是"极性值"（polarity value）上的，而是"期望值"（desirability value）上的，即如果条件小句中的事件是说话人所期望的，那么就是肯定条件句，反之就是否定条件句。这种意义上的肯定—否定在有些语言中已经高度语法化了，如日语、韩语中。

（谢璞，《寻找》《芙蓉》1982年第3期167页）

“要不是”具有凝固性。“要”和“不是”总是结合使用，“如果”和“不是”却可以分离开来用在主语前后，如例（63）所示。“如果我不是……”不能说成“要我不是……”。

（63）如果我不是在气头上，也许会多看他们几眼。（汤保华，《情感分析》《小说家》1983年第2期94页）

我们同意邢先生前半部分的论述，却不赞同其后半部分的说法。因为否定标记出现的位置与条件句的假设性程度有很密切的关系，正如第三章2.2.3.3中所展示的，“假设条件连词+不是”引导的条件小句都具有违实的解读，而且这种解读可以在脱离语境的情况下得出。但是“条件连词+主语+（其他成分）+不是+其他成分”所引导的条件句则没有这种功能，是否有违实的解读则需要依据句中的时间指示词或有更大的语境信息才能判断出来。

英语中也有与例（61）（62）基本对应的两种结构，如例（64）（65）所示。

（64）**Unless** it rains, we'll have our picnic.

除非下雨，我们将进行我们的野餐。

（65）If it **doesn't** rain, we'll have our picnic.

如果不下雨，我们将进行我们的野餐。

在英语中，这两类否定条件句的蕴涵（implication）有所不同，后者对说话人认为要下雨的可能性是中性的，而前者则蕴含着说话人认为很可能不会下雨。

否定条件句与一般条件句在句法和语义上都是基本相同的，句法上它们对动词形式有相同的限制，语义上真实/非真实和假设/违实的区分都是存在

的。（Thompson *et al.*，2007：260—261）

有的语言也通过形态来专门表示出否定条件，如Podlesskaya（2001：1004—1006）提到Caddo语[①]就用专门的前缀nadús-来表示否定条件，如例（66）（Chafe，1995）。

（66）nadús-t́a-yi-bahw

NEG.COND-1SG-IRR-see

'If I don't see it…'

如果我看不见它…

小　结

汉语条件句的句法表现不像许多印欧语系语言那样，可以通过形态来表示。汉语条件句的句法特征，更多地表现在哪些语法现象能与它的语义特征相适应上。条件小句的心理空间设置，能改变结果小句的时态；条件句的不同次类与从语气角度划分出的四大句类之间的和谐程度不同，汉语使用语气词来表示条件句的假设语气是其区别于印欧语系语言的重要特征之一；体范畴在条件句中的表现可以用"有界/无界论"做统一解释；条件句属于非现实情态范畴，这也就解释了某些句法形式在条件句中的异常表现；汉语中的否定条件句可以分为两类，其他语言中也有类似的结构。条件句的句法特征是其语义特征的体现。

① 北美俄克拉荷马州和德克萨斯州巨苏族（Macro-Siouan）使用的一种语言。

第五章　汉语条件句标记及其语序类型

第一节　汉语条件句的标记类型

语言中标记条件句的手段有许多种，汉语使用的是连词手段。

1.1　条件句标记手段的跨语言视角

从跨语言的角度来看，条件句的标记手段（也适用于其他类状语性主从复句）主要有以下几种：

一、独立连接词（connectives），包括连词（conjunctions）[①]、具有连接功能的副词（如汉语中的“就、才”等）、动词、语助词（particles，如汉语中的“的话、么、着”，Hua语中的“-mo”）等。其中，连词又是最常见的形式，如汉语的“如果、只要、要是”等，马耳他语（Maltese）的“jekk、kieku”，德语的“wenn、falls”等。使用连接词的语言往往使用限定动词形式作为小句连接的手段，如印欧语系诸语言的情况（Podlesskaya，2001：1002）。不同语言中的连词会有不同的语法表现，如许多语言中的条件小句连词和时间小句连词是相同的，或者有历时联系（Haiman，1978；Traugott，1985；König，1986）[②]，有的语言中条件句连词则与情态标记联系密切（Greenberg，

---

① 一般将连词分为并列连词（coordinating conjunction，或者coordinator）和从属连词（subordinating conjunction，或者subordinator）两大类。

② 详见下文第十二章的论述。

1986）[①]。连词最常见的是前置或后置于条件小句，一般的倾向是在核心居前语言中（VO语序）出现于小句之前，如例（1）；在核心居后语言中（OV语序）处于小句之后，如例（2）日语的例子。（Diessel，2001；Dryer，2005；Thompson *et al.*，2007：238）

（1）<u>只要</u>医务人员的工作做到位，医患之间就更容易沟通和配合。（COCO，21）

（2）Kaidan o kakeagaru TO iki ga kiremasu.
stairs ACC go.up if breathe NOM use.up
'If I ran up the stairs, I would be out of breath.'
如果我跑上楼梯，就会喘不过气来。（Jacobsen，1992：131）

二、动词形式，包括附着形式（clitics）、词缀（affixes）甚至内部屈折。此外还包括条件小句的动词使用与主句动词不同的特殊形式，如拉丁语中独立小句的动词必须在人称和数上与主语保持一致，但是在条件小句及其他从属小句中的动词上则没有这种一致（Thompson *et al.*，2007：238—239）。例（3）是利用词缀的Malayalam语[②]的例子。

（3）[avan vann-**aal**] parayaam.
3SG come-**IF** tell.FUT.MOOD
'If he comes, I shall tell (him).'
如果他来，我会告诉（他）。（转引自Diessel，2001：435）

又如土耳其语中"gelirsem"相当于英语的"if I come"，而"gelsem"则是"if I were to come"之义[③]；Hua语中的-mamo和-hipana都是表示条件小句

---

① 可参见第四章第四节的相关论述。

② 印度西南部德拉威语（Dravidian）的一种。

③ 土耳其语和英语中，动词形式表达出条件关系的同时，还对小句的假设性程度进行了区分，可参见第三章2.2中的相关论述。

的动词词缀（Comrie，1986：87）。此外，西格陵兰语、巴斯克语也都是此类语言（Bhatt & Pancheva，2006：642）。

对词缀形式的语言来说，使用前缀还是后缀与小句动词有关，使用不定动词（non-finite verbs）作小句连接手段的语言，词缀总是后缀于动词，如达吉斯坦诸语言（Daghestanian languages）；而条件小句动词有人称-数一致的语言则可以使用后缀或前缀，如喀多族（Caddo）的巴斯克语（Basque），以及班图语族的Dabida语等。例（4）是Dabida语的例子。

（4）βi-**ka**-kumba βianu ji-dima ku-vika.

3PL.SUBJ-**COND**-shoot arrow cl.3SG.SUBJ-can INF-fly

'If they shoot an arrow, will it reach [the destination]?'

如果他们射一支箭，它能射中［目标］吗？（Podlesskaya，2001：1001）

此外，Anderson（2002）指出还有些语言使用动词上的格标记来来标示从句关系，包括的类型有时间、原因、目的、条件等，例如巴基斯坦北部地区使用的一种布鲁沙斯基语（Burushaski），以及欧亚大陆形态比较丰富而且使用名词格标记的许多SOV语言，如蒙达诸语言（Munda languages）、林布语（Limbu）、突厥诸语言（Turkic languages）、西伯利亚地区的语言等。例（5）来自布鲁沙斯基语，用与格标记-ar标记条件小句（转引自Anderson，2002：550）；例（6）来自布林语，是用作格-工具（ergative-instrumental）标记-ille来标示条件小句（转引自Anderson，2002：556）。

（5）Gain-yar tom-e sen-im-i ke "j a-a a-ri iŋ

axe-DAT tree-ERG say-AP-III/IV COMP 1SG-gen 1SG-hand

gu-č ʰi-y-a-m-**ar** a-skar-š -a-a"

2SG-give-DUR-1SG-AP-DAT 1SG-cut-DUR-2SG-Q

'The tree said to the axe "if I give you my hand, will you cut it off ?"'

大叔对斧头说"如果我把手给你，你会砍掉它吗？"

（6）hɛkkė kɛ-ba · tt-u-m-**ille** a-niŋ lɛʔ lɛʔ

like.that 2-speak-3PAT-PL.AGT-**SUBORD** 1-ire REDPL.unleash

'If you are going to talk like that, I'll get fed up.'

如果你继续如此说话，我会变得厌烦。

三、语序，主要是通过颠倒主语和动词或者主语和助动词之间的顺序，来达到表示条件关系的目的，比较典型的是德语、瑞典语等日尔曼语族语言以及罗曼语族和斯拉夫语族的一些语言（Bhatt & Pancheva，2006：659）。下面两例分别是英语和德语中的例子。

（7）Should someone ring, tell them I' ll be at the office till six.

如果有人打电话，就告诉他们我会在办公室待到六点。

（Declerck & Reed，2001：27）

（8）Hätte er das getan, wäre ich glücklich gewesen.

Had he done that, I would been happy.

如果他那样做了的话，我会很高兴。 （Comrie，1986：87）

当条件小句是动词居首时，结果小句中的动词可以居首也可以不居首。居首与否在有些语言中没有意义上的差别，如德语；但在有些语言中则反映了认识情态上的差异，如在荷兰语中如果结果小句跟条件小句一样也使用了动词居首语序，那就表明说话人对小句所述情况的确定程度比较高，于是也就不能有违实的解读，所以荷兰语中表达违实情态时只能用例（9a）而不能用例（9b）。（König & van der Auwera，1988：116—117；Podlesskaya，2001：1004）

（9）a. Was ik in Patijs ik zou naar het Louvre gaan.

be.PST 1SG in Paris 1SG would to DEF Louvre go.

'If I were in Paris, I would go to the Louvre.'

如果我是在巴黎，我会去卢浮宫。

b. *Was ik in Patijs zou ik naar het Louvre gaan.
be.PST 1SG in Paris would 1SG to DEF Louvre go.
'If I were in Paris, I would go to the Louvre.'
如果我是在巴黎，我会去卢浮宫。

四、语调（intonation）。由于语调的强口语性及复杂性，所以对其在复句中作用的研究还比较少。但可以肯定的是，语调和语序一样，是某些语言表达复句关系的手段之一（Ferguson *et al.*，1986：6）。比如俄语中，例（10）表达的是怎样的句法语义关系就是由句子的语调决定的：当第一个小句使用升调，第二个小句使用降调时，这个句子就是条件解读；但是当两个小句的语调相同时（类似于列举时的语调），整个句子就解读成两个独立小句的并列结构。（Xrakovskij，2005：52）

（10）Uspokoites', vs'o budet xorošo
calm.down.FUT.2PL everything be.FUT well
'Calm down, everything will be ok.'

朱德熙（1982：216—217）指出汉语表现复句中小句之间意义联系的语法形式主要有三种：1. 用连词（或副词）连接相关的分句；2. 通过代词的指代作用或关联作用表现出来，如例（11）中“他”指代前文的“陈奂生”，例（12）中前后两分句的“哪儿”互相关联；3. 分句结构形式上的联系，如例（13）后面的陈述形式是对前面问句的回答，例（14）是几个分句构造相同，例（15）的前一分句是“动词+补语+宾语”，例（16）是“动词+着+宾语”。

（11）陈奂生真是无忧无虑，他的精神面貌和去年大不相同了。（高晓声，《陈奂生上城》）

（12）我走到哪儿，他跟到哪儿。

（13）赚了钱打算干什么？打算买一顶簇新的、呱呱叫的帽子。（高晓声，《陈奂生上城》）

（14）稻子收好了，麦垄种完了，公粮余粮卖掉了，口粮柴草分到了。（高晓声，《陈奂生上城》）

（15）看见老朋友，心里特别高兴。

（16）对着老婆，他还常能说说。（高晓声，《陈奂生上城》）

朱先生的上述三种形式是就复句的形式和内容之间的关系从总体上分析得出的结论，而这几种手段针对的情形其实并不相同：形式1关涉的是小句之间的关系意义，即一定的连词（或副词）对应着一定的选择、原因、条件、转折等小句间关系义；标准2和3则不涉及以上关系义，而只是表明依据这些标准能区分单句和复句，即是一种上位义的区分手段。所以三种形式中只有形式1与此处的讨论相关，也就是上文讨论的第一类标记手段。

就条件句标记出现的位置来说，它倾向于出现在条件小句中。标记条件小句是最常见的，没有语言结果小句必须标记而条件小句却不用标记的（Comrie，1986），这样就构成了一个典型的四分表模式，如表5-1。

表5-1　条件句标记所在位置四分表

只有（Mp, q）	（Mp, q）和（p, Mq）
（Mp, q）和（p, Mq）和（Mp, Mq）	*只有（p, Mq）

（注：M代表标记，p和q分别代表条件小句和结果小句。这里只是表示出M所在的小句，至于其在小句中的具体位置则不考虑）

许多有条件小句标记的语言往往不标记结果小句，像汉语（用“那/那么”）、英语（用“then”）那样对结果小句也进行标记的语言并不常见。有的语言中的结果小句标记出现频率并不高，像汉语、英语、豪萨语（Smirnova & Dobronravin，2005：427）等；但也有些语言中是常见的，如印地语中的“to”（Oranskaya，2005：222—224）、古希腊语中的“tóte、épeita”（Perelmouter，2005：250）、德语中的“so”（Kibardina，2005：330—331）；或者大部分情况下都需要使用的，如越南语中的thì、là（Bystrov &

Stankevič，2005：499—502）；甚至是必需的，新几内亚皮钦语以及孟加拉语和北印度语中就是如此，如例（17）所示。

（17）(agar) mehnat karoge **to** safal hoge

if hard-work do.FUT.2PL **then** successful be.FUT.2PL

'if you work hard, you will be successful.'

如果你努力工作，那你就会成功。

（转引自 Bhatt & Pancheva，2006：644）

标记结果小句的往往是一些有代词语源的语助词（particles），比如汉语的"那/那么"，英语的"then"，俄语中的"-to"（原先是单数中性指示代词，只用于条件小句也使用标记时的情况）和"-togda"（原先是代词性的时间副词，条件小句有无标记都可以使用）都是从代词语法化而来。甚至有的情况下，条件小句标记的性质（比如使用连词还是颠倒语序等）也会与结果小句标记的程度相关，所以德语中当条件小句使用颠倒语序的手段时，so出现的频率要比使用连词wenn时高得多。（Comrie，1986：87—88；Podlesskaya，2001：1001—1003）

也有一些语言中结果小句中的标记呈现出了更加细致的限制。比如亚美尼亚语中典型出现的语体是商业演说中；保加利亚语中它们只出现于条件小句连词是ako的科学语体文本中；而印尼语中则常见于扩展而冗长的条件句中；书面阿拉伯语中，结果小句中标记的选择要依赖于条件句本身的特征，即在可实现的条件句中使用fa，而在不可实现的条件句中则用la，而且la的使用具有强制性。（Xrakovskij，2005：72—73）

1.2 汉语条件句的标记手段：连词

汉语条件句标记的手段主要是第一种，包括连词、具有连接功能的副词和语气助词，如例（18）—（20）所示：

（18）消费者只要具有固定住房、职业和稳定收入，将有关证明材料送到

该公司，交完预付车款后，第二天就可办理完全部信贷手续。(COCO，18)

(19)只有你意识到这一点，你才能更深刻了解我们的战士在朝鲜奋不顾身的原因。(邢福义，2001a：95)

(20)他不念书么，我就不养他。(Li & Thompson，1981：634)

学者们都一致认为，汉语中的条件句(以及其他类型的复句)可以不用关联词语，而只是通过上下文语境[①]就可以判断出是否是条件关系(吕叔湘，2004[1944]：408—409；王维贤等，1994；邢福义，2001a)，如例(21)所示。[②]

(21)老板：(翻脸不认人)阿炳，你要是拆我的台，阿炳，那可别怪我不讲交情，我这儿可不能留你了。不过，我劝你好好想想，离开我这儿，像你这样无依无靠的人，可没处投奔啊！(广播剧，21)

Comrie(1986：87)指出，像汉语这样不用标记就能表示条件关系的语言是比较少见的，大多数语言在条件小句或结果小句或二者之上会有某种标记。其实尽管汉语中表示复句关系的连词可以不出现，但在实际语料中不使用连词的情况可能也不是想象中的那样多。比如就条件句来说，笔者统计的

---

① 或如Li & Thompson(1981：632)所说，称为“说话人的意图”。

② 曹逢甫(2005[1990]：259—260)对不使用连词的现象提出过一种解释，即(i)、(ii)这样的句子是话题链，它们无论是否带标记，由于话题链中的子句共用一个(或多个)话题，人们必然能感到它们之间有语义和句法上的联系，因而不必在句法上使用连词。

(i)他昨天生病没有来。

(ii)他汽车出事死了。

但是这种解释只适用于前后小句主语相同的情况，对主语不相同的情况则无能为力。前后小句主语相同与否以及共现与否对条件连词位置的影响将在3.2.3中予以讨论。陈一(2005：127)曾指出条件句中连词的使用与否会影响到句中词语的同现与否，比如下面三个例子的对比：

(iii)您有任何问题，都可以拨打热线电话……

(iv)*如果您有任何问题，都可以拨打热线电话……

(v)如果您有什么问题，可以拨打热线电话……

但是这里“任何、什么”的出现与否是与条件句的次类有关的，如前者只用于让步条件句，后者则让步条件和假定条件句都可以用，再如“多么”也只是用于让步条件句，所以上面(iii)中省略的连词是“无论、不论”一类无条件连词，后面小句中的“都”其实也表明了这一点。所以至少从这里的论述来看，连词的出现与否似乎对词语的同现与否没有什么影响。……

接近口语的广播剧语料里，只有14例是没有用连词的，只占到总数的3.3%，如表5-2所示。①

表5-2 广播剧语料条件句连词使用情况统计

使用连词的语例	不使用连词的语例	总数
409	14	423
96.7%	3.3%	100%

此外，就汉语条件连词的隐现来说，还表现出了以下特征：1）当条件小句后置时，条件小句中的连词必须出现；2）很多情况下，条件小句中是否使用连词是与说话人的主观认知状态相关的，即当说话人主观上认为有必要使用一个条件连词来标示出条件关系时，连词就会被使用；3）在连词内部，也有一个隐现自由度的差别，如"如果"类连词比起"只有、除非、不管"等类连词来隐藏的自由度就高一些。汉语的这些表现在其他一些语言中也有表现，比如越南语的情形（Xrakovskij，2005：53—54）。

本章的考察仅限于有标记的条件句，而且由于具有连接功能的副词和语气助词以及结果小句中的连词，在条件句中的位置基本上是固定的，即副词总是位于主语之后谓语动词之前，而语气助词总是位于条件小句末尾，而结果小句连词则总是位于小句首，如例（18）（19）中的"就②、才"和例（20）中的"么"以及最常出现的"的话"，所以本章涉及的标记除非特别说明，只限于条件小句中的连词。③此外，条件小句前置于结果小句为人类语言共性之

① 当然，这里的数据可能不是太精确，但是至少可以表明使用连词的条件句并不比不使用连词的少。

② 赵元任（Chao，1968：114）曾提到一种"就"可以出现在结果小句主语之前的情况，即：

（i）要是两个包，就一个是你们的，一个是他们的；要是一个包，就全是你们的。

第一个"就"字就放在主语前头。这种情况只出现于对比说明的情况，比较特殊。

③ 前后小句连词都考虑到的研究，如储泽祥、陶伏平（2008）曾详细考察过因果句的关联标记模式，并用"联系项句中原则"（Dik，1997；刘丹青，2003）进行了解释。

一（Greenberg，1966；Comrie，1986；Diessel，2001），而前贤的条件句研究也大多以条件小句前置的情况为默认值，本章将延循这一传统，只是在必要时才对条件小句前后置的情况予以区分。

第二节　汉语条件小句与连词的语序类型

2.1　连词前置于条件小句的优势语序

汉语的条件句连词在前置的条件小句中有两个位置，一个是位于句首，如例（22a），一个是位于主语之后谓语动词之前，如例（23）；而在后置的条件小句中连词只能处于句首位置，如例（22b）。这也是其他几类状语性小句连词的基本位置。

（22）a. 三天后桑塔老爹死在小马架房子里，一把尖刀割断了他的喉管。如果罂粟谷里再也找不到其他的人，那么这件事肯定是我干的。（COCO，37）

b. 他用余光瞟着那个和他并肩站立魁梧、面无表情的警察，真想一把抱着他肩头，如果他能像石雕一样毫无反应的话。（COCO，234）

（23）咱这儿大多是父一辈子一辈的街坊，大伙儿只要多长个心眼，多瞄上一眼，还有贼的机会吗？（COCO，14）

以上三种情况可以表示为（24）。

（24）a. COND p[SUBJ+PRED], q

b. q, COND p[SUBJ+PRED]

c. p[SUBJ+ COND+PRED], q

如果我们将范围扩大到所有的状语性小句，并且进一步考虑到前后小句主语的相同与否，那么现代汉语状语性小句连词与状语性小句的语序就可以概括为八种格式，表示为（25）和（26），例（27）（28）是它们各自的例句。

（25）前后主语相同时：a. $SUBJ_i$ SUB…, $SUBJ_i/Ø_i$[①]…

b. SUB $SUBJ_i$…, $SUBJ_i/Ø_i$…

c. SUB Øi…, SUBJi/Øi…

d. SUBJi…, SUB SUBJi/Øi…

（26）前后主语不同时：a. SUB $SUBJ_j$…, $SUBJ_i/Ø_i$…

b. $SUBJ_j$ SUB…, $SUBJ_i/Ø_i$…

c. SUB $Ø_j$…, $SUBJ_i/Ø_i$…

d. $SUBJ_i$…, SUB $SUBJ_j/Ø_j$…

（27）a. 他$_i$如果能做到这一点，他$_i$就在本质上是一个艺术家，而不管是否从事了艺术的工作。（COCO，497）

我们$_i$只有去培育市场、培育读者、营造阅读氛围，$Ø_i$才能保证优秀出版物获得尽量大的市场。（COCO，17）

b. 只要我们$_i$都明白，态度是最重要的，知道对我们队员来讲每一场比赛都是最重要的，那么我们$_i$就将是一支强大的球队。（COCO，19）

医护人员呼吁，应加强医患之间的沟通，普及医学常识，只有患者及家属$_i$对疾病有所了解，$Ø_i$才能在急危重症时用理性处理问题。（COCO，133）

c. 只有$Ø_i$多一些爱好和情趣，$Ø_i$才能尽快地把注意力转移和分散，而一些高雅的爱好，如读书、听音乐、下棋、养花、收藏、唱卡拉OK等都能营造良好的生活氛围，较快地减轻心理上的压力。（COCO，200）

目前，中科院有一位留美归来的博士已经挑起了学科带头人的重担，但考古事业的振兴不能靠一两个人，只有$Ø_i$吸引一大批年轻有为的研究人员的加盟，我国的考古事业$_i$才有希望。（COCO，235）

d. 女人$_i$不怕粗茶淡饭，女人不惧含辛茹苦，只要她$_i$有一个生死相依的男人。（COCO，357）

---

① “Ø”表示主语不出现，不出现的原因可能是承前或蒙后省略等，但与此处的讨论无甚关联，所以不再予以区分。

他戴太太$_j$一定是一名导演家，如果Ø$_j$是生在现在这个二十世纪五十年代的话。（转引自邢福义，2001a：88）

（28）a. 只有人类$_j$真正地把动物当成了自己的朋友，认识到地球上不光需要人类自己，那么我们生存的这个星球$_j$才会是个诗意的栖息地。（COCO，204）

丁回答，只要银行柜台工作人员$_j$没有核对出来，Ø$_j$就能取出款来。（COCO，52）

b. 家长$_j$如果很早就和孩子进行捉迷藏等具有想象成分的游戏，那么孩子自己的游戏中$_j$就会较早地出现一些离奇的、想象的成分以及社会戏剧性的内容。（COCO，117）

因此，要培养孩子的注意集中的能力，大人最好使用表扬的方法而不是使用批评的方法。比如孩子$_j$如果能在10分钟里注意力集中，Ø$_j$就应及时表扬，而不是批评为什么才做了10分钟的作业就不安心了。（COCO，92）

c. 千万不能忘记，我们所发展的正是城市化体系中人类的住区，只有Ø$_j$把握了实质，形式$_j$才会起到相应的作用。（COCO，74）

Ø$_j$为什么拿来看呢，要是Ø$_j$寄存的话？（转引自邢福义，2001a：89）

d. 故乡的泥土$_j$不会使我们流泪——如果我们$_j$不是故意流泪的话。我们渐渐离那种情绪很远很远了，渐渐都成了一种没有故乡的人。（COCO，493）

简言之，他$_j$没有理由在这里一个人晃荡——如果Ø$_j$不是他上下班必经之地的话。（COCO，223）

观察例（25）（26）可以看到，除了例（25a）（26b）是连词位于小句内之外，其他六种情况都是连词居于小句之首。于是可以说，就状语性小句连词与状语性小句的语序来说，汉语是连词前置于小句语序占优势的语言。条件句当然也包括在内。

从类型学的角度来看，汉语的这一语序状态也正与其VO、前置词的语序类型相和谐（刘丹青，2003a）。Dryer（1992a、1992b：103）在625种语言库的基础上得出了一些状语性从属连词（adverbial subordinators）和状语性小句语序的共性特征，如表5-3和表5-4所示。

表5-3 动词/宾语语序和状语性从属连词/状语性小句语序：语种数（Dryer，1992a：54）

连词+小句	小句+连词	
VO	59	1
OV	17	38
总数	76	39

从表5-3可以得出以下结论：

（i）VO语序的语言几乎都是状语性从属连词前置于状语性小句；

（ii）OV语序的语言更常用的语序是状语性从属连词后置于状语性小句，但倾向性没有（i）那样强；

（iii）总体上说，状语性从属连词前置于状语性小句的语序要比相反的语序占优势。

表5-4 介词/NP语序和状语性从属连词/状语性小句语序：语种数（Dryer，1992a：56）

连词+小句	小句+连词	
Prep	52	0
Postp	12	35
总数	64	35

从表5-4可以得出以下结论：

（i）前置词语言中，状语性从属连词无一例外都是前置于状语性小句；

（ii）后置词语言中，更常见的语序是状语性从属连词后置于状语性小句，但倾向性没有（i）那样强；

（iii）总体上说，状语性从属连词前置于状语性小句是优势语序，而相反的语序只出现于后置词语言中。

Kortmann（1997：69—71，1998：487，2001：852）对欧洲诸语言从属连词的考察，进一步证实了Dryer的以上结论。

尽管Dryer没有指明其统计的60种VO语言以及59种前置词语言包括哪一些，但是汉语是在其语种库之内的。[①]

虽然得出了上述结论，但是就汉语条件句来说，还有几个现象似乎构成了这一结论的“例外”，所以在结束这里的讨论之前，有必要对这几个所谓的例外做出进一步的解释：一是有些学者指出条件小句连词中有三个是只能后置而不能前置的，即“倘、若、要”（李晓琪，1991），这似乎与上述汉语的类型特征不符；二是如何理解许多学者所指出的，若前后小句的主语相同，连词就倾向后置于主语，反之则倾向前置的说法（朱德熙，1982：217—219；李晓琪，1991；王维贤等，1994：269—276；刘月华等，2001：886—888等）；三是如何处理“的话”。下面依次对这几个问题做一下分析。

2.2 “倘、若、要”的位置

李晓琪（1991）曾依据连词出现在哪个小句中和连词与主语的相对位置两个参数，详细考察了116个汉语复句连词在句中的位置情况，其中出现于条件小句的连词有21个，笔者将这些连词的位置情况重新整理如表5-5所示。

观察表5-5会发现，有三个连词在任何情况下都位于主语后、谓语动词前的位置，即“倘、要、若”。但是周刚（2002：37）的分析则将它们归入只能位于主语前不能出现于主语后的连词类型。这两种截然相反的观点引起了笔者的兴趣。仔细分析后笔者发现，李晓琪和周刚的说法其实都不是很准确。下面我们就从实际语料来看一下这三个连词位置的实际情况。

---

① Dryer（1992a）的语种库中的汉语分为普通话、客家话、粤语以及马来粤语几种。

表5-5 二十一个条件小句连词位置分布

主语情况	位置	连词
前后主语相同	前	
	后	不管、不论、除非、倘、无论、要、只有、若
	非	若是、倘若、倘使、万一、要是、假如、假若、假使、如、如果、只要、如若
前后主语不同	前	不管、不论、除非、无论、要不是[①]、只有
	后	倘、要、若
	非	若是、倘若、倘使、万一、要是、假如、假若、假使、如、只要、如若、如果

（注："前"指只能出现于主语之前句首位置；"后"指只能出现于主语之后谓语动词之前的位置；"非"指可以出现在上述两个位置。下面各表与此同。）

（一）先来说"倘"和"若"。笔者搜集了COCO语料库里面现代汉语、《北京日报》2001、《北京晚报》2001三栏的语料，共得到"倘"类句160例，但大部分是无主句，有显性主语的句子共计47例；搜索《北京日报》2001栏语料，得到"若"类句194例，其中有显性主语的句子66例。根据主语的异同，二者的出现位置如表5-6所示：

表5-6 COCO语料库"倘""若"出现位置统计

主语情况 / 连词	前后主语相同		前后主语不同	
	前	后	前	后
倘	7	4	23	13
若	8	20	22	16
总数	15	24	45	29

① 李晓琪（1991：83）的列表中"要不是"只在一个位置出现，即前后主语不同时的主语前位置，而主语相同时的情况，她并未给出。笔者推断原因可能有两个：一是主语相同使用连词"要不是"时，省略的主语往往是从句主语，这时就无法判断"要不是"是在主语之前还是之后；二是"要不是"本身作为一个连词的性质就较为模糊，特别是当主语相同而不省略时，"要不是"出现在主语后，往往被解释成"如果不是"的意思，是一个短语而非连词，这在第三章2.2.3.3中也有论述。所以本书同意李晓琪的处理方式。

显然，“倘、若”二词并非如李晓琪所说只能出现于主语之后的位置，也不是像周刚所归纳的那样只能处于句首位置，而是在这两个位置都可以出现，如例（29）—（32）所示。

（29）我自然是并没有被清查到头上。十八岁的我，内心里又是觉得侥幸，又是觉得羞耻。倘我也与许许多多“炮轰派”一起被公审，被宣判，可能我内心的痛苦倒会少些。（COCO，69）

（30）上海人倘在那方面加把劲，使吴语文体趋于成熟，蔚为大观，是指日可待的。（COCO，157）

（31）昨天，一读者向本报社会新闻热线反映，一些外地人冒充佛门弟子在街头骗取路人钱财。若行人不给香火钱，就耸人听闻地说近期有血光之灾，威逼着花钱买平安。（COCO，115）

（32）现实中，在市场上公开销售的商品房，未必能够备齐各种必需的法律文件供购买者审查，其中以缺乏销售许可证表现得最为突出。购房者若不经意或由于其他原因购买了手续不完备的房屋，都将或多或少地承担一定的风险。（COCO，44）

以往的研究之所以会有“倘、若”只能后置不能前置的结论，可能与以下因素有关：

一、“倘、若”一类的单音节从属连词是汉语词语经历双音化过程之后在现代汉语中的遗留形式，而它们在古代汉语中往往以后置于主语为常（马建忠，1983［1898］：318—319；韩陈其，1986）；

二、与“倘、若”的情形一样的某些连词的确不能出现于句首，如“虽、既”等（陆俭明，1983：95）。

除非经过语料库的统计，以上两个因素的作用，就容易使人们产生这两个词只能后置而不能前置的结论。这种类推上的失误，在人们对原因小句优势位置的传统认识上表现得更加突出[①]（Biq，1995；宋作艳、陶红印，2008）。此外，尽管古代汉语中单音节的条件连词的确倾向后置，但是它们也可以出现于句首（马建忠，1983［1898］：318—319；韩陈其，1986：73—75），只不过没有后置于主语的情况常见，如例（33）—（35）就都是置于句首的例子。

（33）若人既劳矣，而用之不息，倘中国被水旱之灾，边方有风尘之警，狂狡因之窃发，则有不可测之事，非徒圣躬旰食晏寝而已。（《贞观政要》）

（34）若寡人得没于地，天其以礼悔祸于许，无宁兹许公复奉其社稷。（《左传·隐公十一年》）

（35）若兵敌强弱，将贤则胜，将大如则败。（《商君书·战法》）

（二）再来看“要”字。“要”的情况比较复杂。现代汉语中它最常见的位置是主语后、动词前，如例（36）。[②]

（36）我无法说服阮琳，一个人要固执起来，真是吊车也吊不起来……（王朔，《痴人》）

然而在实际语料中，也存在着出现于句首的“要”，特别是在口语中，吕叔湘主编（1999：593）就举过一个例（37），其他的如例（38）（39）。

（37）要明儿个天儿好，上香山玩儿去。

（38）金占林：（生气地）就因为有经验，才没摔死；要你们在上面，还不知摔成啥样了呢。（广播剧，288）

（39）老林：……要老赵现在没退休，我觉得事情也许还能办成。（广播剧，215）

这种用法的“要”似乎不应是例（36）中这类“要”的前置，而应该是

---

① 下文会有详细论述。

② 前文李晓琪所说的情况就应该是这种用法的“要”。

句首的连词“要是”脱落类词缀成分“是”[①]之后形成的，即“要是→要”。

之所以这么说，原因就在于作条件连词的“要”来源于表主观愿望的能愿动词“要”[②]（太田辰夫，2003：307；马贝加，2002；古川裕，2006），它用于表假定是在清代，开始只限于用在表示人的主语之后，后来扩展到其他类主语（太田辰夫，2003：307）。作为条件连词“要”的这一句法位置，一直作为其优势位置沿用至今（石毓智，2005：6）。这主要得益于两个因素：一是自古至今“要”作为动词和助动词使用是其主要用法，这两种用法的“要”都是位于主语后位置，正是这种位置的强势阻碍了“要”语法化为连词后向主语前位置的发展；另一个影响其前置的因素可能是韵律上的单音节性。如此一来，位于句首的“要”的来源就只有一种可能了：句首“要是”的减缩形式。[③]

前贤在讨论“要”的时候，并未对这两种来源不同的“要”加以区分，所以对其句法位置的描述才出现了见仁见智的情况。

经过上述分析，可以发现“倘、若、要”这三个条件小句连词，既不是如李晓琪所说只能位于主语之后，也不是如周刚所说只能出现于句首，而是

---

① Heine & Kuteva（2007：95）通过与Alain Peyraube的个人交流，认为汉语中的系词“是”也是汉语条件标记的来源之一。石毓智（2005）也持同样的观点，即他在Hopper & Traugott（1993）、Hopper & Traugott（2005：186）的基础上，认为现代汉语中的“倒是、只是、可是、还是、要是、总是、就是、但是”等连词中的“是”，是判断词“是”进一步语法化为连词的结果。也就是说他认为上述转折、条件、让步连词有一个系词来源。但是，笔者认为汉语的事实难以支持上述观点。董秀芳（2004）令人信服地指出，包括上面所列连词在内的一些包含“是”字的连词和副词，都是由一个已有的连词或副词加上“是”后词汇化而成的。这里的“是”字是一个类似屈折词缀的形态成分（类似分析也见张谊生（2003）），是作为系词的“是”进一步语法化的结果。这个“是”字已经失去了独立的词汇地位，只能黏附在前面的成分上，成了一个词内成分/构词语素。而由这个“是”构成的词语的性质则由“是”所黏附的成分的性质来决定，如“是”与条件连词“若”结合为“若是”后还是条件连词，与副词“总”结合为“总是”后还是副词，与连词“可”结合为“可是”后还是转折连词等。所以汉语中“要是、若是”一类词语中的“是”与Traugott（1985）所举的日语、契卡索语中的“是”不是一回事，前者是系词“是”语法化为一个类似词缀的成分黏附在前面的条件连词上形成的，而后者则是真正的由系词语法化为条件连词。

② 情态助动词到条件标记的演变也是具有跨语言共性的语法化路径之一（Traugott，1985；Hopper & Traugott，2005：186—187）。

③ 可以将前一类“要”标示为“要$_1$”，将后一类标示为“要$_2$”。尽管其直接来源并不相同，但是却并不会对此处的分析造成实质性影响。

在这两个位置都可以出现，只不过三者出现在这两个位置的频率各有不同而已。因此，它们并不会对本书上面讨论的汉语条件小句连词和条件小句的优势语序造成影响。

2.3 主语同异对连词位置的影响

许多学者都指出汉语中有一个影响状语性小句连词位置的重要因素：前后主语是否相同，即若前后小句的主语相同，连词就倾向后置于主语，如例（40），反之则倾向前置，如例（41）（朱德熙，1982：217—219；李晓琪，1991；王维贤等，1994：269—276；刘月华等，2001：886—888）[①]。

（40）学生如果有“一定要记住”的信心就能提高识记的效果。这种信心可以促使学生集中全部注意力，积极动脑思考问题。（COCO，129）

（41）只要政策措施对头，动态地看，城市化的最终结果应该节约出更多的土地。（COCO，12）

对于这种观点，陆俭明（1983）曾提出过质疑，他认为“这个意见是很值得商榷的，因为它不太符合语言事实，就表示主从关系的连词来看，可以说基本不符合事实”，“先看前置连词，不论前后分句的主语相同与否，前置连词出现在主语前还是出现在主语后，绝大多数是两可的”。那么汉语中状语性小句前后主语的同异对连词的位置到底有没有影响？下文就以条件句中的情况为例，来做一个个案分析。

笔者搜索了“如果、只要”类条件句语料中条件小句有主语的例句，得到“如果”句297例，“只要”句78例，并对其中连词的位置情况进行了统计，结果如表5-7所示。

---

① 侯巍（2005：7—13）专门对汉语否定假定条件句的情况进行了考察，也得出了相同的结论。

表5-7　主语同异与连词位置分布统计

主语情况 / 连词	前后主语相同		前后主语不同	
	前	后	前	后
只要	19	23	34	2
如果	72	37	160	28
总数	91（60.3%）	60（39.7%）	194（86.6%）	30（13.4%）

（注：数字是语例数量，括号中百分比为所占比例。下同。）

仅观察以上统计，会得出（42）这样的结论：

（42）两小句前后主语不同时，连词的确呈现出较强的前置倾向；但是主语相同时，连词也还是倾向前置，尽管这一倾向不如前者明显。

这一结论与前贤的观点前一半相符，后一半不符。那么到底哪种说法更接近事实？

进一步分析可以发现，两小句前后主语相同时其实还分为两种情况[①]：第一种是前后主语相同并且两个主语都出现[②]，如例（43）；第二种是结果小句使

---

① 这里只关注条件小句有主语时的情况。前后小句主语相同时主语的隐现除了这两种情况，还有一种情况就是，条件小句使用零形反指主语，如例（i）（ii）。但是这种情况下连词的位置就无所谓主语前后了，所以此处讨论从略。

（i）渔人问还想到哪里去，我们指着南面的三山说，如果来得及回来，我们想到那边去。（COCO，600）

（ii）只有具备了这种直面失败的勇气，棋手才能有不败于棋坛的勇武。（COCO，128）

Cristofaro（2003：51—82）曾给出了跨语言考察从句编码的两个类型学参项：①动词形式；②参与者的编码。对后者作者区分了三种情况：（a）跟主句论元形式一致；（b）从句不表达论元（分为严格不能出现和可以出现两类）；（c）论元通过领属者或旁格表达出来。作者认为汉语是属于（b）类中的有时候论元可以不出现的一类，本书同意这一归纳。而汉语主从复句中论元的省略，则是相当丰富齐全的（方梅，1985）。

② 从指称上说其实又分三种情况：1）前后主语都是名词/名词短语形式；2）前一主语是名词/名词短语形式，后一主语用代词回指；3）后一主语用名词/名词短语形式，前一主语用代词反指。

用零形回指主语，如例（44）。

（43）我知道，如果我认真地去咀嚼科长的话，我自己的良心会受不住的。（COCO，5）

（44）我们只要把江泽民的论断与瓦窑堡会议的决议一对照，[Ø]就可以看到两者的内在联系，因此这一论断是正确的、科学的。（COCO，97）

分为上述两种情况之后，连词的位置分布如表5-8的统计所示：

表5-8　主语相同时连词位置分布统计

主语情况 / 连词	前后主语同现		结果小句主语省略	
	前	后	前	后
只要	4	0	15	23
如果	46	4	26	33
总数	50（92.6%）	4（7.4%）	41（42.2%）	56（57.8%）

从表5-8，可以得出如下结论：

（45）前后小句主语相同时，如果两主语都出现，那么连词就极倾向前置；如果后一主语不出现，那么连词就倾向后置。

以往的研究，对“前后主语相同”这一说法的使用很笼统，并没有对主语相同时的次类进行区分，一个间接的证据就是学者们在谈到主语相同时的例句几乎都是结果小句是零形回指的情况。但正如表5-8所反映的，前后小句主语相同时主语的同现与否对连词的位置是有影响的。前人往往关注的是不同现的情况，所以会有“主语相同时连词往往后置的说法”。

综合表5-7、表5-8以及（42）（45），我们可以就汉语条件句中主语状况与连词位置之间的关系，得出以下结论：

（46）a. 当前后小句的主语都出现时（或者相同，或者不同），连词就倾向于前置；

b. 当条件小句主语出现，而结果小句使用零形式回指时，连词倾向于后置。

（46）也可以形式化地表示为（47）。

（47）a. [SUB[SUBJ$_j$ PRED]], [SUBJ$_{j/i}$ PRED]

b. [SUBJ$_i$[SUB PRED], [Ø$_i$ PRED]]

那么，出现（46）中倾向的原因是什么？曹逢甫（2005［1990］：268—279）曾利用形式句法的话题提升（topic-raising）规则进行过解释，而遵循这一规则的句子恰恰是（46）中所列出的两种情况[①]。而从功能篇章的角度，笔者认为是两个因素的竞争导致了这一倾向的出现：一个因素是连词作为联系项（relators）往往出现在被联系项的边缘位置（periphery of the relatum）（Dik，1997：398、406—408）；另一个就是话题的连续性（topic continuity）（Givón，1983；屈承熹，2006［1998］：247—270）。

Dryer（2005）在611种语言的基础上，依据状语性从属连接成分（包括独立词语以及动词词缀语素）在小句中的位置，将它们分成了五种类型，表述为（48）。

（48）

类型	语种数量
a. 从属连接成分是独立的词语，位于从属小句的开头	367
b. 从属连接成分是独立的词语，位于从属小句的末尾	90
c. 从属连接成分位于小句内	8
d. 从属连接成分是词缀	59
e. 使用一种以上的连接成分类型，没有优势类型	87
总数	611

① 话题提升规则以及整个规则的应用较为复杂，在此我们就不详述，具体内容请参看曹逢甫（2005［1990］：268—279）。

由此可以看出，在连接成分是非词缀的语言中，连接成分处于被联系项的边缘位置（句首或句末）的占到了绝大多数。连词位于被联系项的边缘位置而非内嵌于某一个联系项内部，是由其连接前后成分的句法功能决定的。在边缘位置，其连接功能得到了最大程度的实现。当前后小句主语都出现时，话题连续性得到实现，所以连词在小句中的位置采用（47a）的形式，这也是前后小句主语都出现时整个复句的无标记形式。

但是当后一小句的主语采用零形回指时，主语出现在句首就方便了听话人对话题的识别（identify），并且在最大程度上保持了话题的连续性。

所以可以说，当前后小句都是显性主语时，话题连续性得到满足，于是联系项处于边缘位置的要求就凸现出来；而当后一小句是零形主语时，话题的连续性要求就凸现出来，主语放在连词之前就能最大程度地让说话人保持话题的连续性。这两种因素的共同作用造成了连词位置的游移。[①]

值得一提的是，（47a）和（47b）其实还反映出了一个事实，就是当前后主语相同时，第二个小句是否采用零形回指与小句间的整合（integration）程度成反比关系，即采用（47a）的句子的整合程度要低于采用（47b）的句子。[②]于是我们可以说汉语中连词位置的变化是小句间整合程度的体现之一。

---

① 当然，可能还有其他因素对汉语连词的位置有影响，但基本上都与当前的讨论无关，所以不再赘述。其他因素至少包括以下一些：1. 汉语连词本身主要来源于动词或副词，其句法位置的游移也可能与它们的语法化来源词的功能残留有关。这也是Li & Thompson（1981：23章）将汉语中的复句连词看作副词性（adverbial）成分的主要原因。2. 条件连词是焦点敏感算子（focus-sensitive operators）的一种，而它们在句中位置的不同所标示的正是句子焦点差异之所在。如例（i）—（iii）（徐烈炯，2000、2005：25—26），句子的焦点分别是“老张”“去年”和“申请”。

（i）如果老张去年申请，就不会有问题了。

（ii）老张如果去年申请，就不会有问题了。

（iii）老张去年如果申请，就不会有问题了。

② 关于小句整合程度可以参看Lehmann（1988）及高增霞（2005）等。其中Lehmann（1988：205—208）也提到主句和从句主价语（actants）共用与否作为小句间交错（interlacing）程度指标之一对小句间整合程度的影响，而主价语就包括主语相同的情况。此外，这里讨论的现象不同于有些语言的指称转换系统（swich-reference system）（Payne，1997：322—325；Givón，2001：376—383）。

其他语言则可能采用其他手段来标示出小句整合程度上的差异。比如在巴布亚语中，整合程度就是利用标记的黏着还是自由来标明的。即当前后小句的主语不同时（小句间整合程度较低时），其条件标记fi是个自由的连词；然而当前后小句主语相同时，fi就要变为一个词缀黏附在动词上来表示条件，如（49）中Amele语（一种巴布亚语言）的例子所示。（Podlesskaya，2001：1002）汉语和巴布亚语尽管使用的手段不同，但在功能上却是异曲同工。

（49）a. Uqa　ho-co-b　***fi***　ija　mad-ig-en

3SG　come-DS-3SG　COND　1SG　speak-1SG-FUT

'If he comes I will speak.'

如果他来我就会说。

b. Ija　hu-***f***-ig　mad-ig-en

1SG.　come-COND.SS-1SG　speak-1SG-FUT

'If I come I will speak.'

如果我来我会说。

Cristofaro（2003：51—82）曾给出了跨语言考察从句编码的两个类型学参项：①动词形式；②参与者的编码。作者对后者区分了三种情况：（a）跟主句论元形式一致；（b）从句不表达论元（分为严格不能出现和可以出现两类）；（c）从句论元通过领属者或旁格表达出来。作者认为汉语是属于（b）类中的有时候论元可以不出现的那一类，本书同意这一归纳。但与此同时，笔者认为只考虑从句中参与者的编码情况可能还不够充分，因为上文的论述表明主句主语的编码情况对从句连词的位置是有影响的，因此笔者认为这一因素或许也可以成为一个类型学参项，但是显然还需作更多的论证。

Dryer（2005）做出上文（48）中的归纳之后指出，尽管很少有语言以从属连接成分位于小句内为优势语序，但是（48a、48b、48e）各类却经常会出现连词位于小句内的情况。汉语就属于（48a）类但连词也可以出现在句中的语言。[①]如此一来，主句论元的编码情况就有可能是影响连词出现在句中的程度的因素之一。

2.4 “的话”的位置

再来看“的话”的问题。周刚（2002：20）将“的话”连同其他四个词语[②]称为后置连词。本书此处不想对汉语中是否有后置连词进行讨论，只想指出，即使汉语中有后置连词存在，“的话”也还不能算是连词，而顶多只能称之为一个有联系功能的，表示条件和结果关系的助词（房玉清，1992：83—84；邢福义，2001a：29）。因为首先从“的话”的历时发展来看（江蓝生，2004），将其归入助词更符合实情；其次，正如张谊生（2002：362）提到的，当“的话”所在的条件小句后置时，大多数情况下必须要有“如果、假如”之类的条件连词出现，否则就不成句，如转引自张谊生的例句（50）（51）所示。Yeh（2000）的统计中“的话”共出现了41次，其中单独使用的26次无一例外地都是条件小句在结果小句之前的情况。这也就说明，“的话”本身是无法承担起联系前后小句的作用的，也就是说它还不是一个连词。

（50）他怎想怎不合适，假若穿着大衣去的话。（老舍，《四世同堂》）

（51）不像某些文学评论家，好，巴不得亲吻某位作家的脚后跟；不好，恨不能把哪位作家，打下十九层地狱（如果有这一层的话）。（李国文，《桐花季节》）

第三，如果将“的话”看作后置连词，那么它就会成为汉语状语性从属连词中唯一的一个后置者，这既不符合汉语整个连词系统性的要求，也看不

① 值得注意的是，Dryer（1992a、1992b）语种库中的汉语涉及到了普通话、客家话、粤语以及马来粤语，但Dryer（2005）的语种库中却只提到了粤语（Cantonese），而且它将其归入了（48e）类。粤语中没有句尾连词，也没有连接性词缀，那么很明显Dryer之所以将粤语归入（48e）类是因为他认为粤语是连词居首和连词位于句中两种语序都很常见的语种。但是，麦耘（个人交流）指出，粤语中两种语序都有，但是连词居首还是优势语序。

② 即“不说1、也罢［……也罢……也罢］、也好［……也好……也好］、则已”。

出有将其归入连词的任何动因。

综上所述，我们认为还是将“的话”归入语助词好一些。

讨论过上述三个问题之后，可以看到汉语中状语性主从复句中以连词前置于状语性小句为优势语序的结论是站得住脚的，而条件句中表面上看起来似乎是例外的几类情况其实都可以得到合理的解释。

小　　结

跨语言的角度来看，条件句的标记手段（也是主从小句连接的手段）主要有：独立连接词、动词形式、语序和语调，其中以前三种最为常见。汉语使用的手段主要是第一种，包括连词、具有连接功能的副词和语气助词。

汉语以连词前置于条件小句为优势语序，这种语序模式与汉语是VO前置词语序的语言类型特征相和谐。

前后主语相同与否对状语性小句连词位置的影响并不是如传统研究所说，而是可以表述为（46）。

（46）a. 当前后小句的主语都出现时（或者相同，或者不同），连词就倾向于前置；

b. 当条件小句主语出现，而结果小句使用零形式回指时，连词倾向于后置。

第六章　汉语条件句小句间的语序类型

传统上，汉语学界对包括条件句在内的汉语状语性主从复句语序的研究，绝大多数都集中于连词在小句中的语序这一问题上，对于复句内部小句之间的语序，往往就以从属小句基本上前置于主句，但有时出于语境制约或特殊表达的需要，主句也可以前置于从属小句的说法一语带过（王力，1943：64；胡裕树主编，1995：365—366；邢福义，2001：88—89；徐阳春，2002：22等），只有个别学者对小句间的语序进行过专门探讨（张炼强，1992a、1992b；贺阳，2008）。近些年，有些学者开始对小句之间的语序利用语料库统计的方法，从话语篇章等角度予以考察，得出了许多不同于以往的结论（Wang，1995、2006；宋作艳、陶红印，2008等）。

有意思的是，当代语言类型学界对状语性主从复句的语序类型研究，也似乎在经历着这种研究视野的扩展。在Greenberg（1966：83—84）的开创性研究中，有三条共性（共性13、14、15）涉及从属小句和主句之间的语序，但是此后学者们对状语性主从复句的语序类型研究并没有沿着这条路走下去，而是更多地关注复句连词在小句中的语序问题，如Dryer（1992a、1992b、2005）及Kortmann（1997、1998、2001）等学者的研究。至于状语性主从复句内部小句之间的语序问题，却在相当长的时间里未被学者们重视，要么是简略地一笔带过，要么就根本不涉及（Diessel，2001：433）。近些年，这一领域的语序类型研究开始有所起色，如Diessel（2001、2005）的一系列研究。

第一节　汉语状语性主从复句的语序类型

在进入条件句内部小句之间语序的讨论之前，有必要首先来看一下整个状语性主从复句的状况。

Diessel（2001：440—443）在40种语言考查的基础上，按照状语性小句与主要小句/谓语的语序特点，将它们分成了六种类型：

一、严格的ADVC-MC/PRED语序语言，即状语性小句（几乎）总是前置于主要小句/谓语，如Lezgian语，样本中有8种语言属此类型；

二、非严格的ADVC-MC/PRED语序语言，即状语从句通常是前置于主要小句/谓语，但是也可以较容易地出现在句末位置，如土耳其语，样本中有9种语言属此类型；

三、ADVC-MC/PRED+MC/PRED-ADVC语序灵活的语言，即状语从句前置或后置于主要小句/谓语都较为自由，如当代希伯来语，样本中有17种语言属此类型；

四、ADVC-MC/PRED+MC/PRED-ADVC语序混合的语言，即状语从句可以前置或后置于主要小句/谓语，但是某些具体的语义类型却总是前置或总是后置，如Babungo语，除了时间和限制性小句可以前置或后置之外，其他类状语性小句都是要么只能前置，要么只能后置，样本中有5种语言属此类型；

五、非严格的MC/PRED-ADVC语言，即状语从句通常是后置于主要小句/谓语，但是也可以较容易地出现在句首位置，如Arabana Wangkangurru语，样本中有1种语言属此类型；

六、严格的MC/PRED-ADVC语言，即状语从句（几乎）总是后置于主要小句/谓语，在作者统计的样本中没有语言属于此类型。

据此可以得出以下结论：状语性小句前置于主要小句/谓语是优势语序；几乎没有语言以状语性小句后置于主要小句/谓语为优势语序。

传统上，学者们大都认同汉语中各种类型的状语性主从复句的无标记形式都是从句在前，主句在后（丁声树，1979［1961］：137；Chao，1968：113；陆俭明，1983：92；胡裕树主编，1995：365—366；马真，1997：122；范晓，1998：344；刘月华等，2001：878等）。如果据此判断，汉语应该归入上述Diessel的第二种语序类型。然而，仔细观察，特别是定量研究后会发现，汉语的实际情况远非如此。

王力先生早就指出，汉语中一般的主从句的语序是从句位于主句之前，只有目的式和结果式是例外（王力，1985［1943］：64），如例（1）（2）所示。这两类复句的从句居后是象似性的表现，先有行动事件，才有目的或结果，这也是人类语言的共性之一（Diessel，2001：445）。

（1）正文按照英文字母顺序A至Z排列条目，在所有重要条目之后列出了推荐书目，以便读者对条目所列的内容进行深入了解和研究。（《北京日报》，2001）

（2）整个事情是那么不可思议，以致他都不能完全相信坐在他面前的是他的父亲，坐在他父亲面前的就是他自己。（张贤亮，《灵与肉》）

而除了这两类之外，越来越多的研究证明，汉语因果句中的原因小句也是倾向后置的。Wang（1995）统计的汉语口语语料得到123例因果句，其中前置的27例（22%），后置的有80例（65%）[①]，后置倾向明显。宋作艳、陶红印（2008）的研究则统计了汉语书面语料库LCMC和口语语料库CallFriend中的1003个由“因为”引导的原因小句，包括会话中的466个和书面语中的537个，得出了表6-1中的结果。

表6-1　原因小句语序统计（宋作艳、陶红印，2008）

语料库	前置	后置	总数
CallFriend（电话会话）	81（17%）	385（83%）	466（100%）
LCMC（书面语）	172（32%）	365（68%）	537（100%）
合计	253（25%）	750（75%）	1003（100%）

① 详见下面表6-2的统计。

统计结果显示了汉语原因小句与英语、日语等语言中的一样，是后置倾向的，这一结果与之前Biq（1995）等学者的一些研究成果也是一致的。

于是一个很有意思的问题就出现了，既然汉语的原因小句是后置倾向的，那么为什么一直以来占据统治地位的却是“前置说”？

Biq（1995）给出的解释是：1）除原因小句外，很多其他类型的状语从句是前置的，如条件小句和让步小句；2）有些由书面语意味较强的连词（如“由于”）引导的原因小句通常都是前置的；3）在书面语中，原因小句前置的比例也不小（31%）。

宋作艳、陶红印（2008）的解释则更深刻一些，即“汉语中原因从句前置的比例比英语大得多，而且这些前置原因从句多数有固定的模式，句子相对比较简短，比较容易被记忆，所以在语感中比较突显”。Bod（1998）认为，在某种语言的使用过程中，通过与这种语言的不断接触（exposure to language）和对固定模式的识别（recognition of patterns），母语者会建立起一个心理语料库（mental corpus）。Gabrielatos（2005）进一步指出，人们的语感就来自这个心理语料库，是对这个心理语料库随意分析（informal analysis）的结果。由于人的记忆力是有限的，与实际语料库（actual corpus）相比，这个心理语料库的容量显然是有限的，那些简短、特征明显的语料可能最容易浮现在语感中——尽管它们与事实有较大的出入。在没有基于语料库的量化统计之前，这种“语感浮现”中的偏差，直接导致了人们得出“原因小句倾向前置与结果小句”的结论。

Biq（1995），Wang（1995），宋、陶（2008）这一类型的研究，应该引起我们的足够重视。以往汉语学界对复句的研究是定性研究做得多，定量研究做得少①，但是经过上面的讨论可以发现，经验性的定性研究所得出的结论往往是笼统甚至是偏离事实的，所以若根据传统的观点，就会将汉语归入Diessel（2001）的第二种语序类型，但是进一步的定量研究却显示汉语其实

---

① 这种状况正在得到改善，如姚双云（2008）等的研究。

更像是处于第三种类型和第四种类型之间的语言。因为汉语的状语性小句既不是像当代希伯来语那样能自由的前置或后置，也不像Babungo语那样有某些具体的语义类型总是前置或总是后置，而是各种语义类型的小句有的以前置为优势语序，有的以后置为优势语序，前一种情形的如本书下面要讨论的条件小句，后一种情形的如上面提到的目的、结果、原因小句等。所以定量和定性相结合，应该是未来汉语复句研究努力的方向之一。

第二节　汉语条件小句前置于结果小句的优势语序

有了以上的背景认识，下文就进入条件句的讨论。对汉语的条件小句，传统上人们的“语感”也是倾向于前置，那么会不会也存在着与上述原因小句类似的“语感浮现偏差”现象？Wang（1995，2006：54）和Yeh（2000）都以口语语料为基础，对包括条件小句在内的汉语的一些状语性小句的位置进行过统计，她们的统计结果如表6-2所示。

表6-2　汉语口语体中状语性小句的位置统计

		时间	条件	让步	原因	总计
Wang（1995）	前置	65（84.4%）	50（82%）	9（81.8%）	27（22%）	151（55%）
	后置	11（14.3%）①	4（6.6%）	1（9.1%）	80（65%）	96（32%）
Yeh（2000）	前置	110（97%）	77（88%）			187（93%）
	后置	3（3%）	10（12%）			13（7%）
Wang（2006）	前置	110（87.3%）	94（77.4%）	13（86.6%）	53（23.3%）	270（55.2%）
	后置	11（8.7%）	14（11.5%）	1（6.7%）	150（66.1%）	176（36%）

① 其他语例都是以话语片断（fragment）出现的，无法测定其位置顺序。Wang（2006）的统计与此同。

此外，Wang（2006：56）还统计了书面语中几种状语性小句的位置情况，表示为表6–3。

表6–3　汉语书面语体中状语性小句的位置统计（Wang，2006）

		时间	条件	让步	原因
Wang（2006）	居前	217（99.5%）	105（96.3%）	103（97.2%）	67（56.3%）
	居后	1（0.5%）	4（3.7%）	3（2.8%）	52（43.7%）

我们也统计了广播剧和COCO语料库中的“如果、只要”类条件句中条件小句和结果小句的语序情况，所得统计结果如表6–4所示。

表6–4　广播剧和COCO语料库条件句小句的位置统计

	条件小句居前	条件小句居后
广播剧	405（99.2%）	3（0.8%）
COCO语料库	820（97.8%）	18（2.2%）
总计	1225（98.3%）	21（1.7%）

尽管表6–3和表6–4在统计的绝对数值上稍有差异，但还是可以肯定地说：汉语条件句以条件小句前置于结果小句为优势语序。

这一结果不仅有心理学实验的证据给以证明（张金桥、莫雷，2005），而且也与语言类型学的研究结论相符合。Greenberg（1963：84）的开创性论文中就对条件小句和结果小句的语序共性进行过论述，复述为：

> 共性14：在条件陈述句中，所有语言都以条件小句处于结论之前为正常语序。

Comrie（1986：83—84）也持同样的观点，指出到作者的文章为止，还没有发现以上共性的反例，汉语中无论有无显性连词，条件小句都要前置于结果小句。

Diessel（2001：444—445）则分析了五类状语性小句与主句之间的语序情况。首先她统计了布朗语料库，得出了英语中几类句子小句间的位置情况，如表6-5所示。

表6-5 英语中五类复句小句间的语序情况

	条件	时间	原因	结果	目的
前置	435（53%）	361（18.5%）	30（5.5%）	-（0%）	1（1%）
后置	387（47%）	1604（81.5%）	511（94.5%）	227（100%）	84（99%）
总数	822（100%）	1965（100%）	541（100%）	227（100%）	85（100%）

随后又给出了其考察的40种样本语言中可以找到五种从句材料的九种语言的情况，所得结果如表6-6[①]。

表6-6 40种语言中五类复句小句间的语序情况

	条件	时间	原因	结果	目的
Babungo	前置	前置+后置	后置	后置	后置
Supyire	前置	前置+后置	后置	后置	后置
Wari'	前置	前置+后置	后置	并列	后置
Kera	前置	前置	后置	后置	后置
Kwami	前置	前置+（后置）	后置	后置	后置
德语	前置	前置+后置	（前置）+后置	后置	［无材料］
Ndyuka	前置	前置+后置	后置	并列	后置
Tzutujil	前置	前置+后置	（前置）+后置	［无材料］	后置
波斯语	前置	前置+（后置）	前置+后置	后置	后置

① 其中Babungo、Supyire、Kera、Kwami是非洲语言，Tzutujil是北美语言，Wari'、Ndyuka是南美语言，德语是欧洲语言，波斯语是亚洲语言。

根据这些跨语言的证据，我们就可以得到一个各类状语性小句前置或后置于主句的连续统，如下所示。下图中越是靠左的小句类型越倾向于前置，反之则倾向于后置。

条件　　时间　　原因　　结果/目的

←————————————————→

前置　　　　　　　　后置

至此可以看出，汉语条件小句的前置倾向是人类语言的共性之一。前面提到的原因小句的后置，情况也是如此。如果事实如上所述，那么我们就会面临这样几个问题：1）条件小句前置倾向的动因是什么？或者说为什么只有条件小句而非其他类状语性从句在所有语言中都以前置于结果小句为优势语序？2）有些条件小句后置的原因是什么？3）宋、陶（2008）在肯定汉语原因小句后置倾向的同时，还发现汉语原因小句的前置倾向要比英语的高得多，那么汉语的条件小句是否也如此？如果是的话，那原因是什么？

第三节　条件小句前置倾向的原因

从Greenberg（1966）提出共性14以来，学者们对条件小句的前置倾向给出过多种解释，有话语处理角度的，有认知角度的，也有篇章功能角度的。但是经过分析可以发现，这些解释都存在着这样那样的问题，无法对条件小句而非其他类状语性小句的跨语言前置倾向做出统一的解释。我们认为真正的决定性因素是条件句本身的语义特征，而非其他。

3.1　话语处理角度的解释

这种解释主要是Comrie（1986：84—85）提出来的。他指出由于条件句的标记往往是出现在条件小句而非结果小句中，所以将有显性标记的条件小句置于无标记的结果小句之前，由标记所传达出来的非事实（nonfactual）语义，就能够避免小句被解读为真实陈述。例如说话人如果说出例（3），那么从一开始就已经表明说话人不会马上给受话人100块钱，而是有条件的，即完成翻译工作；但是如果说话人使用的是例（4），在第二个小句出现之前，第一个小句就有被单独解读为真实（factual）语义的可能，就有可能造成交际的障碍甚至带来不必要的麻烦。

（3）如果你把它翻译出来，我就给你100块钱。

（4）我会给你100块钱如果你把它翻译出来。

这一从受话人话语处理角度来处理小句语序的观点似乎面临着一些问题：一方面如果上述解释成立，那么就意味着如果条件句标记是出现在结果小句而非条件小句上，那么前者就会前置于后者，但是尚没有证据能支持这一推论；另一方面，也可能更有力的一个反驳证据就是，那些没有显性标记但却有条件解读的句子，其小句的顺序也还是依照条件在前、结果在后的语序，比如例（5）。

（5）秋瑾：下刀子也要打！这点小雨受不住，将来怎么对付枪林弹雨？！（广播剧，50）

所以Comrie（1986：85）自己也指出，如果非事实的显性标记是条件小句前置于结果小句这一优势语序的内在动因的话，那么这一因素已经语法化到了一定程度，让人辨识不出它的这一最初功能了。由此可见，话语处理因素无法给出一个证据确凿的统一解释。

3.2 认知角度的解释

这是Greenberg（1963：103）最先给出的解释，他认为"共性14和15也许反映了同一条原则。语序是平行于实际经验或知识顺序的。在条件关系中，虽然其真值关系是非时间性的，但逻辑学家总是用象自然语言中那样的'蕴涵者—被蕴涵者'的顺序把它符号化。如果将前提转换法用于证明，我们会得到遵循推理顺序的实用例子。谁也不会想用颠倒的方式来写出一个证明过程。”[①]这其实就是认为条件小句前置的倾向是对人们逻辑思维顺序的象似性（iconicity）反映。

Comrie（1986：85）也是用“象似性”来进行解释，但是他提出的象似不同于Greenberg的象似。Comrie认为条件句小句间的线性顺序反映了小句时间指示上的顺序，即条件小句的时间指示通常是在结果小句之前，或者至少不会在结果小句之后，所以Comrie的象似是时间顺序上的象似。除此之外，Comrie（1986：86）还提到一点，也可以看作是另一个象似性表现。Comrie指出条件小句和结果小句之间存在着因果关系是条件句的典型特征之一，因此Comrie认为条件小句前置于结果小句的语序倾向，可能是对两小句之间原因在结果之前的关系的象似性反映。

第三章第一节中对自然语言中的条件句不同于逻辑上的实质蕴涵关系进行了详细讨论，所以Greenberg的观点只能对小句之间遵循实质蕴涵关系的条件句起作用，对没有逻辑性可言的条件小句则无能为力。而Comrie象似性的第一种观点则对以下两类现象无能为力：一类是如例（6）这样的，条件小句中事件的时间指示是在结果小句之前，但是语序却是后置的；另一类却恰好相反，就是徐阳春（2002：29）所提到的条件小句的时间指示在结果小句之后，但语序却是前置的情况，如例（7）。

（6）更叫他为难的是，儿子庆海，特别是媳妇阿苗，对这事高低不依，总以桂凤名声不好来阻挠老爹给他们讨这个后娘。阿苗甚至扬言要分家，如果公公执意要娶桂凤的话……（COCO，44）

（7）如果舍联俄而联帝，那就必须将“革命”二字取消，变成反动的三民主义。（毛泽东，《新民主主义论》）（转引自徐阳春，2002：29）

Comrie象似性第二种观点面临的问题则更尖锐一些。在第六章第一节和第二节中我们看到，真正具有因果关系的因果句的优势语序是结果小句前置

① 译文转引自陆丙甫、陆致极译（1984：59）。

于原因小句，如果Comrie象似性的第二种观点成立，那么因果句就更应该是以原因小句前置于结果小句为优势语序，但事实却恰好相反。

于是可以看到，认知角度的解释也不能给条件句的语序倾向给出一个满意的解答。

3.3 篇章信息功能角度的解释

许多学者都指出，状语性小句通常是用来组织正在进行的话语中的信息流，它们的功能是为后续话语建构一个起始点（a point of departure）（Levinsohn，1992：20），或者说是提供一个论题范围或方向（Chafe，1984[①]；Thompson，1987；Ramsay，1987；Ford，1993；Diessel，2001等），如例（8）（9）的画线小句就是如此。

（8）是否王公贵族？有什么爵位？受什么封赏？从这大门上都能找到记号，看到标志。如果要进去拜访，知道这些就不致失礼露怯。从这也看出中国人对大门的重视。（COCO，21）

（9）不过，令人感动的是，截止到记者发稿时，刚刚登上飞往北京的飞机的罗大佑发誓，只要飞机不掉下来，今天我不管多晚都要赴与北京记者的约会。（COCO，42）

从信息地位来说，状语性小句表示的往往是后景信息或已知信息[②]（屈承熹，（2006［1998］：167—185；Cristofaro，2003：25—29；Dancygier & Sweetser，2005：41—45；方梅，2008）。屈承熹（2006［1998］：171）更是将状语性小句的以上篇章建构特点归结为一个原则，即“后景向前景推进原则”（background-to-foreground progression, BFP），复述为（10）。

（10）“……既然后景是构建未知事件或未知情景（前景）的基础，因

---

① Chafe（1984：444）形象地称之为“路标”（guidepost）。

② 状语性小句，特别是条件小句与已知信息及话题之间的关系在第十三章会有详细讨论。

而，如果不做标记，小句间的结合应是由后景向前景推进的过程。这个无标记序列我们称之为BFP原则。”[①]

状语性小句在篇章信息功能上的以上特点，就决定了状语性小句最应该出现的位置应该是前置于主句的位置。如此看来，条件小句的前置倾向正好符合了这种要求，所以似乎篇章信息功能是条件句语序倾向的动因之一。但是，遗憾的是这一结论似乎也不是正确答案。因为如果篇章信息功能的解释是正确的，那么不但是条件小句，而且其他各类状语性小句，包括上面提到的原因小句、目的小句等，都应该以前置于主句为优势语序，然而事实却恰恰相反。这就表明这一因素对条件小句也没有解释力，而只不过是条件小句的前置性正好与这种篇章信息功能相符合而已。

3.4　最终诠释：条件小句本身的语义特征

对上述三个因素逐一讨论之后，可以发现它们都可以看作是条件小句前置倾向的一个后果，而不可能是条件小句前置性倾向的内在动因。我们认为，这个内在动因并不是其他，而正是条件小句自身的语义特点。

条件小句构建的心理空间（Fauconnier，1994［1985］）是一个可能空间，它表达的是可能世界（possible world）的事件，它是从两个或两个以上的可能世界当中选择出来的，具有可替换性（replaceability）。例（11）中的条件小句是从两个可能世界中选择了一个，另一个可能世界就是“如果你已经忘了的话”。而例（12）的条件小句则是从许多可能世界中选择了一个，其他的一些可能世界比如“如果老人不幸去世”“如果老人想出家”等。

（11）秋雪湖的战友啊，你还记得那没有了秋雪的秋雪湖吗？你还记

---

① 但是这一原则的适用性较弱，只能用来解释没有任何连接方式的并置小句，而且它对反映小句间的关系没有作用（屈承熹，2006［1998］：279—280）。但是这只是原则适用范围的问题，而对原则本身所反映的现象则没有任何损害。

得……吗？如果你还没有忘记的话，请如期在一九八二年十一月一日去到我们大伙儿分手的地方吧！（COCO，33）

（12）但万变不离其宗，中国传统的伦理道德观念是不变的。举例说，正院的大上房，居住者一定是"法人代表"。如果老人告老休闲，家政交给了下一辈掌管，就要把这上房让给执政的儿子。退位者哪里去住，则可视具体情况而定。（COCO，27）

相比例（11）（12），例（13）（14）这两类显示得更清楚一些。例（13）中是孩子两种认知情况的对比；而例（14）中我们可以在"动物种类"的可能世界和"动物的食物"这个可能世界中任意选择进行组合，比如前一可能世界中的"猴子、老虎"与后一可能世界中的"香蕉、野兔"分别组合等。

（13）自我期望效应在集中注意力上也是存在的，如果孩子认为自己是像父母或老师说的那样"老是安不下心来"，他就不会作聚精会神的努力的。反过来，如果孩子认为自己是可以集中注意力的，那么他会有意识地或无意识地去集中注意力。因此，要培养孩子的注意集中的能力，大人最好使用表扬的方法而不是使用批评的方法。（COCO，93）

（14）有人在一次研究中要求4、5岁的儿童在识记一对对单词或物体时用一种特殊的策略，即让孩子竭力去想象这两件东西是在相互作用着的。比如，如果这一对词是"牛"和"苹果"时，就可以想象"牛吃苹果"。结果发现，4~5岁的孩子都不会使用这种方法。（COCO，99）

例（15）（16）是两个典型的违实条件小句。前例是与现实生活的情形相违背，用条件小句引出另一个可能世界；后例则是前文刚刚陈述完发生的事情，接着用一个条件小句假定一个与之相反的情形，并说出这种假定情况下的后果，从而增强前文事件的表达效果。

（15）啊，不，幸福的机会，一生也许就只有一次，如果碰不上加丽亚，也

许我今生都不会体验到和加丽亚相处时的愉快，你还是该来的。（COCO，12）

（16）海喜喜打鞭子的技术很娴熟，抽身背后的东西也极准确。一会儿，他的鞭梢又呼地甩了过来。我举起铁叉一挡，抽得铁叉铮铮作响。这一鞭更有力，如果我不挡，就正抽在我脸上。（COCO，357）

例（13）（15）（16）与例（11）（12）（14）这两组实例之间的差别，仅仅在于前者可替换的可能世界显性地表达了出来，而后者的可能世界则是隐性的，没有直接表达出来。此外，例（11）（13）（15）（16）的可能世界是封闭的，即只有两种可能，而例（12）（14）的可能世界则是较为开放的，可以有两种以上的选择。

于是可以看到条件小句似乎天然就具有一种对比性（contrastivity）[①]，不管这种对比性是显性的还是隐性的，也不管它是封闭的还是开放的。当我们说出一个条件小句的时候，就隐含着与之相对的另外一种或几种可能情况的存在。条件小句的这种对比性来源于它的假设性，这种假设性可以是对过去事实/现时常理的一种违实假设，如例（15）（16），也可以是对未来的一种预测假设，如例（12）。不管是哪一种，每一个条件小句都是从可能世界的聚合群中选择出来的，这种选择是说话人对各种可能世界进行对比之后的选择，也是最接近说话人所期望的现实的一种选择。

具体到真实会话情境中，当说话人使用条件句时，条件小句的对比性就会驱使说话人首先要说出从几个可能世界中选择出来的结果，告诉受话人下面的话语是在此可能世界而非彼可能世界中的情况，从而达到更有效交际的目的；而从受话人角度来说，他/她也希望从一开始就知道说话人是在哪个可能世界范围内进行的交流。这种交际原则导致的直接结果，就是在语序上条件小句要前置于结果小句。

---

① 此处所说的“对比性”是一种较为广义的说法，与焦点对比等话语概念没有关联。但是条件小句所表现出来的对比性却比较特殊，因为它是在选择可能世界的可替换项时表现出来的。关于“对比”这个概念在信息结构以及篇章分析中的定义，可参看Umbach（2004）及文中的参考文献。

这种解释看似与上文3.1的解释没什么两样，但是细看之下却有本质区别。具体说来，如果Comrie将他的解释再往下分析，我们看到的结果也会是最终归结于条件小句的假设性特征，但是他的分析显然是将这一特征直接与话语处理链接起来的。而本书的解释则在这一链接中间加入了一环，即条件小句的对比性。不是条件小句的假设性特征直接驱使说话人将条件小句放在前面，以避免受话人将条件小句解读为真实语义的情形，而是源于假设性的对比性特征使得条件小句居前，目的是避免受话人解读为其他可能世界的情形。这一环的加入，就使得我们也能解释Comrie所无法解释的两种情况，即无论是条件标记在结果小句而非条件小句的情形，还是没有显性标记但却有条件解读的情形，它们的条件小句仍然有对比性，仍然需要说话人在一开始就告诉受话人他/她选择的是哪一个可能世界。所以前文例（15）中说话人说出“这点小雨受不住”时，说话人并没有传达任何此句是真实的还是假设的信息，但是却仍然能够让听话人知道是在哪个可能世界范围中进行交流的。这样即使受话人在刚听到“这点小雨受不住”时并未意识到其假设性，也不会妨碍对句子的理解。

条件小句的对比性是其他类状语性小句（如时间、原因、让步等）所不具备的，除非是说话人刻意强调某时间、原因等与其他时间或原因的比较。这一点不难理解，因为其他状语性小句都没有假设性，它们都是真实事件下的逻辑关系，所以就不会存在对比性，也就没有驱动其前置的强势动因。以例（17）中的两个因果句为例，原因小句在前或者在后，都不会影响受话人对句子的处理。不考虑上下文，就因果句内部来说，说话人不用考虑在哪种情况下有哪种结果，因为此时原因和结果的关系只有一种，没有第二种。那么原因小句居前还是居后，就由不同情况下的话语语用因素去决定了，于是也就不大会呈现出类似条件小句前置的那种强势倾向，而事实也的确如此。

（17）a. 这大概是<u>因为</u>北方干旱，人们对水有一种特殊的感情。（汪曾祺，《水母》）

b.还有一种蜀葵，又名锦葵，内蒙、山西一带叫作“蜀蓟”。我们那里叫作端午花，因为在端午节前后盛开。（汪曾祺，《葵·薤》）

至此可以看出，条件小句的跨语言前置性倾向的真正动因并非其他，而是条件小句本身的对比性语义特征，而这种对比性又来自于它的假设性。其他因素，比如话语处理的、认知的以及篇章信息的等，都是上述动因造就的前置条件小句所表现出来的特征，是果而不是因。

第四节　条件小句后置的原因

尽管条件小句以前置于结果小句为优势语序，而且从上文表6-2到表6-4的三个统计表格中可以看到这种优势在汉语中的表现是多么明显。但是我们仍然无法忽视条件小句也可以后置的事实，本书统计的1246个条件句实例中，有21例是后置的，如例（18）（19）所示。

（18）童雨欣：那好，下一次我还坐你们的航班。

冯　敏：那又何必呢！……童大姐……

童雨欣：我就是想找回当年的感觉，如果真的不妨碍你们的话。（广播剧，258）

（19）也许，女人就是为爱而生为情而活。一个女子，不论她貌若天仙还是丑若东施，本质上都渴望至死不渝的真情。女人不怕粗茶淡饭，女人不惧含辛茹苦，只要她有一个生死相依的男人。（COCO，357）

从第六章3.4的论述中可以得知，条件小句的前置性是其本身的语义特征使然。换句话说，条件小句天然具有前置的动因。那么它出现在结果小句之后，肯定是某些其他因素的作用，而且这种作用在与其前置性动因的竞争（competition）中胜出了。对所搜集的条件小句后置的实例进行分析之后，我们认为至少有两种因素能导致条件小句的后置：一是条件小句作为事后追补语（afterthoughts）对前面主句的事件进行补充说明；二是主句而非条件小句与前文保持着篇章的连续性（continuity）或连贯性（coherence）。还有学者提出了其他一些影响因素，但是这些因素要么在语料中没有体现，要么就是仅适用于个别条件句。

4.1 作为事后追补语的条件小句

所谓“事后追补语”，指的是把一段没有事先想到的话加在一个已经说完了的句子后头，如例（20）（21）（Chao，1968：132）以及例（22）的画线部分所示[①]。

（20）你简直没规矩，越来越。

（21）我实在没办法儿帮他的忙——虽然他是个老朋友。

（22）我有许多题外话要对你说，现在就拣要紧的顺便在这儿说了吧，免得回头又要忘掉。假如你想把这件事编成一篇小说——如果这材料有编成小说的可能——你必须想一种方法把许多空白填补起来，必须设法使它结构严密。（COCO，176）

说话人使用事后追补语是出于（23）的情况。

（23）a. 说话人将自己的观点或重要的信息表达出来了；

b. 说话人将某些遗漏的限制作为事后成分说出来，这些限制包括程度（如例（20））、条件（如例（22））、时间及其他。

作为事后追补语的条件小句，其对比的语义特征消退了，它的作用也不是为了给后续话语提供一个框架和方向，而仅仅是说话人对前面结果小句的追加背景的进一步解释（Dancygier & Sweetser，2005：174—175），是将表

① 这里讨论的现象不同于Givón（2001：207—208）和Lambrecht（1994：202—203）所说的“afterthought”，本书也不认为事后追补语和右异位（right dislocation）可以看作同类现象。

达的内容进一步精确化的手段。比如例（22）中“如果这材料有编成小说的可能”就仅仅是对前面的主句“把这件事编成一篇小说”的一种补充解释。这种条件小句从语义表达上说可有可无，所以例（22）（24）中的条件小句也都可以删去而不影响整个句子的意义。说话人之所以使用是出于表达对事件的态度的需要。

（24）他相信了，不肯再问，怕又打破这种希望。这时他那枯瘦的脸上，皱纹舒展开来，干瘪瘪的嘴唇微微张开，露出缺了的门牙——我第一次看到他的微笑；如果这能算作笑的话。（COCO，557）

作为事后追补语的条件小句往往也就是Dancygier（1998）以及Dancygier & Sweetser（1996、2005：126—132）所说的“元语言条件句”（metalinguistic conditionals）。下面例（25）（26）两例是Dancygier & Sweetser（2005：131）所举的例子，条件小句也都是后置的。

（25）In this vision of her—**if you could call it a vision, considering that he never did glance over at her**—she was wearing a bright blue dress from the early days of their marriage.

（26）Lemour thought he could get me, but I would make a monkey of him. That seems to be the gist of my thinking, **if acting solely on impulse can be called thinking.**

此外，有的连词比起其他连词来似乎格外适用于事后追补语，比如汉语中的连词“除非”引导的条件小句比起其他连词引导的小句来就更倾向于后置，如笔者统计的247例“除非”条件句中，条件小句后置的有91例，占到了36.8%，这一比例比起表17中统计的“如果、只要”类条件小句后置的比例要高得多，例（27）（28）是“除非”引导的条件小句后置的例子。[①]其后

① 可参看后文第十章的相关论述。

置的作用就是作为事后追补语，这种用法的“除非”在近代汉语口语中是其唯一的用法（Chao，1986：117—118）。

（27）鸿渐道：“我知道她难看，可是因为她是我们的恩人，我不忍细看她。对于丑人，细看是一种残忍——除非他是坏人，你要惩罚他。”（COCO，59）

（28）西方人绝对不能了解，怎么这种污秽可笑的，提也不能提的事竟与崇高的悲剧成分掺杂在一起——除非编戏的与看戏的全都属于一个不懂幽默的民族。（COCO，242）

4.2 维持篇章连贯性的条件小句

许多学者都指出，前置的与后置的状语性小句有着不同的话语篇章功能，即从场景（ground）的范围来看，前置的小句是承上启下，它既承袭上文，又引出主句话语；而后置小句则只与主句相关，与整个句子的上下文话语则没有多大联系（Givón，2001：342—343；Charolles，2005；Thompson *et al.*，2007：270）；而从篇章的连续性来看，小句的语序可以与回指、连接词等都可以被看作是语篇连贯的标记（Charolles，2005），前置小句作为“场景”往往提供了一个替代的时间、原因或条件等等，从而具有篇章非连续性（discontinuity）的特征，而后置小句作为“图像”（figure）由于限于和主句而非更大的上下文相关，所以它具有篇章连续性（continuity）特征（Levinsohn，1992；Givón，1987：181—184；Ramsay，1987；Marchese，1987；Schiffrin，1992：191）[①]。如例（29）中的条件小句一方面与上文的“除雪”相联系，另一方面又为结果小句提供了一个框架；与此同时，整段话都是在陈述客观发生的事件，而条件小句的出现则打断了这种陈述的连续性，直到条件句结束，陈述才又得以及继续。但是例

① 关于条件小句是“场景”（ground），结果小句是“图像”（figure）的观点参看Tabakowska（1997）等。

（30）中的条件小句则只是与其紧邻的主句“恨不得跳进盛消毒水的大缸”相关，说的是大缸的有无，而与之前和之后的上下文都无关；另一方面，整段话都是对伊茹所做的事件的描写，条件小句的出现并没有对篇章的连续性造成任何影响。

（29）天黑了，第一阵风雪平息了。院子里已经积下了半尺厚的雪。老人取了那个推雪板一下下推起来。如果不在夜里将雪清除，那么新的积雪就会掩住屋门。寒气比他记住的任何一个冬天都要严厉，他紧紧咬住牙关。他知道这不是平常的冬天，一切才刚刚开头，没有错的。（COCO，67）

（30）伊汝看到何茹的脸上出现了一种恐怖的灰色。他知道，甚至像他这样被何茹看作小老弟的，不怎么见外的人，一进四合院，都恨不能跳进盛消毒水的大缸——如果有的话，杀死浑身细菌，以免传染给那可爱的小宝宝。（COCO，49）

Marchese（1987）对Godié语[①]的研究可以给此处的论述提供有力的支持。她对Godié语中不同语体的条件句的出现频率进行统计后，发现操作语体的比例格外高，如表6-7的统计所示。

表6-7　Godié 语不同语体中条件句出现频率统计（Marchese 1987）

语体	条件句所占比例
操作指南	25.6%
谚语（proverbs）	15.8%
谜语（riddles）	3.3%
歌曲（songs）	3.3%
动物传说故事（animal folktales）	2.3%
叙述文（narratives）	2.0%
祷告文（prayers）	1.2%

① 非洲象牙海岸西南地区说的一种东部克鲁语（Kru language）。

详细考察之后Marchese发现，前置的条件小句在篇章组织中有着更为重要的作用：它们将篇章分割成易处理的单位（manageable units）以方便读者学习。这是在Kru语族诸语言中很普遍的现象，而且如果状语性小句真地常常被用作篇章非连续性的标记的话，那么与Godié语类似的语言可能还会更多。也就是说之所以操作语体更常使用条件小句的原因，就在于它们对篇章的非连续性处理与操作语体对篇章组织的要求是相适应的。

4.3 其他因素

除了上面提到的两个主要原因，还有一些因素作为特定限制会影响到条件小句的后置。

4.3.1 信息地位因素

状语性小句的语序与其信息地位相关，前置的小句往往表达的是已知的或旧的信息，这时主句是焦点、是新信息；而状语性小句后置时，它与主句的信息地位就是前者新而后者旧（Chafe，1984；Givón，1987：181—182）。这种信息地位上的对立Givón用两个最小话语语境做了展示。例（31）中的条件小句提供的是新信息，而且前面的结果小句完全可以不出现。

（31）语境：在什么条件下你会参加比赛？

回答：（我会参加比赛，）要是我的感冒好了的话。

这种类型的后置条件小句不同于上文提到的事后追补语，因为前者是特定语境中的使用，有特殊的信息地位，而后者则仅仅是对前面主句的补充或说明，没有前者那么显著的信息特征。例（32）中的条件小句则属于旧信息，而结果小句的内容则是说话人想从受话人那里知道的新信息，条件小句同样也可以不出现。

（32）语境：要是他明年离开北京你会怎么做？

回答：（要是他离开北京，）我会跟他一块走。

但是尽管如此，笔者也注意到本书搜集的400多例广播剧对话语料中，没有出现类似例（31）的句子。而更重要的是，当说话人像例（31）中的语境提供的那样进行提问时，这里的“条件”是元语言意义上的条件，其实就相当于“你去参加比赛需要什么条件？”这种意义上的条件与条件句中的条件似乎不是一回事。类似例（32）在对话中倒是常常可以见到，比如例（33）（34）等。

（33）阿福婆：要是你哥知道这件事，他会怎样？

二　牛：妈，哥会同意拆房的……　（广播剧，242）

（34）诗　人：要是你遇险，在倒下的那一刻你会怎么想、怎么做？

余纯顺：要是摔死，或者被野兽吃掉，我大概什么也来不及想，来不及做。要是缺氧或缺水，慢慢地死，我会想活。……　（广播剧，247）

然而即使不使用类似例（31）—（34）这类一问一答的对话模式的条件句，当条件小句前置时，其基本的典型信息流模式也还是从已知的或旧的到未知的或新的信息。而且前置条件小句的旧信息地位的确立有多种模式，以这种问答模式予以确立的情况相对来说是少数。这多种模式或者是如Levinsohn（1992：23）认为的分为两种：一种是正关联（positive coherence），一种是负关联（negative coherence）。前者指的是在小句中有照应性的成分，表现出与上文语境的关系；后者则是从上文的一种状态（时间、地点、条件等）转入另一种状态。或者是如Ford & Thompson（1986）所说的分为四种：1）重复前文的陈述，形式为“X. 假如X，那么Y”；2）提出新的可能，来考察其后果，形式为“X. 如果选择Y，那么Z”；3）提供前文概述情况的一个例证，形式为“概述。例如，如果X，那么Y”；4）与前文中提到的构成对照，形式为“X.（但是）如果不是X，那么Y”。[①]

所以看到，尽管例（31）中提供新信息是条件小句后置的原因，但是这

① 这四种情况在下文第十三章第二节中还会有详细论述。

一因素的作用范围是有限的，并不是条件小句后置的一种主要原因。而且就条件小句前置的条件句来说，两个小句的信息地位更多的并不是由例（32）—（34）这样的方式获得的，而是有着多样的途径。

4.3.2 复杂性增强/重成分后置原则因素

有些学者认为条件小句的复杂性与小句的位置有关，即如果条件小句在长度上很长，或者有多个条件小句共用一个结果小句，那么条件小句就要出现在结果小句之后（Athanasiadou & Dirven，1996：622—623；Diessel，2005：453—454）。这其实就是认为Dik（1997：404）所说的复杂性增强原则（the principle of increasing complexity）或者Hawkins（1983）以及Arnold & Wasow（2000）等所说"重成分后置原则"在条件句内部小句间的语序中是有所体现。例（35）是Athanasiadou & Dirven（1996：623）给出的英语中的例子。

（35）This may work well if the child is fairly independent and sociable, if the class is small, and if the teacher is so warm and understanding that she makes the children feel secure.

但是上述因素并不能构成条件小句后置的一个动因。首先，笔者统计的语料中有大量的复杂性很高的条件小句都处在前置的位置。比如例（36）中的条件小句相对于结果小句来说无疑是重成分，但是这并不影响其前置于结果小句；例（37）是类似于例（35）的有几个条件小句共用一个结果小句的情况，也是前置的。

（36）朋友，你自己说，如果是你现在坐在我这位子上，迎着这一窗太阳：眼看着菊花影在墙上描画作态；手臂下倚着两叠今早的报纸；耳朵里不时隐隐地听着朝阳门外"打靶"的枪弹声；意识的，潜意识的，要明白这生和死的谜，你又该写成怎样一首诗来，纪念一个死别的朋友？（COCO，184）

（37）张全义眼里滚动着泪水，心里翻腾着怒火，如果没有金府这三十多年的家教，如果不是考虑金秀的委屈，如果不记得杨妈的养育操劳，如果不是碍于张道士的面子……一句话，如果他不是张全义，换成别的什么人，早就发作开了！然而他却没有发作。（COCO，6）

其次，笔者搜集的条件小句后置的实例，仅从成分的轻重/长短来说，几乎都是结果小句要重/长于后置的条件小句，如例（29）（30）及下面的例（38）。

（38）她父亲是个医生，和白求恩一样曾经是美国共产党党员，虽然在五十年代退了党，但对中国较之一般北美居民要关注一些，她的父亲曾对她说注意中国，这个国家将在下世纪成为重要的大国，如果你想有个远大前程的话。（COCO，399）

由此可见，条件小句的复杂程度与其语序位置之间是没有联系的。至于Athanasiadou & Dirven所举的例（35）一类的例子，由于没有更多的上下文，所以笔者推断它可能是事后追补语或为了维持篇章的连续性而后置的结果，只不过刚好这个条件小句比较复杂而已。

4.3.3 直接成分尽早确认原则因素

Diessel（2005：455—459）曾提到用Hawkins（1994）从受话人的角度所提出的“直接成分尽早确认原则”（early immediate constituents, EIC）来解释状语性小句的前置或后置。按照这一原则，状语性小句最应该出现的位置是主句之后。因为整个句子的直接组成成分就是两个小句，而在这两个直接成分中往往是状语性小句带有标记，所以如果状语性小句在前，如例（39）所示，那么听/看到小句标记受话人就知道这是一个复句，所以在听/看到下面的主句之前，受话人就需要将状语性小句的内容记住，这样就增加了处理的难度，如例（39）从标记“只要”到主句出现的识别域（recognition domain）是

15个左右的词语；但是如果状语性小句在主句之后，如例（40），那么受话人只有在说/看到标记之后才识别出这是一个复句，但是也就同时确认了复句的直接成分，所以识别域内几乎没有什么词语，处理起来就相对容易。

（39）我相信，只要双方遵循中美三个联合公报和国际关系基本准则，妥善处理两国间的问题，中美关系就能改善和发展。（COCO，106）

（40）我相信，中美关系就能改善和发展，只要双方遵循中美三个联合公报和国际关系基本准则，妥善处理两国间的问题。

但是通过前面的论述我们可以断定，对条件句的内部语序来说，"直接成分尽早确认原则"并不起作用，因为条件小句前置的优势语序正好与这一原则所预测的情况相反。因此，尽管"直接成分尽早确认原则"能解释一些复句的小句语序现象（比如原因小句等），但是对条件小句来说却并不适用。

4.3.4 特殊条件句因素

某些条件句由于某些原因比起其他类条件小句来更倾向于后置。具体说来主要有两个方面的表现。

第一个方面的表现是连词的作用，即使用不同条件连词的条件句会对条件小句的前置或后置产生影响，原因可能是由于连词的特殊语法化来源等。当然，这种影响是条件句的内部的相对情形，是有些条件小句比另一些条件小句前置或后置的相对比例更高一些，而并不会对其整体上前置的优势语序产生影响。

比如本章4.1中提到的汉语中的"除非"引导的条件小句。其他语言的例子，如中古到近代英语中存在的"but"引导的条件小句和现代仍在广泛使用的"unless"引导的条件小句通常的情况都是处于主句之后。原因就在于前者是从古英语介词"butan"（之外）语法化而来，后者是从比较短语"（in/on/of）less than"（少于）词汇化而来，而"butan"与"（in/on/of）less than"就是用于后续小句中而从不出现在前置小句中（Traugott，1997）。[①]再如德语中由“zumal”（尤其）和“nurdaβ”（除了）引导的从属小句必须出现在主句之后（Lehmann，1988：188）也是属于类似的情况。

值得一提的是，与这种情形相反的情况也存在，即有些连词引导的条件小句只能出现在结果小句之前。如古代汉语中由“使”引导的条件小句以及现代汉语的“假使、倘使”等条件连词引导的条件小句都要前置于结果小句，原因就在于作为条件连词的“使”是从使役动词的“使”语法化来的（太田辰夫，2003［1958］：306；洪波，1998；张丽丽，2006；郑丽，2008），其语法化的详细步骤可以表示为（41）（张丽丽，2006：9—10）：

（41）步骤1：“使”字句作话题或前提时，被重新理解为条件分句
　　条件1：“使”字句用作话题或前提（语境上的条件）
　　条件2：“使”字句表非实然情境（语态上的条件）
　　条件3：汉语中的条件分句不需要带条件连词（句法上的条件）
　　步骤2：条件分句中的使役动词被重新分析为条件连词
　　条件4：“使”字意义空泛（语义上的条件）
　　条件5：“使”字前主语不出现（句法上的条件）
　　条件6：“使”字居复句之首（句法上的条件）
　　条件7：“使”字后接成分可独立成句（句法上的条件）

所以以“使”字以及包含“使”的连词作为标记的条件小句前置于结果小句也就在情理之中了。

第二个方面的表现就是条件句某一次类的条件小句更倾向于后置，如Athanasiadou & Dirven（1996：622—623）的条件句分类体系中[②]，事件过程条件句下面的“描述”（descriptive）类条件小句就比其他几类条件句的条件

① 关于unless引导的条件小句后置性其他角度的解释可以参看Dancygier & Sweetser（2005：183—187）等。

② 详见第二章2.1.2.2的相关介绍。

小句更倾向于后置，造成这一状况的原因作者的解释是：1）从语义或认知的角度看，这是一种必然，因为这里的条件小句表示了一个经常出现的事件所需要的特殊环境；2）这种类型的条件小句往往长度较长或者是有几个条件小句。

尽管如上所述，但是这两方面因素的解释范围是条件句内部次类之间的，而不能作为整个条件小句语序特征的动因，对于条件小句和其他类状语性小句语序模式上的区分更是无能为力。

第五节　汉语条件小句前置比例较高的原因

宋作艳、陶红印（2008）在肯定汉语原因小句后置倾向的同时，还发现汉语原因小句的前置倾向要比英语的高得多，那么汉语的条件小句是否也如此，如果是的话，原因是什么？

许多学者都对英语书面语中条件小句的语序做过统计，笔者挑选了一些来与汉语中的情况作一些对比，比较的情况如表6-8所示。

表6-8　汉、英语中条件小句前、后置比例对照表

	来源	前置的条件小句	后置的条件小句
英语	Diessel（2005）①	70.7%	29.3%
	Diessel（2001）	53%	47%
	Ford（1993）②	50%	34.5%
	Ramsay（1987）	65.1%	34.9%
	Ford and Thompson（1986）③	77.3%	22.7%
汉语	Wang（2006）	96.3%	3.7%
	本书的统计	98.3%	1.7%

① Diessel（2005：454）分了会话、小说、科技三种文体，本书给出的是一个平均值。

② Ford（1993：133）将只有条件小句而没有主句的条件句也包括在内，占到总数的15.5%，本书则不予考虑。

③ Ford & Thompson（1986：356）对三个书面语料库中的条件句分别进行了统计，本书给出的是一个平均值。

从上述统计中不难看出，尽管在绝对数值上各家有所出入，但是汉语中条件小句前置的比例要大大高于英语中的比例却是一个不争的事实。也就是说汉语条件小句和英语条件小句相比，也存在着宋、陶（2008）对比汉英原因小句前置比例后所得出的结果：汉语条件小句比起英语的条件小句来，前置的比例更大，语序倾向性更强。

宋、陶（2008）针对原因小句给出的解释认为，是汉语关联词及其结构上的搭配造成的。结果小句往往会出现与原因小句连词相搭配的连词或关联副词（如"所以、才、就"等），但是英语中的because基本上不和so搭配，这种连词搭配上的差异就造成了汉语的原因小句比英语的更易于前置。笔者认为这种解释较为牵强，因为笔者对连词的搭配情况和小句位置二者之间是否存在因果关系持怀疑态度；而即便这种因果关系存在，谁是因谁是果也很难说，因为我们完全可以说汉语结果小句更常出现连词或关联副词，是因为原因小句前置的比例相对较高造成的。

我们的假设是，出现上述情况的原因就在于前置的状语性小句具有话题性[①]（Lehmann，1988：188；Givón，2001：344—345），汉语是话题优先型语言这一类型学特征（Li & Thompson，1976；徐烈炯、刘丹青，2007）反映在状语性小句的位置上，就是汉语中的状语性从句比其他非话题优先型语言的状语性从句更倾向于前置，比如英语。当然，这一假设是否成立还需更多语言事实的验证，比如除了条件和原因小句之外，汉语中其他状语性小句的前置比例是否也比英语类非话题型语言中的高等。

小　结

汉语条件句中以条件小句前置于结果小句为优势语序，这也是人类语言的跨语言共性之一。导致这一共性的动因是条件小句本身所具有的对比语义

① 关于条件小句及其他类状语性小句的话题性问题可参看下文第十三章的论述。

特征，而非话语处理、认知角度或者篇章信息功能角度等因素的作用，后三项是前一项的结果。

汉语中条件小句的后置主要与两个因素有关：第一个是条件小句作为事后追补语而后置；第二个是条件小句为了维持篇章连贯性而后置。其他学者所提到的信息地位、复杂性增强/重成分后置原则、直接成分尽早确认原则、连词等因素，现在看来要么是不能成其为动因，要么是适用范围狭窄而只能解释个别条件句的情况。

汉语中条件小句以及原因小句前置比例高于英语的事实提醒我们，这种情况很可能对整个状语性小句来说都是如此。导致这一现象的原因，很可能与前置的状语性小句具有话题性而汉语又是话题优先型语言这两个因素有关。

第七章　汉语条件句中的“那/那么”

本章讨论的对象是条件句中用作连词的“那/那么”，不涉及其指代用法和话语标记用法。如例（1）（2）。

（1）如果学习上的优势也失去了，那重新适应的问题就更加严重。

（2）如果一个词包括第二个词的特征，或还有另外的特征，那么第一个词就更复杂些、更难掌握些。

长期以来，学界基本上都认同这一观点：条件句中的“那/那么”可有可无，其隐现是任意的（金立鑫，1988；王维贤等，1994：158—160；刘月华等，2001：874；邢福义，2001：85/91/371；徐阳春，2002：18等）。如例（1）（2）去掉“那”和“那么”以后，并不影响句子的表达和理解。

第一节　“那/那么”的语义特征及其在条件句中的表现

1.1　连词“那/那么”的语义特征

依据前贤的考察（廖秋忠，1986；Miracle，1991；张伯江、方梅，1996：186；侯学超，1998：432—434；吕叔湘主编，1999：397/402；邢福义，2001：540；郭继懋，2008等），连词“那/那么”的主要语义特征可以概括为以下四点：

1）接续性（continuality），即“那/那么”具有承接上文、引出下文的作用，而且上下文之间往往在时间上是连续的，而非相反的。如例（1）中“重新适应的问题就更加严重”在时间指示上一定是在“学习上的优势也失去了”之后。接续性特征的证据之一，就是前后小句的顺序如果互换，那么结果小句中就一定不能使用“那/那么”。

2）因果性（causality），即“那/那么”连接的前后小句具有“原因—结果”的关系解读。其中的“原因”可以是已发生的（典型句式是“既然A，那么B”），也可以是说话人假想的（典型句式是“如果p，那么q”）。如例（2）中条件小句的内容就可以看作是结果小句内容的原因。典型条件句的前后小句之间往往存在“原因—结果”的解读[①]（吕叔湘2004［1944］：427—429；Comrie，1986：78—83等），而“那/那么”的使用则更加凸显了这种关系。[②]

3）推理性（inferentiality），即“那/那么”连接的前后小句之间都存在着后一小句是由前一小句推理而来的关系。如例（2）中“那么”的使用就使前后小句的推理关系更加凸显了。在保加利亚语中，只有连词“ako（如果）”引导的条件句偶尔会在结果小句中使用“to（那么）”。使用的时候，几乎都是出现在科学文本中有逻辑结论的条件句中。（Nicolova，2005：150—151）亚美尼亚语中，“apa（那么）”几乎都出现在商业演说或常识推理话语中。（Kozintseva，2005：173）由此可见，推理性似乎是“那么”类连词的一个跨语言共性特征。

需要说明的是，有推理关系的条件句也并不一定非得使用“那/那么”[③]，但

---

① 可参看第三章1.2的论述。

② 应该注意到，下文第三部分提到的不能使用“那/那么”的六种情形，严格说来都不是典型条件句。

③ 本章1.2中指出的使用“那/那么”的比例只有10%左右就是证据之一。另外，下文第三部分的几种制约情形则显示，有的条件句中的推理、因果等关系是如此明显和强势，以致排斥了“那/那么”的使用。

是使用了“那/那么”的条件句前后小句之间却基本都可以有推理关系的解读①。

4）主观性（subjectivity），这一点与其推理性密切相关，因为“那/那么”的出现往往伴随着说话人的主观推理，“那/那么”对语境吸纳的后果就是它们出现的句子的主观性程度更高。这一点从本章1.2.2中指出的“那/那么”主要用于知域和言域条件句中也可以看得出来。

这四个特征在条件句中的表现尤为明显，本章第三部分论述的基础之一就是这些特征，特别是前三个特征。

1.2　条件句中的“那/那么”

笔者搜索了COCO语料库中的“现代汉语”部分，得到“如果”类条件句3622例，其中使用了“那/那么”的307例，占总数的8.5%。姚双云（2008：142—143）的统计也显示，4763例“如果”类条件句中，使用了“那/那么”的条件句只有600例，仅占12.6%。虽然两个统计的结果稍有差异，但有一点是肯定的：即汉语条件句以不使用“那/那么”为优势。这一点在许多其他语言中也有明显的体现（Xrakovskij，2005：72），应该是一种跨语言的共性现象。

考察使用了“那/那么”的条件句之后，笔者发现除了上述四个特征以外，它们还表现出了其他一些倾向性特征。从某种角度来说，这些倾向性特征都可以看作是上述四个基本特征的衍生。

1.2.1　“那么”倾向性

“那”和“那么”虽然功能相同，但它们在条件句中的出现频率却大相径庭。笔者搜集了COCO语料库中“现代汉语”部分与“如果”类连词共现的

---

① 本章1.2.2提到的52例使用了“那/那么”的行域条件句中，尽管接续性是“那/那么”的凸显特征，但是比起没有使用“那/那么”的行域条件句来，“那/那么”的出现却也明显增强了前后小句的推理性。

"那"和"那么"，前者有78例，后者有229例，比例大概为1∶3[①]。换句话说，至少在条件句中，如果在结果小句中使用连词，那它更倾向于使用"那么"。杨玉玲（2010：53/91）的统计也显示了这一倾向。这似乎也表明仅就连词这一点来说，"那么"的语法化程度要高于"那"。在笔者统计的语料中，"那"与"那么"几乎都可以互换而不影响句子的表达，"那么"之所以使用频率高于"那"，可能有以下原因：1）"那"的连词化程度不高；2）由于语气词"么"的使用，使"那么"的推理性、因果性等得到了更强的展现。

1.2.2 "知、言域"倾向性

笔者从"行、知、言"三域（Sweetser，1990；沈家煊，2003）的视角，对使用了"那/那么"的307例"如果"类条件句进行了考察，发现行域条件句52例，知域和言域条件句255例，比例大概为1∶5。显然，"那/那么"更倾向于在知域和言域条件句中出现，而这两者都属于推理性条件句。这一点正与"那/那么"的因果性，特别是推理性特征相契合：即"那/那么"的使用，使知域、言域条件句前后小句的因果关系，特别是推理关系更为凸显，增强了听话人对话语的理解。

李晋霞、刘云（2003）指出在要求后分句连接词"那么"的共现上，"如果说"比"如果"的强制力大。笔者的语料统计也支持这一结论：在117例"如果说"类条件句中，有45例使用了"那/那么"，比例为38.5%；而3505例"如果"类条件句使用了"那/那么"的只有252例，比例为7%。前者为后者的5倍多。"如果说"引导的条件句属于言域，这也是"那/那么""知、言域"倾向的另一个表现。

行域条件句中的"那/那么"凸显的是其接续性特征，而知域和言域中的"那/那么"则凸显了其推理性和因果性，所以似乎对条件句中的"那/那么"

---

① 除了这78例使用"那"的条件句，其实还有34例是可以作代词或连词两种解读的情形。如果将这34例算入，那么比例就是1∶2。但是由于作两解的时候，大多数更偏向于代词解读，所以本书的统计仅以连词为唯一解读的条件句为数。

来说，推理性和因果性是两个更加核心的特征。

1.2.3 "双条件"倾向性

在我们的语料中，使用了"那/那么"的条件句都遵循"条件完善原则"（Geis & Zwicky，1971），具有双条件的解读[①]。而Iatridou（1994）和Dancygier & Sweetser（1997）等对英语中出现了then的条件句的考察也指出，then的出现增强了条件句的双条件解读。Dancygier & Sweetser（1997）认为导致这一情形的原因就在于，作为连词的then来源于其时间指示义的用法，它在条件句中的语义上是直指的（deictic），即它直接指称前面的条件小句。Then的直指性就将条件句所描述的事件或状况限定在了句子所述的局部（local）范围之内，从而排除了更大范围的可替换的其他事件或状况，这也就是将then前的条件小句限定为了结果小句的唯一条件，于是原来的充分条件句完善为双条件句也就水到渠成了。

现代汉语作为连词的"那/那么"来源于各自的称代用法。（吕叔湘、江蓝生，1985：239—240/292—294；张伯江、方梅，1996：186；杨玉玲，2007；李晋霞，2011）更具体地说，它们是从其回指性代词虚化而来。这一语法化来源比起then的局部限定性功能来，是有过之而无不及。所以使用了"那/那么"的条件句的"双条件"解读更强也就在情理之中了。

第二节 "那/那么"分布的制约条件及其解释

说"那/那么"可以用于条件句，是一种很笼统的说法。[②]其实它们在条件句中的分布是有很多制约的，大致说来，至少包括下文提到的六个方面。而导致这些制约的因素主要包括以下几点：1）象似性原则；2）逻辑认知特

① 可参看第三章1.4的论述。

② 关于"那/那么"这类出现于结果小句中的连词的一些类型学特征，可以参看Comrie（1986）、Xrakovskij（2005：72—74）等。

征；3）句法及语法化因素；4）小句间特殊的句法、语用关系因素。

（一）"那/那么"不能用于由连词"只有"引导的特定条件句，如例（3）加上"那/那么"后就显得别扭。

（3）日本政府只有承认过去侵略战争的罪行，（*那/那么）中日两国才能真正实现世代友好。

"只有"类条件句表达的是逻辑上的必要条件，因此区别于"如果"类、"只要"类连词引导的充分条件句。或者从心理空间（Fauconnier，1994；Dancygier & Sweetser，2005）的角度来说，"只有"类条件句构建的是一个单一空间，而"如果、只要"类构建的则是多元空间。在必要条件中，有前件则有后件，无前件则无后件，因此在"只有"类条件句中，前后小句的因果、推理等各种关系是如此明显，以致无须再使用"那/那么"来表明或进一步增强。一个支持此处论述的现象是，在结果小句中与"只有"类连词相呼应的副词是"才"，而与"如果、只要"类连词相呼应的则是"就"，"就"显然更具有承接上文和得出结论的功能（吕叔湘主编，1999：317），这也正好与"只要、如果"类条件句中"那/那么"的使用相和谐。

（二）"那/那么"不能用于由连词"除非"引导的例外条件句（exceptive conditionals）[①]，如下面两例加入"那/那么"就不通。

（4）除非产品包装上注明特别的混合使用方法，（*那/那么）一般不要将两种以上的清洁用品混合。

（5）除非他们给我们一笔钱，（*那/那么）这场比赛才不会举行。

"除非p，q"类条件句有两种语义解读：一是解读为"如果不p，q"，如例

① "除非"引导的条件句详见下文第十章的分析。

（4）；二是解读为“只有p，q”，如例（5）。不论作何种解读，“除非”引导的条件小句都与“只有”类条件句类似，其构建的也是一个单一心理空间，“除非”小句与结果小句的关系也无须用“那/那么”来指明，特别是“除非”的第二种解读，与“只有”类条件句更接近。唯一的不同就在于，“除非”是排除式例外条件，而“只有”则是包括式唯一条件。除此以外，当“除非”作第一种解读时，结果小句都可以加入“否则”类连词，而这类连词也正与“那/那么”的语义特征无法相容。

（三）“那/那么”不能用于由连词“无论/不管/即使”等引导的让步条件句（Haspelmath & König，1998）[①]，如下面几例所示。

（6）无论她能不能实现这一理想，（*那/那么）她为之奋斗的一系列行为本身就是美的。

（7）不管你跟谁结婚，（*那/那么）结婚以后，你总发现你娶的不是原来的人，换了另一个。

（8）即使在最难、最穷的日子里，（*那/那么）她也要从嘴里省下钱，为换些蔷薇花，插在窗台的大花瓶里。

让步条件句有几个区别于假定条件句和特定条件句的重要特征：

1）让步条件句涉及一个量级（scale），它遵循“全量肯定否定规律”（石毓智，2001：41/78；沈家煊，1999：94—96），即对一个最小量的否定意味着全量否定；对一个最大量的肯定意味着全量肯定。换句话说，让步条件句的条件小句包括了导致结果小句所承载结果的所有可能性，前后小句之间无所谓因果、推理等各种关系，或者说这些关系是如此明显，以致无须标示这些关系的标记“那/那么”。让步条件句的这一特性正与上文的“只有”“除非”类条件句相呼应，前者是包括了所有可能，后者则是只有一种可能，而

① 让步条件句详见下文第八章的分析。

这两种情况都不能使用“那/那么”。

2）让步条件句的第二个重要特征，是其前后小句之间往往隐含着一种转折关系（adversative relationship）。如例（8），在常人看来，不穷、不难的日子里买些蔷薇花属正常现象，而“在最穷、最难的日子里”照常理应该不会有这个闲情雅致，但是让人意外的（unexpected）是，她还是会买，前后小句的转折关系明显。从事理逻辑的角度来说，有转折就表明前后小句没有因果或推理关系，没有因果或推理关系也就与“那/那么”的特征不和谐。

上述让步条件句的两个特征，一个是无须“那/那么”具有的推理性，一个是与“那/那么”具有的因果性、推理性不能相容，两者相加的结果就是“那/那么”不能出现于让步条件句中。

（四）如果结果小句的主语指称的是条件小句的内容，这类条件句也不能使用“那/那么”。这类条件句的结果小句表达的往往是说话人对条件小句所表达内容的主观评价，如下面两例所示。

（9）只要他不再喝酒（*那/那么）就好。

（10）心想，张道士下午就来，如果请他说服张全义回心转意，继续充当金府的女婿，（*那/那么）这简直是不可能，也没必要。[①]

例（9）中的结果小句是零形式主语，也就是条件小句本身。这类条件句比较特殊，它更像一个单句，前后小句之间往往不需要停顿，所以例（9）中并未给出一个逗号。而如果将例（9）翻译为英语，则是“If only he would stop drinking.”。这类条件句并不涉及推理，也无所谓因果关系，而仅仅是表达了说话人对条件小句所表达的命题的一种期望的态度，所以无须“那/那么”的介入。

而例（10）则用了回指代词“这”（当然，如果换成代词“那”也可以）。这

① 有学者将类似例（10）一类的条件句以及条件小句在结果小句中作宾语性成分的条件句合称为“准分裂条件句”（pseudocleft conditionals）（Kitis，2004），而这类条件句也有着较为特殊的句法、语义和语用属性。

一回指代词的出现就标明了前后小句的接续、因果、推理等关系，无须再用其他标记。还有一个重要原因就是前文所说，连词“那/那么”是来源于它们的回指性代词用法，其语法化来源显然也制约了这类条件句中“那/那么”的出现。

（五）“那/那么”可以用于类似例（11）的言域条件句中，但是却不能用于类似例（12）的“关联条件句”（relevance conditionals）（Haegeman, 1984）中。

（11）如果他们确曾是知青，那么他们回城的正当愿望为什么迟迟得不到满足？

（12）你要是饿了，（*那/那么）冰箱里还有些吃的。

这里的原因也比较容易理解。类似例（12）这样的关联条件句，前后小句之间是通过“最佳关联”（optimal relevance）联系在一起的，在事理逻辑中无所谓接续性、因果性、推理性等关系。没有这些关系，也就无须“那/那么”这类标记。

（六）“那/那么”也不大能用于惯常条件句（generic conditionals）中，如下面两例加上“那/那么”就会显得别扭。

（13）这一地区地理位置比较特殊，只要下雨，（?那/那么）总是会暴发泥石流。

（14）现在他每天都去海边拣东西。如果浪印上有一个蛤、一个螺、一条小鱼，（?那/那么）他都随手取了放进筐里。他的每时每刻的拾取和积累终于让人纳闷了。

惯常条件句有不同于一般条件句的句法语义特征：其时间特征是恒常的而非具体的，前后小句是表达了某一习惯性发生的动作/事件，它们表达的命题“总是”伴随出现，或者说p出现了，q一定也出现。这种句子中，有p一定有q，前后小句的各种关系非常明显，所以无须借助于“那/那么”等类标记来标示。这类条件句的情形与上文2.3中的让步条件句类似。

观察上述六种制约情形，第四类是与特殊的指称情形及“那/那么”的语法化来源有关，第五类与其特殊的语用特征有关，这从其“关联条件句”的命名中就可以窥见，第六类则是由于其特殊的时间特征引起的命题间的特殊情状特征导致。剩下的三类情形其实可以归为两大类：一类是唯一条件（第一类和第二类），另一类是无限条件。这两类情形可以表示为下图。换句话说，只有处于中间地带的条件句才可以使用“那/那么”（图中用“+”表示），最左边和最右边的情形则都不可以（图中用“–”表示）。

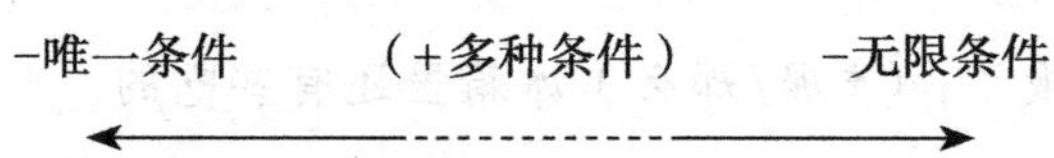

进一步对上图进行概括，可以说：

1）只有与实质逻辑中的充分条件相对应的条件句才能使用“那/那么”；

2）只能构建单一心理空间或能构建无限心理空间的条件句都不能使用“那/那么”；

3）这些表现可以看作是一种象似性的表现：条件小句是无选择性的（唯一条件和无限条件）[①]，结果小句中就无须或排斥使用“那/那么”。[②]

小　结

研究显示，条件句中的“那/那么”除了其四个基本特征以外，还表现出了其他的倾向性特征：1）条件句中更倾向使用“那么”，而非“那”，即“那么>那”；2）“那/那么”更倾向出现在“知域”和“言域”而非“行域”

① “无限条件”因为对集合内所有成员都是一致的，选择哪一个都是一样的结果，所以也可以说它们是“无选择性”的。

② 这一点也适用于第五、第六两类情形。

条件句中，即“知言域>行域；3）“那/那么”的使用增强了其所在条件句的“双条件”解读，即“[+那/那么]>[-那/那么]”。

此外，尽管许多条件句中“那/那么”的有无可能是随意的，而且并不影响句子的表达和理解，但是也的确有些情形下“那/那么”的使用是不允许或受限的，主要包括以下六种情形：1）“只有”引导的特定条件句；2）“除非”引导的例外条件句；3）让步条件句；4）当结果小句的主语是回指条件小句的代词时；5）关联条件句；6）惯常条件句。导致这些制约的因素是多样的，主要有以下四点：1）象似性原则；2）逻辑认知特征；3）句法及语法化因素；4）小句间特殊的句法、语用关系因素。

一言蔽之，条件句在许多情况下，“p，q”≠“p，那/那么q”。

第八章 汉语的让步条件句

让步条件句（concessive conditionals），是具有让步语义特征的非典型条件句，可以看作是处于典型条件句和让步句（concessive sentence）之间的一个中间形式。典型的句子如例（1）—（3）。[①]

（1）不论是处理恋爱关系，还是应付可能的不幸，都应遵循这一原则。

（2）不管有多少猜测，为磕巴舅舅打个草帘子的愿望却是一致的。

（3）即使方子不传给我，您对我的养育之恩，我都报答不完的。

传统上，中外学界对上述句子的归属和命名可以说是见仁见智：比如汉语学界往往将例（1）（2）两类统称为"无条件的条件句/周遍条件句"（王维贤等，1994：109—121；刘月华等，2001：873—874；黄伯荣、廖序东，2007：127—128；胡裕树，2011：369—370等）；而例（3）一类的归属和命名则较为复杂，有的学者归入"让步句"（刘月华等，2001：875—876；胡裕树，2011：370—371等），有的则归入"假设句"（黄伯荣、廖序东，2007：128—129），有的称为"假设让步句"（龚千炎，1985），有的则认为"即使"是"假设转折让步连词"（陆俭明，1983）。西方学界则往往冠之以"无关条

① 限于篇幅，本章只是从系统性着眼来描述汉语的让步条件句，而不是对各次类（特别是不同连词引导的）进行更细致的考察。此外，除非特别说明，本书只考察"不论、不管、无论、即使"这四个典型让步条件连词引导的让步条件句，对于其他连词与这些连词的异同（如王维贤等，1994：118等）也不做更进一步的分析。

件句”（irrelevance conditionals）、“准真实句”（semifactuals）或者“让步句”（concessives）等名称（König，1992：424—425），或者也如汉语学界一样称为“无条件句”（unconditionals）（Zaefferer，1990、1991；Rawlins，2008a、2008b）①。

归属和命名的不同，实质上反映的是例（1）—（3）类句子不同侧面的句法—语义特征。比如“假设句、准真实句”等侧重的是句子前一小句的假设性特征，“让步句、假设转折让步、无（关）条件句”等则侧重的是前后小句语义上的关联特征等。

本书将上述现象称为“让步条件句”是借鉴了Haspelmath and König（1998）的术语，上文例（1）—（3）的句子分别被称为“选择让步条件句”（alternative）、“普适让步条件句”（universal）和“量级让步条件句”（scalar）。②

在术语称谓上如此选择，是出于以下几个考虑：1）这些句子是条件句的一个次类；2）“让步条件”这一说法概括、准确地反映了前后小句自身以及小句之间的语义特征，涵盖了“假设、转折”等特征；3）这套体系更偏向于句法—语义，而非逻辑—语义；4）语言类型学研究往往选用此体系，如Yamaguchi（1989）、Leuschner（2006）、Payne（2006：299—230）、Thompson *et al.*（2007：261—262）等。

让步条件句是一种具有跨语言普遍性的现象。如Haspelmath & König（1998：582—584）曾指出，在其调查的40多种欧洲语言中，大部分都有上述三类让步条件句，而且几乎每种语言都有一些语法形式来表达让步条件，

---

① 西方学界的这些名称所隶属的学术传统稍有差异，“无条件”的说法往往用于逻辑-语义领域，其他说法才主要用于句法-语义领域。

② 在其早期体系中，三类让步条件句分别被称为：析取“p或非p”类、自由选择地表达类、焦点功能词或等级表达类（König & ver der Auwera，1988：106—107）；之后又被称为“析取让步条件句”（disjunctive）、“量化让步条件句”（quantificational）和“量级让步条件句”（scalar）（König，1992：425）；最后Haspelmath and König（1998）又借鉴了Quirk *et al.*（1985）“选择”和“普适”的名称才确定为此处的三类。

或者这些语言中的让步条件句都语法化得非常充分了。但也有些语言确实没有语法化后的让步条件句（如Samoan语），或者只是某类让步条件句实现了语法化，如Romani语就只有量级让步条件句实现了语法化，其他两类则还没有。

下文将在前贤分析的基础上，从功能—类型的视角来探讨汉语让步条件句的以下问题：让步条件句的整体语义特征；三类让步条件句的具体句法语义情形及对比。

第一节 让步条件句的整体语义特征

从“让步条件句”的名称构成就能看出：一方面，它有条件句的语义特征，另一方面又有让步句的语义特征。具体分析如下：

1.1 让步条件句的条件语义特征

选择让步条件句可以看作是两项或者更多项“如果”类条件小句的整合，如上文例（1）是两项的例子，可以解读为“如果是处理恋爱关系，应遵循这一原则；如果是应付可能的不幸，也应遵循这一原则”。例（4）（5）是正反两项，例（6）（7）则是更多项的情况。

（4）说罢，中队长转向肖济东，说：“不管你有没有超车，这罚下的钱都得退给你。”

（5）无论是在最安闲舒服的时候，还是最惊险紧张的时候，他总说声“真要命”来宣泄他的感情。

（6）护龙桥，也是一样，无论是桥上桥下，桥左桥右，桥前桥后，也都是些书店，古玩店，刻字店。

（7）河的北边，无论是在靠近山脚，还是距山一二百，甚至于好几百里的地方，都时常有我们的军队驻扎。

从出现频率来说，两项的情形（或者正反相对出现，或者仅是举例出现）占绝对优势。原因就在于让步条件句本身就是在表达"条件小句的命题对结果小句的命题不会产生影响"①，所以仅用两项就足以表达这一语义，这也是语言"经济性"（economy）的体现。

使用更多项的情况并不多见，主要用于以下两种情形：1）第一种情形是如例（6）（7）一般②，说话人为了更加凸显条件小句命题内容对结果小句的"无关性"，所以尽可能多列举一些项，这是"数量象似性"（quantity iconicity）的一种体现：语言形式上的复杂反映的是说话人心理上更加凸显/强烈的需求；2）第二种情形是如例（8）一般，条件小句内的各项是固定搭配的并列项，其他又如"春夏秋冬、男女老幼、风雾雨雪"等。当更多项的情况出现时，虽然形式上仍然是选择类，但是它的解读已经更倾向于普适类，比如例（8）就可以解读为"无论什么地方，都有……"。

（8）此说对民间影响很深，以致有水之处，无论江河湖海，渊潭塘井，都有龙王驻守，掌管该地的水旱丰歉。

普适让步条件句也可以看作是一组条件小句（两个或两个以上）的整合，但是不同于选择类的两项倾向，普适类往往是更多项的集合。如上文例（2）条件小句内的项可以是数量庞大的；例（9）也是如此，"专家"的数量可以很多。

（9）不管中国音乐界专家怎么说，克莱德曼肯定是一个优秀的艺人无疑。

这一点不难理解，因为普适让步条件句的典型特征之一就是使用任指疑问代词③，"任指"的数量往往是多项甚至无穷。

---

① 这也是上文提到的"无关条件句"这一名称的由来。

② 这两例其实也还有点差别：例（6）的各项之间是随意、离散的，而例（7）的各项之间则构成了一个程度上的等级。

③ 详见本章2.2中的论述。

量级让步条件句的表现则与上述两类有所不同。“量级”顾名思义，已经传达出了这类句子的核心特征：它关涉一个量级，它是通过量级中的极值（extreme value）来关联一组条件小句。上文例（3）就是通过对否定极值相关性的取消来达到对结果小句的衍推（entailment）。换句话说，量级让步条件句也是遵循“全量肯定否定规律”（石毓智，2001：41/ 78；沈家煊，1999：94—96）的，即对一个最小量的否定意味着全量否定；对一个最大量的肯定意味着全量肯定。与选择类倾向于两项、普适类倾向于多项不同，量级类并没有这种倾向，而是两项和多项不相上下。

综上所述，以上三种情况可以统一为一条规则：它们是一组条件句的集合，这个集合可能涉及两项，也可能是更多项。一般说来，在{1，2，3...N，N+1}这个集合中，选择和普适类是包含了所有的子项，而量级类则是选取了{1}或者{N+1}。如果用一个例子来表达就是：

（10）不管你去不去，我一定要去。=即使你不去，我也一定要去。=不管你的决定是什么，我一定要去。

这也是让步条件句区别于其他类条件句的主要特征，因为其他类条件句都只有一个（single）前件，而不是一组。

这三类让步条件句的语义表征可表示如下（Haspelmath & König，1998：566）：

a. 如果（P或−P），那么Q

b.（∀x）（如果Px，那么Q）

c. 即使（λx［如果x，那么Q］，−P）

除了上述情形以外，让步条件句的条件语义特征还表现在以下一些方面：

1）在时态和语气用形态变化表示的语言中，让步条件句与一般典型条件句一样，可以有“开放、假定、违实”之分（Haspelmath & König，1998：

564—565）。下例是违实条件的情形①：

（11）即使你当时参加了比赛，也不一定能取得第一名。

2）有的“如果”类典型条件句可以有让步条件的解读。至少包括以下两种情形：一种情形就是问句形式的条件句，如例（12）中B的答话就可以理解为“即使那天你女儿……”（König，1986：238—239）。

（12）A：周末我一定会去工体看这场比赛。

B：如果那天你女儿不让你去（，）你也去吗？

还有一种情形，可以看作是条件关系与转折关系整合的结果（吴为善、夏芳芳，2011：329），如下例（13）所示，“要说冷”的最佳解读应该是“即使冷”。这种情形下，结果小句往往是否定形式，即“P，NP NEG VP”（König，1986：238—239）。

（13）近来阳光灿烂，天气还算暖和，要说冷，也冷不到哪里去。

3）在历时上，典型的条件和让步条件也有演变关系，比如“即使”（郑丽，2010）、“哪怕”（刘红妮，2010）、“时”（江蓝生，2002）等连词或助词就经历了典型条件标记到让步条件标记的演变。

最后还有一个小问题需要回答：典型条件句往往具有假定性/非真实特征，但是让步条件句在有些情况下却表现出了真实性的特征（邢福义，1985；池昌海、凌瑜，2008等），如例（14）—（16）所示。

（14）那天，不管谁劝他，他都是开口大骂。

（15）以前，别说公社代表会，就是县代会总有八舅一个席位的。假话不少，他乐意开会。即使偶尔不参加，但那是自己不愿去的呀！

---

① 但似乎仅限于量级让步条件句，其他两类则没有违实的用法。原因就在于普适和选择两类的小句中都有某种问句的形式，这与违实语义的表达是不和谐的。

（16）无论张三怎么打他，他都没还手。

首先，这种非假定语义的情形很少见，已有研究中的很多例子其实都很难确定是否是真实性条件；其次，这种情形的出现正好可以看作是这些连词从让步条件义向让步义进一步语法化的征兆，这也符合本书一开始对让步条件句中间性状态的描述，而且也证明了下文要论述的让步条件句的“让步性”特征。

1.2　让步条件句的让步语义特征

让步条件句不同于一般典型条件句的重要特征就是除了条件语义，它还表现出了让步语义特征。主要体现在以下几个方面：

1）与让步句一样，让步条件句的前后小句之间具有一种转折关系（adversative），而不是其他类条件句所具有的因果关系（causal）。这种转折关系是说话人内心主观性的表达形式，也是一种听话人指向的表达，即说话人认为听话人会有以下推理：P，那么Q；非P，那么非Q。但是说话人要表达的却是：P，那么Q；非P，但也还是Q。

比如例（1）到例（3）就可以依次解读为：（1）处理恋爱关系，Q；应付可能的不幸，也还是Q；（2）少的猜测，Q；较多的猜测，Q；最多的猜测，也还是Q；（3）方子传给我，Q；方子不传给我，也还是Q。

也正因为此，这两类句子中都不能使用具有接续、因果、推理等语义特征的连词“那/那么”。[①]

2）让步句和让步条件句的结果小句都具有真实性（factuality），或者说对这两类句子来说它们都可以衍推（entail）其结果小句，而一般典型条件句的前后小句则都是假定性的，都不能从条件句中衍推得出[②]。因

① 详见上文第七章的论述。

② 这里是就一般典型条件句来说的，但是对一些特殊条件句来说，结果小句也可能具有衍推性，如下例的“言语行为/修辞条件句”（speech act/ rhetorical conditionals）：（1）如果你饿了，冰箱里有吃的。就这类例子来说，条件小句的真假并不影响结果小句的内容，所以结果小句是可以从整个条件句衍推出来的。

为让步句和让步条件句的P小句相对Q小句来说其实是“无关的”，也就是说P小句怎样并不会影响到Q小句的真实性，所以其结果小句可以衍推得出。

3）在共时层面，有些标记可以有让步条件和让步两种功能，如汉语中的“即使”（邢福义，1985；池昌海、凌瑜，2008），拉丁语中的疑问代词重叠形式（Haspelmath & König，1998：568），以及英语中的even if 也是如此（König，1988）。而据König（1988）统计的70种语言来看，几乎所有的语言都有某一结构可以同时用于让步条件和让步两类句子中。

4）在历时层面，许多让步连词就是从让步条件连词进一步虚化而来的，比如英语中典型的让步连词 though（König，1988）以及拉丁语中的quamvis（尽管）（Leuschner，2008）等。而本章1.1中提到的汉语共时层面“即使”的情形是否会构成“让步条件>让步”的演变，则还需要时间来证明。

此外，还需说明一点，就是三类让步条件句的让步义来源并不相同，选择和普适两类的让步义来源是“不管/无论/不论类连词+任指疑问代词/选择问句/反复问句形式”，而量级类的让步义则是来源于对序列中最高程度项的肯定或否定。上文1.1已有论述，兹不赘述。

1.3　让步条件句是条件句的一个边缘次类

综合1.1和1.2的论述，我们可以用几个语义变量来将典型条件、让步条件、让步这三类句子列表对比如下：

表8–1　典型条件句、让步条件句和让步句的语义特征对比

语义变量 / 句类	假定性	转折关系	衍推前件	衍推后件
典型条件句	+	–	–	–
让步条件句	+	+	–	+
让步句	–	+	+	+

从表8-1可以看出让步条件句的"过渡地位"或"中间地位"，这也为状语性从句内部次类之间不是离散的，而是连续的这一观点提供了又一个例证。状语从句内部构成了一个或多个语义连续统（semantic continuum）。[①] 也正因为此，König（1986）等才提倡应依据原型理论（prototype theory）而非必要和充分条件来确认和界定某一复句结构。

第二节　三类让步条件句的详细考察

在讨论了让步条件句的整体语义特征之后，下文将详细考察三类让步条件句的句法、语义等方面。

2.1　选择让步条件句

所谓"选择让步条件句"，即在形式为"P，Q"的让步条件句中，让步条件小句中包含了两个或多个可选择项[②]，而对每一个可选择项来说，结果都是Q。就汉语来说，其核心区别特征就是在让步条件小句中使用选择或反复问句的形式。

汉语中选择让步条件小句的基本形式可以分为两类：一类是"让步条件连词+使用问句形式（选择问或反复问）的小句"；另一类是"让步条件连词+使用'也好、也罢/或者/和、与'等选择性并列助词的小句"。其中，第一类占了绝大多数，是优势形式。

选择问句的形式主要包括"是……还是……"格式[③]，如上文例（1）所示。

---

① 不论是共时还是历时研究，使用"连续统"这一概念来分析各种语言现象已经广为学界所接受。而除了直接使用这一理论进行分析的研究以外，还有一些研究是渗透了连续统的理论却有着不同的视角。这后一种研究也应该值得重视，如马清华（2012）等。可参看上文第二章第三节的相关论述。

② 参看本章1.1中的论述。

③ 也可以不用"是、还是"而直接并置的，如：（i）无论己帮人，人帮己，都是要打一个折扣的。

反复问句的形式主要有：1）“是否/是不是VP”或者“VP与否”，如例（17）；2）“V不/没V或者Adj不/没Adj”，如例（18）等。

（17）不论他们起义与否，你这一条功劳都算数。

（18）不管他听得见听不见，我都大声地对他说，我叫小白。

使用“……也好/也罢……也好/也罢”或“或者”“和”格式的如下面例（19）—（21）所示：

（19）无论城大也好，城小也好，见到城他总欢喜。

（20）不管在家里，或者在单位，他都擅长打中场……

（21）无论是构图、色彩与气氛都表现得很有特色。

但是，一方面，例（19）—（21）这类用法出现的频率很少，在笔者统计的436例选择让步条件句中，仅出现了14例，比例为3.2%[①]；另一方面，通过下文的论述，可以发现使用这种格式的情形在世界语言中也可能并不多见。

此外，侯瑞芬（2004）详细讨论过“无论”句中“还是”与“或者”的四个限制，但是除了“条件小句中不可以使用‘或者……或者……’这一构式”以外，其他几个限制都没有得到本书语料的支持，所以这些限制最多也只是倾向性的，而非绝对性的。

欧洲许多语言也使用选择问句形式的选择让步条件句（Haspelmath & König，1998：594—604）：一种是让步条件小句直接使用问句形式，如下爱尔兰语的例子：

（22）Cé acu a chuirfidh sé nó a bheidh grian ann, rachaimid amach.
which of. them REL rain 3SG or REL be.FUT.3SG sun in.3SG go.FUT.1PL outside

① 在侯瑞芬（2004）针对“无论”类条件句的统计中，这一比例更低，仅为0.1%。

'Whether it rains or the sun shines, we'll go outside.'

不管是下雨还是阳光明媚，我们都要出去。

还有一种是使用一个表达无关（irrelevance）（"没关系；所有的都一样"）的结构和一个内嵌的疑问小句结合来表示选择让步条件。如下挪威语的例子：

（23）Uansett om det regner eller om sola skinner,

Independently whether 1SG rain.3SG or whether the.sun shine.3SG

(så) går vi ut.

then go 1PL out

'Whether it rains or the sun shines, we'll go out.'

不管下雨还是晴天，我们都要出去。

这两种情形与汉语的情形都有所不同，特别是第二种情形，欧洲语言中类似"Uansett"一类的是词汇或结构性成分，语法化的程度远没有汉语"无论、不论"一类连词的高。

除了上述类型，有些语言还有其他形式的选择让步条件句。主要涉及以下一些：1）以条件句为基础的选择让步条件句。这类情形往往以"…V-COND-even（or）…V-COND-even"的形式出现。这种形式一般是出现在非限定型语言中，限定型语言中几乎见不到；2）只是用虚拟或祈愿（optative）语气来标记的选择让步条件句；3）使用"（你）想"来标记的选择让步条件句。

在汉语的选择让步条件句中，条件连词可以不出现，而只是通过选择项之间的并置就可以表达选择让步条件的语义，如下两例所示：

（24）去不去，结果都一样。

（25）坐火车也好，飞机也好，反正只要明天能到就行。

这种减缩（reduction）在欧洲语言中也普遍存在。程度更高的减缩甚至可以进一步词汇化为某些副词或介词，如下两例中的“willy-nilly”和“no matter”（Haspelmath & König，1998：581—582/ 602—604）：

（26）The new law will be passed willy-nilly.

（27）He wants his story, no matter the price he has to pay.

这类减缩往往出现在选择让步条件句中，原因很明显：往往只有选择让步条件小句中的选择项会出现空位（gapping）或省略（elision），久而久之，源之于语用的现象就被固化，从而演变成了句法/词法现象。这也正符合语法的浮现观（emergent grammar）。

最后一个有意思的现象，就是汉语的选择让步条件句有一种较特殊的形式：让步条件连词+一对反义词+与否。说其特殊，是因为只看“让步条件连词+一对反义词”，是使用了选择问句的形式，而加上“与否”又成了反复问句的形式①，也就是说它使用了两类问句形式，这有点类似于英语中的“whether…or not”。例子如下：

（28）不管对错与否，用罢赛这种行为来宣泄对比赛过程的不满，显然是国青队不成熟的表现。

（29）如果没有侵权而起诉，很多情况是请求宣告国内企业专利无效，不管胜败与否，漫长的官司都会耗费被控诉企业大量的精力和时间。

但是要注意：1）这类句子的数量极少；2）选择问基本上限于极性单音节词语的对立，如“胜败、善恶、开关”等。

2.2　普适让步条件句

所谓“普适让步条件句”，即在形式为“P，Q”的让步条件句中，让步条

---

① 张谊生（2012）将“与否”看作后置连词，而“不管/无论X与否”则被归入框架式叠加的连词框架类型。本书的分析则还是倾向于将“与否”看作是一个表示选择问的短语。

件小句中有多个或无穷个可选择项，而对每一个可选择项来说，结果都是Q。就汉语来说，其核心区别特征就是在让步条件小句中使用任指疑问代词。

汉语普适让步条件小句的基本形式是：让步条件连词+包含任指疑问词的小句。任指疑问词可以是作为论元成分的，如例（30），也可以是作为定语或状语等修饰成分的，如例（31）①。

（30）不论谁来，五爷都一样热情招待，打发对方心里喜欢。

（31）无论多么迁就的说法，也不能把你归为悦目一类。

需要指出，汉语中几乎所有的任指疑问代词都可以出现在普适让步条件句中。这也符合Haspelmath & König（1998：606）针对欧洲语言提出的一条规则：当一种语言在非特指自由关系小句中使用一组（基于疑问词的）关系代词时，这些代词也一定也能应用于普适让步条件句中。但汉语的表现要远比欧洲语言的程度高得多。

尽管不同语言之间存在一些差异（Defrancq，2008），但是任指疑问代词的使用是普适让步条件句的核心特征之一。Haspelmath & König（1998：604—619）也指出欧洲语言中普适让步条件句的共性之一就是疑问代词或者至少是一个以疑问代词为基础的代词的使用。而除了这一模式的普适让步条件句以外，欧洲语言还使用了以下模式来标示：1）通过添加于让步条件小句动词上的焦点助词，这个助词往往带有“也（also）”的意思；2）通过疑问代词后的某个成分，这些成分包括：ever、want、also/even、that、if、only、yet/then；3）通过疑问代词前的某个成分；4）通过疑问代词的重叠②；

① 邢福义（2001：345—346）将例（31）一类看作是独立于“多面列举式”（对应于本书的“选择让步条件句”）和“多面总括式”（对应于本书的“普适让步条件句”）的第三类“单面总括式”，本书则将之归入“普适让步条件句”一类。

② 这一类与汉语的“任指疑问代词+任指疑问代词”的形式类似，如：你买什么，我就吃什么。这个例子可以解读为：无论你买什么，我都吃。有趣的是，汉语中这类句子属于同谓双小句的一种，往往会发生省缩（江蓝生，2007），但与上文2.1中提到的一个小句内部的减缩不同的是，这类省缩是发生在两个小句之间。

5）通过动词的否定；6）祈愿式的普适让步条件；7）如果被修饰的成分是用形容词来表达的某特征的程度，那么这时候可以不使用疑问代词，而是使用指示代词性程度表达“如此/那么（so much）”，或者是在形容词前用介词，之后用连词。下例是日语“疑问代词+动词+even（though/ if）”的例子（Okamoto，1993：71）：

（32）Ikura hatarai**temo** kurasi ga raku ni naranai.
how much work.**even.though** live-ADJZR SM better become NEG.
‘No matter how much（I）work,（my）living（condition）does not improve.’
不管（我）做多少工作,（我的）生活（条件）都没有改善。

最后需要注意的是，汉语中有一些普适让步条件小句表现出了类似于固定结构的性质，比如例（33）中的“无论如何”，以及“不管怎样、不管怎么说”等构式。

（33）大立很不高兴，无论如何，金府在他心目中仍然是行善的崇高的庞然大物。

这类准固定结构[①]有以下特征：1）出现频率很高，如在笔者统计的389例“无论”类连词引导的普适让步条件句中就有150例是“无论如何”这一构式，比例高达38.6%；2）中间不能插入其他成分，不能做其他扩展，一般也无法补出一个主语；3）在功能上有时与“总之”类总括成分类似，但更多时候更像一个副词/副词性结构[②]，功能上类似于英语中的anyway。这似乎可以看作是与上文提到的选择让步条件句类似的句法减缩的另一类表现。

① 吕映（1992）、席嘉（2009）等认为这类构式已经泛化为“习用语/惯用语”，这在表述上显然比本书要程度更高一些。此外，无标记让步条件“说什么……也”构式中的“说什么”也有类似的特性（谢晓明、肖任飞2008）。

② 李莉莉（2011：117—123）称为“类词结构”就是抓住了这一特征。

2.3 量级让步条件句

所谓“量级让步条件句”，即在形式为“P，Q”的让步条件句中，让步条件小句中包含了某一等级序列中的一个极性值（肯定或否定极），并通过“全量肯定否定规律”来实现对Q的衍推。

正如本章一开始所指出的，这类句子的归属还有一些争议。但在第二章我们已经证明了从系统性以及语言类型学的视角着眼，将这类句子与普适、选择类统一归属到让步条件句的可行性和必要性。

量级让步条件句的典型特征就在于其“量级性”。有时候这个量级是两项的极性对立，例（34）是“相同的材料”和“不同的材料”两项；有时则是更多项，如例（35）是“刚出生的”到“好几岁”的婴儿这个多项集合：

（34）玩具少了有时也会有好处……即使是相同的材料，也会因孩子的年龄不同而引起不同的活动。

（35）这些基本情绪即使是刚出生的新生儿，在受到外界环境的作用下也都会表现出来。

但不管是两项还是多项，正如2.1中所指出的，让步条件小句中涉及的一定是这个集合中的“极性项”，即{1}或者{N+1}。

需要注意的是，所谓的“量级”是对说话人来说的，与听话人或其他人无关。比如例（36）中，对说话人来说“买一块豆腐”就是“一切行动”中的一个“极性项”，但听话人或其他人则不一定如此认为。

（36）当他们进铺店买点东西的时候，他们像老鼠似的溜进去，而后极快的像老鼠似的再溜出来。他们的一切行动，即使是买一块豆腐，都会给自己惹来灾祸，都会被送到进去就死的牢狱里去。

“量级性”不仅体现在让步条件小句中，有时结果小句中也会有所体现。比如例（37）中在“尽多少力”这一量级之外，结果小句中还涉及了“成绩名次”这一量级。

（37）即使他拼尽全力，也不可能获得前三名的成绩。

量级让步条件句的语法化表达手段主要有两种：一是像汉语这样有类似“即使”类专门的连词来标示；二是在一个条件小句的前面加上一个类似英语的“even”的量性焦点助词。其中，第二种手段根据从句的限定性（finite-nonfinite）又分两小类：限定型语言中，语序一般是“焦点助词+从属连词+小句”（even sub clause）；而非限定型语言中则往往是“主语/宾语+动词+条件标记（动词后缀）+焦点助词”（v-cond even）。（Haspelmath & König，1998：584—589）

这两类表达手段之间也不是没有联系，比如连词“即使”是表示假定纵予的“即”+表使役/假定的“使”词汇化的结果（太田辰夫，2003［1958］：308—309；池昌海、凌瑜，2008），而根据太田辰夫（2003［1958］：309）“‘即’具有‘万一’的意思，指没有考虑余地的最大限度”，这样一来，“即”就具有了量性焦点的性质，就很像“even”一类词了。

2.4　三个次类的比较

在较为详细地考察了让步条件句三个次类的具体情形之后，我们有必要对它们作一下比较考察。

（一）“不管、不论、无论”类连词可以用于普适类和选择类中，却不能用于量级类中。有些学者指出，这几个连词的出现情形有些差异，比如“无论”引导的条件小句可以用“是……还是/或者是……”来关联，而“不管”引导的条件小句则不能使用；“不管”小句可以用“形+不+形、动+不+动”格式，而“不论、无论”则不行（如吕映，1992）。那么这几个连词与普适类和选择类之间是否真存在着某种倾向性关联？为此，笔者统计了上述连词与普适类和选择类的关联频率，结果如表8-2所示：

表8-2 普适类和选择类与疑问类型的关联程度

类型 连词	普适让步条件句	选择让步条件句		
	特指疑问词	选择问句	反复问句	总计
不管	250（65.3%）	75（19.6%）	58（15.1%）	383
不论	181（55%）	131（39.8%）	17（5.2%）	329
无论	389（71.5%）	147（27%）	8（1.5%）	544
总计	820（65.3%）	353（28.1%）	83（6.6%）	1256

从上表可以得出以下倾向性特征：

1）三个连词并没有普适类或者选择类的倾向；

2）普适类在频率上要高于选择类；而在选择类之内，使用选择问句形式的频率要高于反复问的形式；

3）比起“不管、不论”句来，“无论”句似乎更加排斥反复问句形式；

4）让步条件句表现出了极强的条件小句前置性倾向。在本书统计的1256个例句中，只有47例是让步条件小句后置的，比例为3.7%。这一点与典型条件句的语序特征是一致的。

（二）一般情况下，普适、选择与量级三类之间的差异是比较明显的，连词的分工也较为明确。但是在极少数的情况下，三类之间也可能出现交叠。

比如汉语中在不使用连词的情况下，会出现一个构式（construction）可以表达这三类让步条件的情形，比如“再……也”构式（芜崧，2011）。

（38）（即使）困难再大，也要完成任务。

（39）（无论）其他品牌的产品再怎么模仿，小白也仅仅只用于描绘苹果的笔记本。

（40）今年，（不管）房价再（怎么）上涨，“地王”再（怎么）猖狂，都几乎没有相关部门发狠话、硬话……。

日语则是另一种情形。日语中-temo（即使）是量级让步条件句标记，如例（41），但是如果-temo重复使用，就可以获得普适让步条件的解读，如例（42）（Okamoto，1993：71）。

（41）Kusa o tottemo mata sugu haete kuru.
weed OM remove.even.if again immediately grow come
'Even if (I) remove the weeds, (they) come back again immediately.'
即使（我）铲除了这些杂草，（它们）也会立即再次恢复原状。

（42）Kusa o tottemo tottemo mata sugu haete kuru.
weed OM remove.even.if remove.even.if again immediately grow come
'No matter how many times (I) remove the weeds, (they) come back again immediately.'
不管（我）移走这些杂草多少次，（它们）也会立即再次恢复原状。

（三）汉语中的"无论、不论、不管"类让步条件连词是由"不/无+动词"语法化而来（席嘉，2009；陈丽、梁吉平，2010），而用"不/无+动词"语法化后形成的连词加上疑问形式来构成一个非疑问表达，这在语言中似乎是一种较为普遍的现象（吴为善、夏芳芳，2011：333）。英语中也可以在"whoever、wherever"等类词前加上一个"no matter"的否定形式的短语。

小　结

复句内部（并列与主从之间，以及主从复句次类之间）不是泾渭分明的，而是从不同的角度构成了一个个的连续统。让步条件句既有条件句的语义特征，又表现出了让步句的很多特征，所以它就是某个连续统中连接条件句和让步句的那个中间过渡形式。

它至少包括三个次类：选择让步条件句、普适让步条件句和量级让步条件句。对这三个次类的描写可以统一为一条规则：它们是一组条件句的集合，这个集合可能涉及两项，也可能是更多项。一般来说，在{1，2，3...N，N+1}这个集合中，选择和普适条件是包含了所有的子项，而量级条件句则是选取了{1}或者{N+1}。这也是让步条件句区别于其他类条件句的主要特征，因为其他类条件句都只有一个前件，而不是一组。

通过进一步的分析可以发现，除了句法语义共性，三个次类还表现出了各自的一些个性。比如它们各自句法表现形式上的差异，减缩形式、特殊形式、类固定结构等方面的不同等。

而比较三个次类，可以发现一些有趣的现象：1）“无论、不管、不论”这三个连词并没有普适类或者选择类的倾向；2）普适类在频率上要高于选择类；而在选择类之内，使用选择问句形式的频率要高于反复问的形式；3）比起“不管、不论”来，“无论”似乎更加排斥反复问句形式；4）虽然一般情况下三个次类之间的差异是比较明显的，但是在很少数的情况下，三类之间也会有些交叠。

第九章　汉语的违实条件句——一套复合系统

违实条件句（counterfactual conditionals）是哲学、心理学、语言学等学科的重要研究对象，比如Goodman（1947）就曾一语中的地指出："如果我们缺少了对违实条件句进行解释的手段，那么我们就不能说哲学科学已经完备了。"

除了少数研究以外（如陈国华，1988；Eifring，1988），20世纪80年代到新千年的二十年间专门针对汉语违实条件句研究主要是围绕着Bloom（1981）的心理语言学的观点展开的。进入新千年，句法—逻辑语义—语用层面的研究开始多了起来（如蒋严，2000；曾庆福，2008；李晋霞，2010；王宇婴、蒋严，2011等）。

综合来看，句法—逻辑语义层面的已有文献对汉语违实条件句的主要结论是"汉语条件句中没有违实这一语法范畴，而且也没有表达违实语义的语法形式"的说法（Bloom，1981）是站不住脚的，大量的语言事实表明（Eifring，1988；陈国华，1988；蒋严，2000；Feng & Yi，2006等），尽管汉语条件句中表达违实语义的语法手段还无法提升为一个语法范畴而存在，但是其违实语义的语法表达形式却是多样的。汉语条件句所表现的违实范畴不是作为一个狭义句法范畴而存在，而是作为一个语义范畴而存在。[①]

① 可参看上文第三章第二节以及王宇婴、蒋严（2011）等的介绍。

从COCO语料库的“现代汉语”和“北京日报（2001）”两栏，共得到以“如果”引导的条件句[①]5100例，其中违实条件句193例（3.8%）。[②]下文除非特别标明，例句均出自这193例。

第一节 汉语违实条件句的次类划分

蒋严（2000：257）曾经给违实句下过一个定义：“违实句，指的是能够传递与事实相反的意义的语句。”违实条件句是违实句的一个次类[③]，据此，违实条件句就应该是能够传递与事实相反的意义的条件句。

学者们往往因为研究目的的不同，将违实条件句划分为不同的次类：1）直陈式违实条件（indicative）和虚拟式违实条件（subjunctive）（Akatsuka，1986）；2）过去违实式、当前违实式和违实—开放式（蒋严，2000）；3）显豁的与非显豁的（transparent/ non-transparent）（Yeh & Gentne，2005）等。第一、二类主要着眼于违实条件句的时间以及语用特征，第三类则涉及违实义解读的难易。

依据193例真实语料，本书将汉语违实条件句作了如下划分：语用违实条件句、常理违实条件句、当下违实条件句和过去违实条件句。例子分别如下：

① 现代汉语的条件句中，只有假定类（以“如果”类连词引导）、量级让步条件句（以“即使”类连词引导）以及“除非”引导的条件句可以有违实解读。其中，假定类又是最核心、最典型的，所以本书就选取此类作为语料收集对象。

② 这一比例表明，违实条件句在条件句中只是少数，占的比例比较低。跨语言的研究也表明，假定/可能条件句是条件句的典型核心成员，违实条件则是不占优势的类型之一（Xrakovskij，2005）。

③ 条件性和违实性以及条件句和违实句都是互有差别又联系密切的几个现象，相关研究可参见Athanasiadou & Dirven（1997）等。“违实句”是“违实性”这一语义范畴的一些句子表现形式，除了违实条件句，“违实句”至少还包括：1）祈愿的动词句；2）表达相似性的暗喻句；（蒋严，2000）3）否定句（幸亏大火没有往东烧过去，……）；4）“阻止”类动词句（警察及时*阻止*了两伙人暴力冲突的升级，从而……）等。

（1）如果你是警察，我就是中国的总理。

（2）如果我是你，我一定会参加这个比赛。

（3）今年纪念马先生百岁诞辰，如果不是我年事已高，我真想再次把他亲自教我的这出戏搬上舞台。

（4）如果我一直把包放在身边，钱包就不会丢了。

如此划分，是因为本书着眼于条件句达成违实语义的各因素及因素之间的关联性。显然这四种类型涉及的因素是不同的：第一类的主要功能是表示对听话人所说话语的反驳，这种类型的违实解读是通过蒋严（2000）所说的“质位变换法”获得的，即-Q（-P，是与上下文语境相关的；第二类主要是源于百科知识，是与常理/常识有关的；第三类和第四类的划分则着眼于条件小句的时间特征，即例（3）一类是与当下（current）正在发生的事件相反，而例（4）一类则是与过去（past）已经发生的事件相反。

这一分类与上述已有分类的大致对应关系如表9-1所示[①]：

表9-1　汉语违实条件句次类划分对照表

本书的分类	Akatsuka（1986）	蒋严（2000）
语用违实条件句	直陈式违实条件	
常理违实条件句		
当下违实条件句		当前违实式、违实—开放式
过去违实条件句	虚拟式违实条件	过去违实式

这四类违实条件句的出现频率差异比较大，在笔者搜集的语料中，它们的语例比例如表9-2所示：

① 由于Yeh & Gentne（2005）的划分角度比较特殊，无法与本书及其他分类进行对照，所以此处只与上文提到的三家进行比照。

表9-2 四类违实条件句的出现频率表

次类	数量及百分比
语用类	2（1%）
常理类	18（9.3%）
当下类	14（7.3%）
过去类	159（82.4%）

从表9-2可以看出过去类是违实条件句的典型类型，这一类也是以往多数研究中（如陈国华，1988；Wierzbicka，1997；蒋严，2000；Feng & Yi，2006；王宇婴、蒋严，2011等）所说的“违实条件句”的所指。而且跨语言的来看，这类条件句也是违实条件句的典型类型，其表现之一就是有些语言中违实条件句只是限于过去时间域中（Kordi，2005：317）。

此外，这四类违实条件句中，当下和过去两类都涉及某个“事件”，而语用和常理两类则都是由于特殊的因素而产生的，与某个具体“事件”无关。

第二节 汉语条件句违实义的可及因素

汉语条件句违实义的达成主要依赖于以下五种因素：

2.1 百科知识

这一点主要与常理违实条件句有关，比如上文例（2）违实义的达成就在于常识告诉我们“我不可能是你”，所以这个句子是个违实句。同样的情形也适用于例（5）。

（5）如果我们年轻的时候就都已经知道自己的寿命有多长、会得什么病，生活是否就会变成另外一个样子？

2.2 语境[①]

一般来说，"语境"有广义和狭义之分，前者包括百科式常识、社会背景以及上下文等，而后者则专指上下文，本书采纳其狭义的用法。

汉语的违实条件句可以不用任何标记，而只是通过上下文语境得出，如例（6）所示：

（6）假如陈金在本届亚锦赛上没有夺冠，球迷肯定颇为惋惜，但陈金并未因此失去竞逐伦敦奥运会入场券的机会。(《人民日报》，2012年4月23日)

如果没有上下文，这个例子可以有假想和违实两种解读，即一个是在亚锦赛之前说/写出这个条件句，一个则是在亚锦赛之后。但是通过上下文语境，我们可以得知这则报道是在陈金夺冠之后写的，所以只能是违实解读。

以往文献对语境因素的解析往往一笔带过，但要注意的是因为以往研究中并未严格区分本书所划分出来的四类违实条件句，所以也就未对语境的广义和狭义做出严格区分。按照本书狭义语境这一限定，可以发现"语境"这一因素是所有手段里面最直接、最基础的手段，它在除了常理违实条件句以外的其他三类的违实解读中都居于核心地位。原因就在于汉语没有标示违实的专用语法标记，所以大多数情况下只能依靠语境这一最基础的方式。

具体来说，例（2）一类中，正是结果小句本身为句子的违实解读提供了语境支持；而例（3）和例（4）两类就更是如此。

从篇章的角度考虑，语境提供违实解读的模式有三种：语境在前，如例（7）；语境在后，如例（8）；前后都有，如例（9）。

（7）冉说："我父亲一辈子都是个难得糊涂一次的人。我母亲也是。如果

---

① 即使在用形态标记来标示条件句的假设性等级的语言中，有时候也是需要语境才能确定某条件句是不是违实的，如亚美尼亚语就是如此（Kozintseva，2005：184）。

他俩有一个活得糊涂点儿，后来的一件事就不会发生了。”

（8）我不说话，伙计以为我是个哑孩，顿露失望之色。如果我缄口到底，没准他会把我送回镇上，但这紧要关口我却大哭大叫起来，这哭叫便改变了我的命运。

（9）他又解释说，自己也不是全然没有艺术细胞，他会画画儿，会雕塑，当然啦，全是业余水准，比起金枝差之甚远……如果金枝是局外人，她一定会笑话这个男人的自卑、惶恐，而现在，金枝全明白，他说得再傻再远再不搭调，也是为了她。

其中，语境在前是常见模式；语境在后，即叙述文里面所谓的“倒叙”手法，这种手法是条件小句维持篇章连贯性的体现；前后都有语境，这种篇章安排的作用可能是出于以下原因：1）与前文语境相距太远，所以用条件句后面的语句来加以提醒；2）进一步强调说话人的态度。

2.3 一些标示过去时间的词语

主要有时间副词“早”，时间直指词“当初、当时、那时、今天、后来”，完成体标记“了”，以及带有较强时间指示意味的指示词“那（样）”等。

已有研究对这一手段论述较详细（陈国华，1988；蒋严，2000），此处不再赘述。只是讨论两点：

1）“早知道”类短语引导的违实条件句与其他违实条件句的区别之一，就是前者往往表达出了Akatsuka（1985）提到的说话人的某种“惊讶”（surprise）或者“遗憾”（regret）。如例（10）所示：

（10）如果赵盾早知道后人要斗个你死我活，何必当初还要找这麻烦呢？

2）蒋严（2000）曾提出“真”在一定情景下也可以作为违实义达成的形式手段，如例（11）。但即使是在例（11）这样的语境中，“真”的使用也仅仅是表达了说话人对条件小句实现可能性的更大质疑，而非违实。所以“真”

并不是一个违实义的可及因素。

（11）我知道他都干了些什么。如果他真的偷了钱，那他就得进监狱。

2.4 否定

包括两种方式：一是通过“如果不是”；二是通过条件小句中的谓语否定来表达。其中“如果不是”引导的条件句又占大多数，在本书统计的语料中有72例，占总数的近37%，显示出了强大的优势。

以往的研究中，许多也讨论了“否定”对违实解读的重要作用（陈国华，1988；蒋严，2000），特别是“条件连词+不是”的一般解读就是违实条件。比如例（12）是一个假定条件句，但是如果将条件小句中的“不”改为“不是”，其最佳解读就是一个违实句了。据此可以看出，“不是”对于违实语义的达成是有很大作用的。

（12）如果不节外生枝，赵信书此“案”也就不了了之，以后慢慢传出来，至多变成一个笑话，像“小老广”的“红豆”一样供大家一乐罢了。

但是他们都没有讨论到的一点是：并不是所有的“如果不是/要不是”引导的条件句都可以达成违实义解读，如下面两例条件句显然就不能解读为违实句：

（13）经验告诉我们，在北京地区，阻风门一般拉出三分之一到四分之一比较好启动。如果不是着急行车，最好让发动机运转5分钟左右，再把阻风门放回到原位。如果发动机转速能够稳住，就可以走车。

（14）很多国外的电脑中没有安装处理汉字的软件，因此不能直接阅读中文文书文件，但能阅读转成位图文件的中文文书文件。如果不是发送彩色文件，则可以用映像软件，将文件转换成传真格式的文件，这样可大幅度减少文件的字节数，且发送更为简便。

换句话说，“如果不是/要不是”引导的条件句要解读为违实是有条件的。据我们的分析，至少要满足以下条件：

1）“不是”后面的整体或各组成成分不能是强调焦点或对比焦点，不能是重音所在。如例（14）中的“彩色文件”显然是有对比焦点的作用，所以也就没有了违实义的解读。

2）上下文语境提供充足的提示信息。比如例（13）的语境提示“如果不是”引导的是一般假定条件句，但如果将例（13）的条件句部分改成例（15），就是违实句了。

（15）如果不是着急行车，我也不会看不见左拐的那辆车，也就不会撞上围墙了。

2.5 结果小句中的句尾“了”

关于结果小句中的“了”是否是一个构成违实义的可及因素，学者们还存在争议。陈国华（1988）、Feng & Li（2006）等持支持态度，而蒋严（2000）等则持相反的观点。但在有些情形下，“了”的有无的确会影响到句子的违实解读。对比下面两个句子：

（16）要是我有钱，我就去旅行了。

（17）要是我有钱（了），我就去旅行。

显然例（16）的无标记解读就是违实，而例（17）则是一般假定性的条件句。因此，本书倾向于将结果小句中的句尾“了”也看作手段之一。但是下文的讨论将表明，这一因素在所有五个因素里面的违实义可及性是最弱的。

第三节 汉语条件句违实义达成的复合系统

在第二节勾勒了违实解读的一些可及因素以后，本节将试图论证汉语条件句违实义的达成是一套复合系统。

所谓“复合系统”有三层意思：1）汉语条件句违实义的达成是上述诸因素共同作用的结果，这些因素都或多或少地发挥了作用；2）这些因素往往不是单独在起作用，而是几个因素相互组合从而帮助人们达成违实的解读[①]；3）这些因素在违实义达成的过程中所贡献的力量并不相同，而是构成了一个等级，或者说它们在“违实可及度”（counterfactual accessibility）上存在明显差异。

3.1 百科知识

这一因素正如本章第一节和2.1部分所述，仅适用于常理性违实条件句，不再赘述。

3.2 完全依靠语境的违实条件句

语境是语用、当下和过去违实解读的基础，但是完全依靠语境而不涉及其他手段的违实条件句却并不占优势。正如蒋严（2000：273）所指出的：“……我们可以设想，语句的违实义可以不借助任何语法词汇特征，单凭语用推理来获得。以往的文献往往视这种全无特征的形式为汉语违实句的典型特征……我们发现真正全无特征的违实句的数量并不占优。”本书的语料统计进一步支持了这一观点：在本书统计的语料中，只有29例[②]是如此，仅占所有语例的15%。如例（18）所示：

（18）朋友说刻它用了一个多小时，实在抽不出太多的时间，“如果能再多两个小时，也许会刻得比这好。”

3.3 语境+时间词

此类只涉及过去违实条件句，在159例中有18例，占11.3%。如例（19）

① 其实陈国华（1988）、蒋严（2000）等文中都点到了这一点，但并未作进一步的详细论证。

② 其中语用类2例，当下类1例，过去类26例。

中的“当初”以及结果小句中的“今天”：

（19）今天，大家都要求一视同仁，好像对私营企业还不公平，如果当初也一视同仁，肯定没有今天私营企业的发展。

3.4 语境+时间词+了

此类只涉及过去类，在159例中有3例，占1.9%。如例（20）所示：

（20）我没什么想法，如果当时这几名运动员就能赔礼道歉，就什么事也没了。

3.5 语境+时间词+否定+了

此类只涉及过去类，在159例中有6例，占3.8 %。如例（21）所示：

（21）如果当初不私藏手枪，也就没有今天的下场了。

3.6 语境+时间词+否定

此类也只涉及过去类，在159例中有11例，占6.9%。如例（22）所示：

（22）这里十分偏僻，平时过往的车辆就很少，而出事时又这么晚。当时如果没有我在场，要想从这离开就得四五个小时。

3.7 语境+否定

当下类和过去类都适用，在173例中有79例[①]，占45.7%。如例（23）所示：

（23）今年纪念马先生百岁诞辰，如果不是我年事已高，我真想再次把他

① 其中当下类10例，过去类69例。

亲自教我的这出戏搬上舞台。

3.8　语境+否定+了

当下类和过去类都适用，在173例中有25例[①]，占14.4%。如例（24）所示：

（24）如果日本在“二战”中并没有侵略罪恶，那么日本今天就可以理直气壮地申述自己的战争苦难，由一个“二战”祸首国变为一个“二战”受害国了。

3.9　语境+了

此类只涉及过去类，在159例中有4例，占2.5%。如例（25）所示：

（25）他后悔，不该找解净来，如果是叫田国福来，事情就好商量了。

如果将五种可及因素的出现频率做一个汇总，就可以得到表9-3：

表9-3　五种违实义可及因素出现频率表

百科知识	语境	否定	时间词	了
18（9.3%）	175（90.7%）	121（62.7%）	38（19.7%）	38（19.7%）

从表9-3可以看出：常理性违实和语用违实都有特殊的机制，其违实义的达成也不用其他手段的辅助，而语境则是一个常量，出现在了常理性违实之外的所有其他情形中。“否定”这一因素出现的比例极高，其对违实义达成的贡献率比较大。虽然表面上看“时间词”与“了”出现的频率相同，但是比较3.3和3.9就可以发现，“时间词”单独作为一个可及因素的地位显然要高于“了”，二者之比为4.5∶1。

将上述分析加以总结，可以说以上五种因素对违实义达成的贡献度存在

① 其中当下类3例，过去类22例。

较大差异。由此我们可以得到一个这些因素的“违实可及性等级”：

（语境）>否定>时间词>了

如果不考虑语境这一常量，那么可以看到“否定”就是汉语违实解读的主要手段。

四类违实条件句与五种可及因素的对应关系可表示为图9-1：

违实条件句	可及因素
常理违实条件句	（百科常识）
语用违实条件句	（语境）
当下违实条件句	（语境、否定、了）
过去违实条件句	（语境、时间词、否定）

图9-1　四类违实条件句与五种可及因素的对应关系图

小　结

本章在真实语料的基础上，从定性和定量两个角度论证了汉语条件句违实义的达成依赖的是一个“复合系统”，百科常识、语境、一些标示过去时间的词语、否定、结果小句中的句尾“了”这五种因素则是这个系统的成员。绝大多数情况下，这几种可及因素相互组合，从而达成了条件句的违实义解读。这几种因素对违实义达成的贡献度有所不同，它们构成了一个“违实可及性等级”：（语境）>否定>时间词>了。

此外，从类型学的角度来看，还有两个现象值得注意：

1）Wierzbicka（1997）曾经论证了“违实条件”与“条件”一样，是一个概念/语义基式（conceptual/ semantic primitive），其基本框架是：IF X HAD NOT HAPPENED, Y WOULD NOT HAVE HAPPENED。也就是说过去时态的前后小句双重否定是违实条件的无标记可及形式。可以看到，这一基式仅适用于本书分类中的过去违实条件句，而汉语的情形也正是符合这一基式的语义解读的。

2）有些语言中往往会使用过去时或过去完成时的“时间后移”（time backshifting）来达成违实义的解读，如下面例子所示：

（26）If he were two feet taller, he could play in the NBA.

（27）If you lived here, you would be home right now.

（28）If I had known the answer to that question, I wouldn't have asked you.

Dahl（1997）将之前学者们的解释称为“过去当作非真实”假说（“past-as-unreal” hypothesis）[①]。但是Haiman & Kuteva（2002）以及Xrakovskij（2005：80—83）等的研究却指出一些使用“时间后移”的语言出现了形态对称/中和的趋势，即过去时开始往现在时变化，而过去完成时则开始向过去时或现在时变化。形态标示没有了，就得通过一些标示过去时间的词语和语境这两类因素来达成违实义的解读。这样一来，似乎就和汉语的情形差不多了。

① 对“过去时”和“违实”关系的讨论可参看James（1982）、Fleischman（1989）、Dahl（1997）、Verstraete（2005）等。

第十章 汉语的“除非”条件句

无论从共时的角度（张谊生，1992；张佳音，2003；赵新、刘若云，2006等），还是历时的角度（胡丽珍、雷冬平，2007；席嘉，2010；刘斐、张虹倩，2011b等），连词“除非”及其引导的条件句“除非p，q”/“q，除非p”（以下简称“‘除非’句”）都是所有条件句中争议最多的一个。[①]

前贤对“除非”句的考察大多是从逻辑语义的视角切入，本章则尝试采取基于语料库的句法语义研究路径。具体来说，穷尽性地搜索了COCO语料库“现代汉语”和“《北京晚报》（2001）”两栏的语料，分别得到“除非”句224例和153例，共计377例。在这些真实语例的基础上，主要探讨以下几个问题：1）“除非”句的语义解读；2）“除非”句的强调倾向；3）“除非”句的语序特征。

第一节 “除非”句的语义解读

“除非”到底有着怎样的语义解读，学者们见解不一[②]。而根据对所搜集语料的分析，本书认为现代汉语中的“除非”句存在着两种语义解读：一是解

---

① 张虹倩、刘斐（2010）一文对史上的一些争议做了很好的综述。国际上有些学者将unless类连词引导的条件句称为“否定条件句”（Payne，1997：319—320、2006：299—230），但是下文的分析显示将“除非”句归为“例外条件”更为合适。

② 参见张虹倩、刘斐（2010）。

读为“只有”，二是解读为“如果不/没”。①

1.1 “只有”的解读

例（1）可以解读为“只有现交四千元，他才答应将他的女儿带走”。

（1）但他提出先把女孩带走，先付上三千，另一千随后通过邮局寄来。老六当然拒绝了，除非现交四千元，他才答应将他的女儿带走。（现代汉语，63）

作“只有”解读时，结果小句中往往使用“才”与“除非”相应和，而这也是“除非”小句解读为“只有”的核心鉴定标准。

1.2 “如果不/没”的解读

例（2）可以分别解读为“如果不使用乙炔焊枪进行切割，甭想把门搞开”和“他不可以随便地享受什么，如果他不/没付出劳动”。

（2）a. 这种式样的高层楼房的房门都是铁铸的，十分坚固，除非使用乙炔焊枪进行切割，否则甭想把门搞开。（现代汉语，15）

b. 所以，美国人的小孩从小就知道，他不可以随便地享受什么，除非他付出了劳动。（《北京晚报》，14）

许多已有研究将类似例（2）一类的“除非”解读为“除了”（侯学超，1998：92—94等）。但是首先，“除非”是个表示条件关系的连词，但“除了”却是个不表达条件关系的介词，而解读为“如果不/没”就避免了这种形式和功能的不相匹配；其次，类似例（3）的句子无法用“除了”进行替换，但却可以用“如果不/没”进行替换。

---

① “除非”的语义表现跟英语的unless比较接近，后者在英语学界也有很多争议（参见Declerck & Reed，2000等）。汉语和英语表示唯一条件和例外条件时是用两个连词，即“只有-only if”和“除非-unless”。但是在有的语言中，这两种条件却是用同一个连词来标记的，如拉丁语中的nisi一词就是如此（Bertocchi & Maraldi，2011：114—118）。

（3）我告诉你，除非你赔偿上八十块钱，我一定免你的职！（COCO，83）

换句话说，“如果不/没”的解读比“除了”的解读更合理，适用范围也更广。

此外需要指出，“如果不/没”中的“不/没”否定的是命题P中的谓语，而不是对整个命题本身的否定，如对例（2）两个句子的解读。

1.3 对两种解读的进一步说明

“除非”引导的条件是一种“例外条件/排除条件”（exceptive condition）[①]，属于例外结构（exceptive constructions）的一种，其他属于例外结构的如下所示：

（4）那屋里空空荡荡，什么家具也没有，只有一个部队食堂常用的条凳。（王朔，《千万别把人当人》）

（5）干脆得很，除了老条[②]，一概剪光。（汪曾祺，《葡萄月令》）

（6）从今以后，除烟以外[③]，我宣布一切破戒。（叶大春，《三瘾录》）

现代汉语中，第二种解读是“除非”句的优势用法。在本书统计的337例语料中，只有19例具有第一种解读，仅占总语料的5.04%，这也与刘斐、张虹倩（2011）统计的5.15%的“除非……才”句式的出现率高度吻合。原因很可能是“只有”兴起以后（席嘉，2004），逐渐取代了“除非”的第一种解读的用法，后者遂逐渐衰落了。

只有在第二种解读的情形下，“除非”小句才既可以前置也可以后置，作

---

① 张谊生（1992）称“除非”的语法意义为“用来排除假设性例外”，与本书的观点相合。

② “除了”有好几个义项，此处只是使用其“排除特殊，强调一致”这一义项（吕叔湘主编，1999：126）。

③ “除”类动词包括“除、除去、除掉、除开”等。

第一种解读时则只能前置。[①]

如果再进一步概括，“除非”句可以归结为一种解读，即“如果不/没”。只不过有时是“如果不/没p，q”，有时是“如果不/没p，不/没q”。

说“除非”可以“解读为”“只有”或“如果不/没”，并不是说“除非”就等同于后二者，事实上前者与后两者的差异也很明显。前贤对“除非”和“只有”的差异讨论较多（王维贤，1994：87—92；吕叔湘主编，1999：125—126等），兹不赘述。此处着重来分析一下“除非”和“如果不/没”的一些差异，至少包括以下一些：

1）“除非”表达的是“例外条件”，而“如果不/没”表达的则是“否定条件”（negative condition）。也正因此，一般说来“除非”表达的语气要比“如果不/没”强烈，比较下面两例：

（7）除非你给我贵宾票，我不会付给你钱的。

（8）如果你不给我贵宾票，我不会付给你钱的。

2）“除非”表达的例外条件具有唯一性（unique），或者从心理空间（Fauconnier，1994；Dancygier & Sweetser，2005）的角度来说，它和“只有”类条件句一样，构建的是一个单一心理空间；而“如果、只要”类条件句构建的则是多元空间，它们仅是多元空间中的情形之一。也正因此，“除非、只有”类条件句中不能使用连词“那/那么”，而“如果、只要”类则可以[②]。

3）“如果不/没”可以引导过去时间的违实条件句，如例（9），而“除非”则不太可能：

（9）徐经理，如果当时您没有把我拽到一边，我可能早就不在人世了。

---

① 这一观点与北大语言班编（1996：124）的论述类似，即“除非……，不……”和“除非……，才……”的区别就是前者可以前后小句语序颠倒，而后者则不可以。但显然两种论述的基点不同。

② 可参看上文第七章的相关论述。

4）就语序而言，“除非”小句经常后置，而“如果不/没”小句则较少；

5）从功能的角度来说，当两类小句后置时，后置的“如果不/没”条件小句更像是一个间接的允许（indirect permission），而后置的“除非”小句则可以分析为一个间接的指令（indirect instruction），试比较下面两例：

（10）查一下词典，如果你不知道这个词的意思的话。

（11）查一下词典，除非你知道这个词的意思。

第二节 “除非”句中的强调倾向

所谓“除非”句中的强调倾向，指的是说话人强调或期望的是“除非”小句还是结果小句的现象。在此，条件句的“情感”（affect）特征（Akatsuka，1992、1993）得到了充分展现。

首先有一点需要说明：本部分讨论的问题与文本的语体特征关系密切，此处的讨论不涉及在法律、规定、协议等文本以及其他类似语体中出现的“除非”句，因为这类语体的文本都是对事实的客观陈述，而不涉及说话人的主观态度，比如下面两例：

（12）自愿选择订立或不订立保险合同，即除非在强制保险的场合中（这种强制必须是法律、行政法规规定的），当事人有权决定其是否与他人订立保险合同。（《北京晚报》，92）

（13）专利局（或法院）也可以根据情况再批准强制许可。强制许可的买方无权与他人签订分许可证，除非使用强制许可的部门本身被转让或者合并到另一个单位。（现代汉语，25）

在非上述语体文本的“除非”句中，有时“除非”小句是说话人强调的或期望的，结果小句的作用是为了强调，如例（14），或者引出“除非”小句，如例（15）；有时结果小句是说话人强调的或期望的，“除非”小句的作用其实是增强结果小句结论的可信度。[①]

2.1　强调“除非”小句

这种情况比较少见，如：

（14）我现在是教务主任，不久就是校长，你的地位是在我手心里攥着的！我一撒手，你就掉在地上！我告诉你，除非你赔偿上八十块钱，我一定免你的职！（现代汉语，83）

（15）你还未步入幸福的生活，除非你拥有“徜徉”。

（16）除非我们按照他们的要求去做，否则他们很可能撕票。

以例（15）为例，这是一个房地产公司的广告词，显然其目的是让消费者来购买其“徜徉社区”的房子。这类“除非”小句较常见的是后置的情况，而且后置时，“除非”和后面的成分之间可以允许有一个长长的停顿。而停顿的作用则可以看作是对“强调”的标示。

2.2　强调结果小句

这种情形占大多数，又可分为三种情况：

一、“除非”小句是事理上可能发生而且说话人认为现实中也能发生的事件，这时的“除非”小句更多的是作为一种导致结果小句事件不会出现的例外情形而存在，这种“除非”小句对于结果小句结论的增强作用是最弱的。例如：

（17）星期天，除非有约会，我大都随帮唱影，和赵宗浚、沈裕藻、沈福根、胡凤英……去逛兆丰公园、法国公园，逛城隍庙。（现代汉语，21）

（18）自然，在中央领导人身边工作的人都要靠自己动脑筋，灵活处理现

---

① 邢福义（2001：219—221）曾区分了两类“除非”引导的条件句，即需求性条件和析因性条件。本书的区分不同于此。

场情况。周恩来在办公室里通电话，我任何时候都应当回避，除非总理吩咐要我呆在那儿。（现代汉语，48）

二、“除非”小句虽然在事理上可能发生，但在说话人看来却是不可能发生的①，这种“除非”小句对于结果小句结论的增强作用属于中等程度。例如：

（19）俄方认为，使蒂托如期飞赴国际空间站是个原则性问题。除非发生了不可抗拒的原因或蒂托自己不愿意，否则，一切将按预定计划进行。(《北京晚报》，18）

（20）她提到我们的将来，提到困扰着她的现实的忧虑：飞行队要保障每个空勤人员生活安定，照我目前的情况，即便到了婚龄也不能批准我们结婚，除非她停飞。可是，她说她热爱飞行。飞行除了有优厚的报酬外，还使她……她不能舍此全部仅仅换取我一个人的感情……。（现代汉语，31）

三、“除非”小句是违实（counterfactual）的，是在事理上和现实中都不可能发生的②，这种“除非”小句对结果小句结论的增强作用是最强的。例如：

（21）你们是了解外国人的，除非下刀子，否则无法使他们心情变坏，他们在劳动时有一种野蛮人发泄体力时的欣悦。（现代汉语，8）

（22）当然他妈的想，不过得看是什么勾当，你那路子的事我可干不来，除非乾坤倒转。（现代汉语，127）

如果用一句话来概括上述三种情形，可以说：说话人对结果小句结论的强调程度与“除非”小句的假设性程度成正比。

① 这种“说话人的视角”可参见沈家煊（2008，2009）等。

② 英语中unless引导的条件句往往不能使用违实条件（Declerck & Reed，2000；Dancygier，2002），但此处的论述则显示汉语的“除非”没有此限制。

第三节　“除非”句的语序特征

正如前文第六章中所论及的，就汉语条件句的整体来说，条件小句前置于结果小句是其优势语序。而具体到“除非”句，其语序特征则与上述现象不太和谐。笔者统计“现代汉语”部分的224例“除非”句，其中“除非”小句前置于结果小句的95例（占42%），后置的129例（占58%）。而统计“《北京晚报》（2001）”部分的153例“除非”句，得到“除非”小句前置的101例（占66%），后置的52例（占34%）。将两部分的予以综合，得到“除非”小句前置的196例（占52%），后置的181例（占48%）。上述统计如表11-1所示：

表11-1　“除非”小句前后置比例对照表

语料库	前置的	后置的	总数
“现代汉语”部分	95（42%）	129（58%）	224（100%）
“《北京晚报》”部分	101（66%）	52（34%）	153（100%）
总数	196（52%）	181（48%）①	377（100%）

从上表可以得出以下两点发现：

1）“除非”小句48%的后置率远高于前面提到的条件小句整体的后置比率；

2）“除非”小句在两栏语料中的后置率不太一样，相差了24%。

如此一来我们就面临着以下几个问题需要解决：1）为什么“除非”小句的后置率如此之高？2）后置的“除非”小句有着怎样的功能？3）两部分语料后置率相差较大的原因是什么？

① 刘斐、张虹倩（2011a）的统计结果是后置的占45.36%，与我们的统计数据在量上稍有差异，但在质上是一致的。

下文就来对这些问题做一些分析。

一、就本书的分析来看，“除非”小句的高后置率至少应该与以下因素有关：

1）“除非”本身的语义特征。即“除非”句表示的是一种例外排除条件，这类条件往往作为一种追补语（afterthoughts）出现，英语的unless与此类似（Declerck & Reed，2000）；

2）与“除非”本身的语法化来源和其源出句式有关。从历时上来看，相当一部分的“除非”条件小句是后置的（胡丽珍、雷冬平，2007；席嘉，2010），现代汉语的“除非”句延续了这一用法。这一因素也与英语unless小句往往后置的原因类似（Traugott，1997）；

3）如上文1.3.2中所述，在历史上有一部分“除非……，才……”句式很可能被后起的“只有……，才……”句式取代了，这也会也进一步减少“除非”小句前置的比例。

二、前置的条件小句都具话题功能（Haiman，1978）[①]，前置的“除非”小句也不例外，本书中所举例子均可如此处理。后置的条件小句的功能有两个：1）作为事后追补语而后置；2）为了维持篇章的连贯性而后置。而后置的“除非”条件小句的功能主要是作为事后追补语。本书的语料也进一步支持了这一论断。

如果再进一步细分，如前文第三部分所述，作为事后追补语而后置的“除非”小句有时是说话人期望之事，如例（23），而大多数时候则是为了增强结果小句结论的强调程度，如例（24）。

（23）我们告诉布什和其他美国政府官员，风暴不会结束，尤其是劫持飞机的风暴，除非对阿富汗的打击行动停止以及让巴勒斯坦土地获得解放。（《北京晚报》，12）

（24）谢谢阁下，杜聿明决不会改变主意，除非我不再是军长。（现代汉语，18）

① 参看下文第十三章的论述。

三、在本书的语料中，“现代汉语”部分“除非”小句的后置率是58%，超过半数。而《北京晚报》部分则是34%，尽管这一比例比起Wang（2006）和第六章第二节的统计来已经是很高了，但与“现代汉语”部分仍然有24%的差率。原因在哪里？本书认为答案就在于二者的语体差异。

“现代汉语”部分是典型的小说、散文、对话语体，而《北京晚报》则是典型的新闻语体。[①]首先前一种语体中，说话人的主观性表达更多，所以往往先说出他们期望或强调的结果小句中的结论，然后用“除非”小句进行事后追补；还有就是很多情形是以对话的形式出现，这也就使得“除非”作为事后追补语的功能得到了最大程度的发挥。而后一种语体则更侧重于对事件的客观描述，所以往往会先给出例外条件，然后说出这一条件下产生的结果。于是可以看到，语体特征在一定程度上影响了语序的选择。

在语料中笔者还发现了一个有趣的例子，可以给这里的论述提供一些支持。这个例子来自于《北京晚报》的一个报道，其报道的新闻标题如例（25）所示，例（26）则是新闻所采访对象的实际话语。一个是对事件的客观描述（新闻语体），另一个是说话人的主观表达（对话/独白语体），由此也带来了“除非”小句位置的不同。其实如果再细细体味，似乎例（25）不太能换成例（26）中的形式，但例（26）中的形式可以换成例（25）。

（25）一读者发誓今后除非迫不得已，绝不与保险打交道。

（26）走出他的办公室，我百感交集，这就是保险吗？当发生理赔时，保险公司工作人员（或代理）就持这种态度吗？我发誓，今后绝不与保险打交道，除非迫不得已。

在本书的语料中，还有一个现象与文本的语体特征联系密切，就是结果小句中使用了“否则”的“除非”句的分布。“除非p，否则q”类条件句在

---

① 在刘斐、张虹倩（2011a）的统计中，其排除翻译文学作品（因为我们的统计中不涉及此类作品）的文艺语体（相当于本书的小说、散文语体）中“除非”小句的后置率是60.42%，而其新闻语体中的后置率是40.61%，差率是19.71.%，也与本书的统计基本吻合。

语义上相当于"如果不/没p，q"，如例（27）所示：

（27）政府的态度是顺其自然，不会以行政手段帮助这些企业实施资产重组，除非是自己找到重生的机会，否则，政府只能让它退出市场。(《北京晚报》，15）

=……如果自己没找到/找不到重生的机会，政府只能让它退出市场。

在《北京晚报》语料中，"除非p，否则q"[①]出现了66例，占所有"除非p，q"用例的65%；而在"现代汉语"语料中，这一格式仅出现了14例，占所有"除非p，q"用例的15%，[②]二者差异明显，如表11-2所示：

表11-2 "除非p，否则q"句式在不同语体中的出现频率

语料库	语例数	在所有前置小句中的比率
"现代汉语"部分	14	15%（14/95）
"《北京晚报》"部分	66	65%（66/101）
总数	80	41%（80/196）

由此可见，"除非p，否则q"句式出现的优势语体是新闻语体。

本节以及本章第二节的相关论述，进一步印证了语体对句法及篇章的塑造和影响作用（方梅，2007；张伯江，2007）。

小　　结

在语料分析的基础上，我们认为"除非"句是一种"例外条件"，它有

① 这一格式还有"除非p，不然/此外q"等变体形式，但由于①二者在句法语义上无甚区别，②在我们搜集的所有语料中，其他变体形式只出现了4例，仅占5%，所以本书就用"除非p，否则q"来指代本格式。

② 关于"否则"在"除非"句中的隐现机制可参见朱斌、伍依兰（2012）等。

两种语义解读：“只有”和“如果不/没”。说可以做两种“解读”，并不是说“等于”，事实上“除非”与这两种解读存在很多差异。其中第二种解读是“除非”句的优势用法，而且只有在第二种解读的时候，“除非”小句才既可以前置也可以后置。

在非法律、协议类文本中，“除非”句表现出了对“除非”小句或者结果小句的强调倾向。对“除非”小句的强调并不常见，而对结果小句结论的强调程度则与“除非”小句的假设性程度成正比。

“除非”句显示出了与其他类条件句很不相同的语序特征，即其条件小句的后置比例几乎达到了总数的一半。导致这一语序的原因可能与连词“除非”本身的语义特征、“除非”的语法化来源和其源出句式、“只有”对“除非”的替代等因素有关。后置“除非”小句的功能主要是作为事后追补语。在不同的语体中，“除非”小句的后置率表现出了较大的差异。

连词“除非”及其引导的条件句历来争议不断，本章规避开传统的逻辑语义分析路径，将考察和分析建立在真实文本语料的基础上，得出了一些新的发现和新的结论。

第十一章　汉语的比较关联条件句

顾名思义，比较关联条件句指的就是语言中一类既能表达“比较”（comparative），又能表达“关联”（correlative）的条件句。具体到汉语来说，指的就是“越A越B”这一语言格式。如例（1）中，“孩子的年龄”以及“辨认的精确度”构成了两个连续统，连续统内部具体的某个点与其他点之间具有比较的关系，这种比较关系基本上是通过“越”这一副词标示出来的；而在“大”和“高”之间则又存在着某种相互关联的条件关系，这种关联基本上是通过前后强制性配对使用的“越……越……”格式标示出来的。

（1）孩子的年龄越大，他们辨认的精确度就越高。

汉语中的这一格式在表达条件语义之外，还可以表示时间语义，但条件义是其优势语义（曹逢甫、萧素英，2002等），这也是跨语言的普遍现象①。考虑到条件和时间这两个语义范畴之间的重叠域②，本章在分析时，将使用“比较关联句”以及“比较关联构式”这两个上位概念，以使此处的跨语言比较研究更加精确。

针对这一句式，前人时贤多有研究。有的着重于结构成分—语义的分析，

---

① 详见下文4.4的分析。

② 详见下文第十二章的分析。

如吕叔湘（2004［1944］：367—369）、邢福义（1985c）、裘荣棠（1993）、陈丽冰（1994）、陈群（1999）、曹逢甫、萧素英（2002）、王学忠（2008）、赵国军（2010）、Li and Fasola（2010）等；有的侧重于形式句法—语义的考察，如Lin（2007）、Liu（2008a、2008b）、林若望（2009）、E.Chen-chun（2011）等；也有的侧重于跨语言对比，如林书武（1983）、王菊泉（1999）从结构—语义角度以及Lin（2007：208—211）、Liu（2008b：1052—1055）从形式句法的角度对汉语—英语此结构的比较，Hsiao（2003）对汉语—蒙古语的比较，McCawley（1988）对英—德—汉三种语言的比较等；也有与其他句式的对比研究，如曹逢甫、萧素英（2002）与"再……也……"句式的比较，林若望（2009）与比较句的比较等；也有的从历时或语法化的角度来考量此现象的来源，如刘楚群（2004）、张家合（2010）、朱其智（2010）、龙国富（2013）等。

与上述诸研究不同，本章试图在研究视角和语言视野上能有所突破，即将借鉴Fillmore（1986）、Fillmore *et al.*（1988）、McCawley（1988）、Goldberg（1995、2003、2006）等倡导的构式语法（Construction Grammar）研究框架，将汉语的比较关联句看作一个构式来加以考察①；在此基础上，我们将着重对这一构式的一些类型学特征进行深入的探讨。

第一节 "越A越B"是一个构式

根据Goldberg（1995：4）的经典定义：当且仅当C是一个形式—意义的配对<F_i, S_i>，且F_i的某些方面或S_i的某些方面不能从C的构成成分或其他已有的构式中得到严格意义上的预测时，C就是一个构式。又根据Goldberg（2006：5）最近对构式的说明：任何格式，只要其形式或功能的某

① 就笔者阅读所见，曾萍萍、毛继光（2011）和龙国富（2013）是将"越A越B"从构式角度进行分析的两个文献。但二者均是将"越A越B"是一个构式当作分析前提，却均未做出理论上的阐释；而且前者分析得较为简略，后者的分析则是从历时的角度，与本书的研究都有很大区别。

一方面不能通过其构成成分或其他已确认存在的构式预知，就被确认为一个构式。

由此可以看出，确定一个语言格式是否是一个构式，至少要满足以下条件：

1）是一个形式—意义的配对；

2）形式或意义的某些方面不能从其构成成分或其他已有构式得到或预知。

显然，“越A越B”格式是满足条件1）的，即它有形式“越A越B”，也有自身的意义“B程度上的变化随A程度的变化而变化”①，因此它是一个形式—意义的配对。

显然，“越A越B”格式也是满足条件2）的，即它在形式和意义两方面都有不能从其构成成分或其他已有构式予以预测的独特性。具体说来：从形式上说，“越A越B”不是一个遵循汉语通常结构规则的格式。主要表现为：格式中的前后两个“越”强制性同时出现，不能单独使用。这一点与其他副词的自由单独使用形成了鲜明对比；而且即使在前后项相同的框式结构中（邵敬敏，2011），似乎也只有“越”不能单独使用。从意义上说，“越A越B”具有无法从其构成成分直接获得的语义特征，即B程度上的变化随A程度的变化而变化。而这一点是无法从“越”本身或其他构成成分中得以预知的。如本书所述，这一意义其实涉及两个关键因素：比较和关联。“比较”存在于A或B内部后一时间点与前一时间点之间，“关联”则源于共变/倚变的存在。

至此，依据上述形式和意义上的两个标准，我们就可以判定“越A越B”这一语言格式是一个构式。

第二节 “越A越B”是一个无界构式

本节将首先论证“越A越B”是一个无界构式（unbounded construction），

① 曾萍萍、毛继光（2011：92）认为“越A越B”构式的构式义是：某一段时间内持续进行的变化过程。

然后分析这一无界性对其内部句法成分的制约作用。

根据Langaker（1987a、1987b）、沈家煊（1995、2004），“越A越B”构式符合无界性的三个基本特征：

1）“越A越B”构式符合内部同质性特征：把构式在时间和事件轴上任意分割，取任一部分仍然是“越A越B”；

2）“越A越B”构式符合伸缩性特征：将构式在延续时间或事件上任意增加或减少一些，仍然是“越A越B”；

3）“越A越B”构式符合不可重复性特征：构式没有几次或几遍之说。

据此可以断定，“越A越B”是一个无界构式（unbounded construction）。而这一无界性特征正可以对这一构式的句法表现给以统一的解释，即构式成分的句法特征必须要与无界性这一整体构式特征相和谐。具体说来主要表现为以下几点：

1）“越”修饰的谓词词组一定是可量化的或者说表示程度的（Chao，1968：121—122；裘荣棠，1993；陈群，1999；曹逢甫、萧素英，2002；Liu，2008a）。

2）静态动词（states）、量化的行为动词（quantifier activities）、准事实动词（semifactive）可以出现于构式中，而完成动词（accomplishment）、达成动词（achievement）、关系动词以及动词重叠式等则不可以（裘荣棠，1993；Hsiao，2003）。

3）当“越A”做关系从句来修饰名词性成分时（曹逢甫、萧素英，2002；Hsiao，2003），这一名词性成分也一定是无界的，如下例中的“孩子”：

（2）如预料的那样，年纪越大的孩子做得越好。

4）“越”后的谓语不能出现完成体标记“-了”，如例（3）加了“了”就不合法了。

（3）女朋友我已交过不少，越跟她们来往（*了），我越发现（*了），要真娶媳妇还是得找咱们中国人才行。

5）“越”后的谓语排斥数量结构，如例（4）加入数量结构就不再成立。

（4）如预料的那样，年纪越大（*三岁）的孩子做得越好。

6）否定形式用“不”，不用“没”[①]，即使事件是过去发生的也如此，如例（5）所示：

（5）爱社越（不/*没）说别买别买，人们越买得凶。

需要注意的是，“越A越B”的无界性特征只适用于“越”后的成分，不管是名词性的还是谓词性的。

第三节 核心构式与承继构式

与一些其他典型构式一样，“越A越B”类构式是一个家族，内部也有几个变体形式。至少包括以下几个：“越A越B”“越来越……”[②]“越是A越是B”“越A越B越C（越……）”等。

根据Goldberg（1995），可以判定“越A越B”类构式是核心构式，而其他三类则是核心构式的承继（inheritance）构式，而且属于Goldberg（1995：74—81）所界定的实例承接连接（instance link）的关系。核心构式和承继构式的核心区别就是后者不具备前者的某些句法语义或语用特征。具体说来：

一、几个变体构式相比较，“越A越B”类出现的频率最高。

二、就“越来越……”构式来说：“越A越B”构式前后小句之间可以表示条件、时间等关系，而“越来越”则只能表示时间关系；“越A越B”构式的主语可以相同，也可以不同，而“越来越……”构式则只能是同一主语；“越A越B”构式可以表达多样的句法位置关系，而“越来越……”构式则只

① 这里指的是副词性的“没”而不是动词性的“没”。

② 曹逢甫、萧素英（2002）、Hiao（2003：10—13）是将“越来”看做一个固化的时间小句。

有一个句法位置；“越来越……”中间几乎不能插入其他成分[①]。

此外，Liu（2008a），曹逢甫、萧素英（2002）等都明确将“越来越……”看作“越A越B”构式的下位构式；从历时上看，“越来越……”构式也正是在“越A越B”构式语法化的基础上进一步语法化来的（裘荣棠，1993；刘楚群，2004；龙国富，2013）。

三、就“越是A越是B”构式来说：它在语义上凸显了强调的功能（北大编，1982：523）；而在句法上与“越来越……”构式一样也不能在某些句法位置出现，比如：

（6）a. 那可就把水越搅越浑啦。

b. *那可就把水越是搅越是浑啦。

而当A是主谓结构时，使用“越是”显然更合适。（陈丽冰，1994：79—80）

四、“越A越B”构式有时候可以三个或更多的“越”连用，可以分为三种类型：1）有时是前面几个“越”是并列关系，最后一个“越”是倚变的；2）有时是一种倚变传递关系；3）有时是几个比较关联句并用。（北大编，1982：523）[②]第一和第三种类型显然还是“越A越B”构式，而

---

① McCawley（1988：186—187）在小注9中指出，使用“越来越”的句子并不是比较关联句，而更接近于英语中的more and more。理由之一是只有在极少数的情形下，在“来”和第二个“越”之间可以插入一些别的成分，如：

（1）张三越来身体越健康。

《现代汉语虚词例释》（P522—523）也指出“越来越”有时拆开来用。如：

（2）你怎么越来胆子越大啦！

但是上述两例在当代汉语中已经很难接受了。笔者随机调查了许多人的语感，只有个别测试者认为“越来越”中间可以插入成分，但也很受限制。Hiao（2003：10—11）与本书持相同观点。

② Cappelle（2011：102）提到英语中的比较关联句也可以有多于两个的情况，而且有第一个小句是两项的，有第二个小句是两项的，也有前后两小句都有两项的。但是要注意的是，两项之间必须要使用and或or。这一点在以往的文献中是未提到的。此外在同页的小注中他还提到Hoffmann（2010）曾提到一个不使用连接词and或or的例子，而且这个例子是第二个小句既作为第一个小句的结果小句又作为第三个小句的条件小句的情形。似乎这种例子在英语中很不常见，但是在汉语中这种例子却比较多一些。Dikken（2005：503）指出，比较条件句中不允许出现堆叠（stacking），如下例如果没有显性并列标记就是不成立的。她还援引Hsiao（2003）指出汉语中的也如此。

（1）The more you eat, the fatter you get *（and）the sooner you die.

第二种则仅限于有倚变传递关系的比较关联句中。

第四节 “越A越B”构式的几个类型学特征

国内学界通常将比较关联构式称为“倚变句”（吕叔湘，1982：367—369），或“条件倚变句”（邢福义，2001：378）；普通语言学界则往往将此结构称为“比较条件句”（comparative conditional）（Fillmore，1986；McCawley，1988；Beck，1997；Declerck & Reed，2001等）或“比较关联句”（comparative correlative）（Culicover & Jackendoff，1999；Dikken，2005；Lin，2007；Iwasaki，2010；Liu，2008b等）或者“比例关联句”（proportional correlative）（曹逢甫、萧素英，2002；Hsiao，2003等）。①

这是一种具有跨语言普遍性的现象，比如McCawley（1988）对英语、德语和汉语的研究；Beck（1997）给出了荷兰语、法语以及马耳他语的例子，还提到丹麦语、希伯来语、俄语、匈牙利语等许多语言也有这一结构；Hsiao（2003）也对汉语和蒙古语的此类结构进行了对比；Kapetangianni & Taylor（2009）对希腊语中这一结构的分析；Dikken（2005）从跨语言的视角，列出了印第语（Hindi）、波兰语、俄语、匈牙利语、希腊语、拉丁语、蒙古语、荷兰语等语言的例子；② Taylor（2006：3）则列出了对比较关联句已有研究的17种语言，并指出还没有报道说某语言缺乏比较关联句。

本节就来考察一下“越A越B”这类比较关联构式的一些类型学特征。

---

① Culicover & Jackendoff（1999：545）和Taylor（2006：9）都曾指出在西方学界，首先注意到这一现象的是Ross（1967：sec. 6.1.2.6）。生成语法对这一现象尤其关注，原因正如Iwasaki（2011：39）所说，是因为这一结构对于生成语法来说是一个“烫手的山芋”。许多研究曾一度认为这一构式是个特殊结构，而且对乔氏分析法（特别是原则与参数理论）提出了挑战，如Culicover & Jackendoff（1999），Iwasaki（2011）等；但也有的研究则持完全相反的观点，如Dikken（2005）等。

② Beck（1997）和Dikken（2005）都具有跨语言的视野，但有意思的是她们却都将汉语排除在外了。Beck（1997：231）的理由是汉语中比较关联句里的形容词或副词的比较形式没有显性标记，而Dikken（2005：499—500）则表示对汉语的情形保持沉默，而并未给出缘由。

涉及的类型学变项主要有：1）标记手段显性与否；2）标记手段形式上的异同；3）构式表达的语义关系是单义的还是多义的；4）比较语义的来源；5）构式的小句构成及小句间的关系。

4.1　标记手段显性与否

这里的标记手段，指的是能标示比较关联这两种语义关系的词汇或语法手段。大多数语言，如汉语、英语、德语、荷兰语等，都是使用类似“越”“the-er”一类的显性标记来标示，但也有一些语言是没有显性标记的，如法语、意大利语等（Leung，2008）。

4.2　标记手段形式上的异同

前后小句是否使用相同的标记成分。有的语言中前后小句的标记成分是一致的，如英语中是“the-er, the-er”，汉语中是“越A越B”，意大利语、法语、泰语等也都是如此[①]，如例（7）中泰语的例子（Leung，2008：210）：

（7）Khun **yîng** phûut, kháw **yîng** mâi fang

2SG CM speak 3SG CM NEG listen

‘The more you talk, the less he listens.’

你说得越多，他听得越少。

而有的语言从语序上说类似汉语、英语，但前后标记成分则是部分相同，如希腊语中是第一个小句强制性地使用限定性量词oso（类似于英语中的as much as），第二个小句中则强制性地使用指示性量词toso（类似于that much），后面跟着比较语素pio或者perissotero（都是more的意思），如例（8）所示（Kapetangianni & Taylor，2009）。蒙古语（Hsiao，2003）、印地语、波兰语、

① 值得注意的是，意大利语、法语、泰语和汉语都是使用一个比较级语素，而英语则是使用两个语素“the+-er”。

俄语、匈牙利语、希腊语、拉丁语、荷兰语等语言（Dikken，2005）也是如此。

（8）oso pio poli zahari tros toso pio poles thermides pernis

as.much.as more sugar eat.2SG.PRS that. much more calories get.2SG.PRS

‘The more sugar you eat, the more calories you get.’

你糖吃得越多，卡路里摄取越多。

值得注意的是，这类标记部分一致的语言中，后半部分往往都有一个类似希腊语to-或蒙古语tö-的指示成分。[①]

德语中则是另外一个样子，即其前后小句分别用je和umso/desto等，如下例所示（Beck，1997：236）：[②]

（9）Je schleimiger ein Anwalt aussieht, desto erfolgreicher ist er

the slimy.COMPR an attorney look.3SG the successful.COMPR is 3SG

‘The slimier an attorney looks, the more successful he is.’

一个律师看起来越狡猾，他就越成功。

4.3 比较语义的来源

“比较关联”中的“比较”语义是通过单独的比较形式来表达的，即“关联标记+比较标记”，比如英语等大多数欧洲语言的情形；还有的是词汇

① 吕叔湘（2004［1944］：367—369）讲道：“前面讨论的同异、高下、得失等等，都是静止的比较。有时两件事情都在变化，而互相关联，共进共退，这样的时候我们说这两件事情之间有倚变的关系，或函数的关系，含混一点，也可以说是比例的关系。表示这种关系文言用‘愈’字，白话用‘愈’或‘越’，上下叠用。”又说：“间或有单在下半句用‘愈’‘益’等字的，也可以表示倚变……但多数单用的‘愈’字或‘益’字，没有继续变化之意，只是单纯的增益，等于说‘更加’。和这相联的小句，也许仅仅指示另一件事与此在时间上相关，但很多时候兼有指示原因的作用，这儿的‘愈’或‘益’就有‘因此更加’之意。”可以与此类部分标记相同的语言相对照。

② 但是Leung（2008：215）认为德语的情形类似于NP和代词的关系（田芳—她），也就是说前后标记从语义上说也是一致的。而且指出没有语言中前后小句中标记的语音实现形式是非对称的。并以此作出了如下概括：比较条件句中的两个关联标记或者是同时显现，或者是同时隐藏。

化到了单一标记手段的词汇意义中，即将比较和关联两种语义词汇化入了一个标记中，如汉语、泰语等的情形。

4.4　构式表达的语义关系是单义的还是多义的

汉语的“越A越B”构式只表达比较关联的语义关系，英语、台湾闽南语以及其他多数有此构式的语言也都是如此。但是也有一些语言中的这一构式在表达比较关联之外还表达了其他语义关系，比如蒙古语以及拉丁语中的此构式还表示等同关系（constant relation）（Hsiao，2003）。

而就前后小句的语义关系来说，此构式通常表达的是条件或时间的语义关系（曹逢甫、萧素英，2002；Hsiao，2003），这也是其他语言中的情形。而两者比较，条件义又是占优势的语义关系，比如曹逢甫、萧素英（2002）就指出“越A越B”构式除了偶尔表“时间”外，一般都表示“条件”。

条件义是此类构式的优势语义还表现在以下几个方面：1）大多数研究也都认为英语的比较关联句是条件句的一个次类，如Wold（1991）、Beck（1997）、Hsaio（2003）、Lin（2007）、Brasoveanu（2008）等。[①] 这也是条件义是优势语义的表现形式；2）有的语言中此构式可以使用条件标记，如有些英语方言中then可以出现在前后小句之间；而在巴斯克语（ba-）、日语（-wa）、韩语（-umyen）、土耳其语（-yse）等语言中有时则直接使用条件句来表示此构式或者使用条件句标记（Taylor，2004：4；Taylor，2006：8—9；Leung，2008：206）；3）比较关联构式与典型条件句在许多句法表现上类似，如可以有附加问、有NPI允准、没有C条件约束等（Taylor，2004）。

4.5　构式的小句构成及小句间的关系

跨语言的来看，比较关联句都是由前后两个小句构成。就前后小句的关

---

① 但也有其他观点，如Smith（2011）就认为比较关联句和条件句不是包含关系，而是平行关系，即它们都属于包含一个概括性量化词（generalized quantifier）的一组表达中的两个次类。

系来说，虽然也有个别学者有其他看法，如Abeillé & Borsley（2008）的并置说，Iwasaki（2010）的关系小句说等，但绝大多数学者都认同前后小句是主从关系的说法，如Culicover & Jackendoff（1999），Borsley（2004），Dikken（2005）以及曹逢甫、萧素英（2002），Hsiao（2003）等。从整体上说，我们同意Culicover & Jackendoff（1999）的观点，即认为"越A越B"构式同英语中的相应构式一样，是一个句法上对称，但语义上非对称的结构，或者说这是一个句法—语义错配的结构。

小　结

从构式的视角来看，汉语的"越A越B"符合"构式"的典型界定，是一个典型的构式。这一构式变体是其构式家族的核心构式，而"越来越……"等变体则属于承继构式。

从类型学的视角来看，"越A越B"构式具有以下类型特征：1）使用显性标记手段；2）标记手段前后形式上一致；3）构式表达的语义关系是单义的；4）比较语义词汇化到了单一标记中；5）构式前后小句是形式上并置而语义上主从的错配关系。

第十二章　时间与条件的交叠

这里所说的“时间”与“条件”，指的是复句范畴内的“时间小句”和“条件小句”。典型的例子如下两例画线部分所示：

（1）当2001年的钟声敲响的时候，狂欢不已的是整个人类。

（2）如果没有想象，世界不会这么伟大！

通常情况下，正如例（1）（2）所示，二者是各自独立，互不干涉。但是也有一些情况下，两个范畴之间会出现交叠（overlapping）[①]。如例（3）中的两个画线部分既可以解读为“……的时候”，也可以解读为“如果/只要……”。

（3）它刮大风，我多培土；它不下雨，我挑水浇。我就不信这林子今年长不起来！

针对这一现象，中外学者时有论及，如王力（1943/1985：61）、吕叔湘（1944/2004：409—411）、王维贤等（1994：167—168）、Akatsuka（1986）、Xrakovskij（2005：86—93）、Thompson *et al.*（2007）等从共时层面的分析；

① 本章所谓的“交叠”，指的是“时间”和“条件”这两个原本互有差异、平行对立的范畴，在一定句法-语义环境下出现了交叉和重叠，变得可此可彼，表现出较难区分的密切关系的现象。本书开始曾沿用Thompson *et al.*（2007：257—258）使用的“中和”（neutralization）一词来描述此现象，但显然“时间-条件”的对立仅仅是一种普通的区别对立，而不是如“正-负、送气-不送气”等一样是一种二元对立。所以本书论述的现象也就并不符合“中和”一词的经典界定，于是最终将“中和”换成了“交叠”。

江蓝生（2002）、吴福祥（2007）、Visconti（2003）等从历时层面的分析。

然而综观已有的研究，均是在讨论其他问题时稍微提及此现象，却都未对其核心论题作过系统考察。这些核心论题至少包括：1）时间与条件交叠的表现有哪些；2）时间与条件的交叠域及次类对应如何；3）时间与条件交叠的句法—语义基础是什么。

本章将秉承功能—类型的研究视角，来对上述论题做一些探究。

第一节　时间与条件交叠的表现

时间与条件的交叠在共时和历时两个维度都有所体现。

1.1　交叠的共时表现

共时表现主要包括三种情形：1）时间与条件互为解读；2）同一小句作时间和条件两种解读；3）同一标记作时间和条件两种解读。其中，汉语中常见的是前两种情形，最后一种则常出现于一些其他语言中。

1.1.1　时间与条件互为解读

在有些情况下，有标记的时间小句也可以解读为条件小句而并不影响句子的表达，反之亦然。[①]如例（4）画线部分的时间小句替换为“如果顺风”也未尝不可，而例（5）的画线小句替换为“你遇到任何问题的时候”也可以说得过去。

（4）夏天开了花，一红一白，好看得很。栀子花香得冲鼻子。顺风的时

① Harris（1986：279）就曾强调说：“条件连词在使用时往往与某个时间值相关，而时间连词的最佳解读也常常就是条件。”所以时间连词和条件连词本身的联系就很密切。然而，虽然汉语中两类连词之间关系密切，但毕竟它们主要还是用来标示各自的范畴，而不会像下文1.1.3中提到的有些语言那样一个连词可以同时标示这两个范畴；此外，本章的重点在于讨论两类范畴的交叠，为使论述更加集中，两类连词的语用差异以及使用时选择上的差异便不再赘述。

候，在莩荠庵都闻得见。

（5）当然，如果你遇到任何问题，可随时打电话给我，我一定尽力帮助。

1.1.2 同一小句可以有时间和条件两种解读

可以分为三种情形：第一种是小句无标记时，如例（6）的画线小句解读为“你有什么事的时候”和“如果你有什么事”都可以：

（6）噢，红柳，以后你不要老是在我身边忙活了，你有什么事，就尽管去办好了。

第二种情形是同一个小句使用了时间和条件两种标记，如例（7）[①]：

（7）我若死了时，变驴变狗报答你。（转引自王力，1943/1985：61）

第三种情形是同一个构式（construction）可以有时间和条件两解，如例（8）中的“（一）VP_1就VP_2”构式表示的是时间还是条件就很难判断（李宇明，2000：184—195；邢福义，2001：266—289）：

（8）一开了闸就流个没完，堵都没法堵。

“越A越B”构式在有些情形下也有这种表现，如例（9）的画线部分可以理解为“越热的时候”，也可以是“如果越热”：

（9）天气越热，人们就越睡不好觉。

这三种情形交叠的程度很高，即使有上下文语境的帮助，也很难将它们清晰地归入时间或条件。

---

① 张炼强（1990）将这类句子称为“时间假设复句”，王维贤等（1994：167—168）则称之为“时间性假设”，其实也就是时间性条件句。这种情形不同于1.1.1的情形，后者只有一种标记。

1.1.3 同一标记作时间和条件两种解读

标记的形式可能是语气词、助词或连词等。同一个语气词的情况[①]，如北京话与普通话中的“啊、呢”等（胡明扬，1981），青海方言（程祥徽，1980）、济南方言（高文达，1988）的“呵”，临淄方言的“着”（史冠新，1989），陕西陕北话的“哆”（刘育林《陕北方言志》，转引自黄伯荣主编，1996：600）等。例（10）是“呵”的例子（刘育林《陕北方言志》，转引自黄伯荣主编，1996：583）：

（10）a. 我有本好书，你看呵就去拿。（时间）

b. 你碰到老张呵替我向他问好。（条件）

同一个助词的情形，如Chao（1968：85）提到在当时的河北南部与山西的一些方言里，“的时候”可以表示时间或条件，如例（11）就可以解读为“他道歉的那个时候”或者“如果他道歉”。

（11）他道歉的时候，我们就算了。

陕西扶风话中，助词“掏了”可表时间，如例（12a），也可表假设条件，如例（12b）[②]（黄伯荣主编，1996：560—561）。

（12）a. 你走掏了给玉林捎一双鞋。

b. 你拿掏了我就不拿了。

---

① 语气词一类比较特殊，正如胡明扬（1981）所说：“语气助词用在分句末时，整个分句的意义和语气助词的语气意义交织在一起，而在前的分句按常规是从句，表示时间、条件、让步等等，因而使人感觉到有条件、选择、让步等语气，事实上，用不用这些语气助词和从句性质没有必然联系。”，本书认同这一观点。但鉴于汉语（特别是方言中）语气词的复杂性，也由于本书此处所引述的例子可能并非同质（如“着”跟“呵、啊、呢”一类可能有所区别），因此本书谨遵循所引述文献的论述，姑且将之列为标记形式之一。

② 扶风话中还有“了”和“些”也表示假设条件，三个助词的区别之一就是：“了、掏了”只能表示对未来情况的假设，它们假设的情况是可以实现的，而“些”只能表示对过去和现在情况的假设，它假设的情况和实际情况相反。这一点正好与下文2.1部分的论述相合。

同一个连词的情形，如爱沙尼亚语中的kui（Külmoja，2005：399—401），德语中的wenn，日语中的-tara，韩语中的-taka等在一定条件下可以有时间和条件两解[①]（Akatsuka，1986：344、1997）。下面是日语的例子：

（13）Syuzin　ga　kaette　ki-**tara**,　　tazune　masyoo

husband SBJ　back　come-**if /when**　ask

丈夫 主语 返回 来-如果/时候,问　会

'If my husband comes back, I will ask him.'

Or 'when my husband comes back, I will ask him.'

如果我丈夫回来/的时候，我会问他。

在包括印度尼西亚语和巴布亚新几内亚的一些语言之中，条件小句和时间小句就没有区别。瓦伊语[②]就是很好的例子（Thompson *et al.*，2007：257—258）：

（14）À　à ná　éè　í-ì　à　féɛ́-à

3SG come 2SG-FUT　3SG　see-FUT

'when he comes back, you will see him.'

Or 'If he comes back, you will see him.'

如果他回来/的时候，你将看到他。

---

① 不同语言中"一定条件"的表现不同。比如日语中的-tara在反语（irony）的语境中就只能有条件解读（Akatsuka，1986：345）；而德语中的wenn则只有在具有将来时的语境中才可以有两解（这也与下文2.1的论述相合），此外，wenn在下列情形中只能作条件解读：1）过去时态的"wenn nicht"（如果不是）组合中（Wierzbicka，1997：22—24），2）连词有重读时，3）主句有so时，4）虚拟语气中，5）有像如"überhaupt"（究竟/根本）类存在副词时，6）有焦点助词时，7）主句中有一个阻止wenn作时间解读的时间状语时（König，1986：243）；而韩语中的-taka只有在说话人非期望（undesirable）的道义情态（deontic modality）中才可以，在期望的情况下则不能使用（Akatsuka，1997：324—325）；爱沙尼亚语中的区分相对比较困难，只有在条件句表示违实语义，或者kui的前面有表示时间的代词化的副词时才区分明显，其他情况下都要依靠语境和句子的语义（Külmoja，2005：400）。

② Vai，利比里亚的一种曼德语（Mande language）。

瓦伊语和德、日、韩语的情形不同，前者的时间和条件并不作区分，而后三种语言则有专门标示两类范畴的标记，只是在一定条件下有的标记可以做两解。

这样一来，就时间和条件标记是否一致而言，我们似乎可以给出这样一个类型上的概括：即时间和条件由不同的标记标示（when-的时候，if-如果）而且标记之间区分明显的类型，典型的如汉语和英语；另一种类型则是时间和条件不作区分或者标记相同的，典型的如瓦伊语；还有一些语言则是通常情况下时间和条件由不同的标记标示，但在一定条件下有的标记却可以做两解的，如德、日、韩语以及个别汉语方言等的情形。

1.2 交叠的历时表现

交叠的历时层面主要表现为许多语言中时间句标记的语法化方向之一就是条件句标记（时间>条件），所以就会有一个中间阶段是处于交叠的状态。当然，有的语法化比较彻底，标记已经没有了标示时间的功能（时间>时间/条件>~~时间~~/条件）（如下文提到的“as long as、qualora、ama”等）；有的则是在一定时期内产生了标示条件的功能，但后来这一功能又消失了（时间>时间/条件>时间/~~条件~~）（如下文提到的“时、后、着”等）；有的则还处于二者交叠的稳定阶段（时间>时间/条件）（如下文提到的“回头、慢慢叫、nú”等）。

比如近代汉语中表示假设条件的语助词“时”（张炼强，1990；艾皓德，1991；曹国安，1996；董秀芳，2000；李泰洙，2000；江蓝生，2002）、“後”（江蓝生，2002；吴福祥，2007）、“着”（冯春田，2004）等都是来源于其时间助词的形式[①]；现代汉语中的时间副词“回头”其再语法化的方向之一就是

① 现代汉语普通话中的“时、後”已经不具有标记条件的功能了。而冯春田（2004）考查的“着”主要是近代山东方言中的现象，在当代的一些方言中，“着”只能表时间，不能表条件，如笔者的家乡话莱芜方言中，以及湖北随州方言（黄伯荣主编，1996：575），山东临淄方言（史冠新，1989），大同方言（黄伯荣主编，1996：589—591）等。

表示条件的关系词语（李宗江，2006）；上海话的“慢慢叫”也经历了从时间状语到条件句标记的语法化过程（强星娜、唐正大，2009）。

英语中的条件连词“as long as”也是由时间小句连词语法化为条件连词的（Traugott & Dasher 2005：36—38）。米斯泰克诸语言（墨西哥南部地区印第安人使用的语言）中，有些空间名词，如nú（义为face）发展出了引导代词（introductory pronoun），大致相当于time（when）/place（where）等的功能，之后又发展出时间标记的用法，相当于whenever，最后又从时间标记语法化为了条件标记，相当于if（Hollenbach，1995）。Visconti（2003）详细分析了意大利语的“qualora”从时间连词标记向条件连词标记发展的历时过程，并且指出这种演化具有单向性（unidirectionality），是从一个更客观的域到一个更主观的域。这一结论也与Hopper & Traugott（2003/2005：187）的观点一致[①]。

Traugott（1985）以及Hopper & Traugott（2003/2005：186—187）对条件小句标记的来源作了跨语言的考察。她们提出了五种主要来源，其中之一就是源于本来是表时间的词语，特别是表持续（durative）时间概念或者既能表持续也能表瞬间（punctual）的时间词[②]，如赫梯语（Hittite）的“man”（时，如果，可能），他加禄语（Tagalog）的“(ka)pag(ka)、kung”（如果，那时，当……时），印度尼西亚语的jika（如果，时）等。并且她们指出这也是条件标记最常见的来源。Nikiforidou & Katis（2000：219—224）的研究就论证了当代希腊语中的条件标记之一“ama”就是来源于具有“与此同时”义的时间副词“hama”。

所以Heine & Kuteva（2002/2007：293）总结认为“时间>条件”的演变

---

① Frajzyngier（1996：322—330，381—382，412—413）曾提到乍得语诸语言有的时间小句标记是来源于条件标记，即“条件>时间”。Frajzyngier分析认为这是在句法语义条件合适的情况下出现的一种双向演化。但这一论断的准确性尚需进一步验证。

② 在对这一语法化路径进行解释时，Traugott（1985）提出用“框架”的概念进行解释，如“When Bill came home, John left”一句是有歧义的：一是时间解读，即“在一个when Bill came home的特定时刻”；二是条件解读，即“在所有when Bill came home的时刻”，这时when就是whenever。如此看来，其实Traugott（1985）所说的时间词来源可能仅限于下文提到的习惯性语义的时间词。

是空间和时间标记在特定语境中语法化为逻辑语法关系标记（如转折、原因、条件、让步等）的又一个例证。

第二节 时间与条件交叠的交叠域及次类对应

说时间和条件的交叠，很明显并不是涉及所有次类的时间小句和条件小句。所谓“交叠域”，也就是指哪些次类的时间小句和哪些次类的条件小句可以出现交叠，它们的对应关系又如何。

2.1 交叠的时间次类

吕叔湘（1944/2004：409—410）早就指出，有几类时间关系句，必然地含有条件关系在内。一是习惯性的，如例（15）；二是未来之事，如例（16）[①]。

（15）她打牌时许赢不许输，输了就骂。

（16）等你明儿长大了，自然知道。

印尼语的条件连词kalau也与此一致，即在两种语境中可以解读为时间，一是重复性情况，二是条件句指称将来时间时。（Ogloblin，2005：467）

Wierzbicka（1997：24）也指出德语中的wenn只有在具有将来时的语境中才可以有时间和条件两解；而König（1986：230）则说是在非过去的语境中，虽然她未进一步明确“非过去”的具体所指，但从其举的例（17）可以看出主要指的是将来语境。

（17）Wenn ich Paul sehe, werde ich es ihm sagen.

如果我看到保罗/的时候，我会告诉他。

---

① 吕先生的未来之事的例子有点“元条件”（meta-conditional）的意思，其实更恰当的例子应该是如上文例（6）及下例的情形：

（1）谢谢。老师傅，这手工费多少钱？*见了那位裁缝师傅*一定代我好好谢谢他。

换用本书的主题来说就是，有两类时间小句可以与条件出现交叠：习惯性的和将来时的。

这一论断也可以从历时的证据中得到支持。江蓝生（2002）指出，“时”和“后”由时间名词发展为假设助词的句法语义条件之一是“表示动作或事态是没有实现的、未然的”。但与此同时，彭睿（2011：7—8）却也给出了习惯性表达作为“临界环境”的例子[①]，如下例所示：

（18）以谷贱时增其贾而籴，以利农，谷贵时减贾而粜。（新校本《汉书·食货志》）

艾皓德（1991：453）也提到了“如果P时，Q”类复句有两种情况，即指未来的和一般情况的。这里所说的“一般情况”就是本书所说的习惯性的。

Visconti（2003）在分析qualora从时间连词向条件连词演变时，指出诱发其语法化的语义环境之一就是qualora大量出现于表达习惯性事件的句子中。

曹国安（1996）、李泰洙（2000）也都指出表达条件关系的“时”是来源于表示未然和将然时间的“时”。李宗江（2006）在探究“回头”从时间副词向条件义等关系连词语法化的语境时，提到其语法环境是“表示后时。表示一个动作之后或说话时间之后”，其实也就是本书所说的将来时。强星娜、唐正大（2009）指出上海话“慢慢叫”从时间状语发展为条件标记也是在将来时的句法环境中。

2.2　交叠的条件次类

Thompson *et al.*（2007：257）曾指出在出现了时间和条件交叠的许多语言中，这种现象只发生在预言条件小句（predictive conditionals）和将来时时间小句之间。

---

① 如此看来，哪些“时间>条件”的演变是以将来时为临界环境，哪些又是以习惯性为临界环境，或者两者都有，是一个值得研究的问题。

在Thompson *et al.*（2007：255—256）的条件句分类系统中，她们将条件句先分为真实（reality）和非真实（unreality）两大类，前者包括“真实现在（real present）”“惯性/习性（habitual/generic）”以及过去情形（past situation），分别如例（19）—（21）；后者则包括想象条件句（imaginative）和预言条件句，而前者又可分为假设的（hypothetical）和违实的（counterfactual），分别如例（22）—（24）。

（19）真实现在：如果外面正下雨，我的自行车肯定湿了。

（20）惯性/通性：你要是踩刹车，汽车就会减速。

（21）过去情形：如果你当时在晚会现场，那你肯定认识小李和小张。

（22）想象之假设：如果我看见小李的话，我会用法语和他交谈。

（23）想象之违实：如果当时你去了音乐会，你就能看见我们的老同学了。

（24）预言：如果他找到工作，我们都会为他庆祝的。

首先，从2.1可知与条件出现交叠的，除了将来时的时间小句，还有习惯性的。其次，通过上文的一些分析可以看出，就与将来时时间小句的交叠而言，预言条件小句之外，还应包括想象之假设一类，因为这一类也是未来时间指向的，而这两类基本上就对应于条件句传统三分法的假定条件句一类[①]，如上文的例（3）（5）（6）（13）（16）。再次，对于习惯性时间小句来说，与其交叠的条件小句就应该是上述真实条件句中的惯性/通性条件小句，如上文的例（4）（8）（9）（15）等。

2.3 交叠域及次类对应

综合2.1和2.2所述，我们可以将时间和条件的交叠域及其次类对应图示如下：

---

① 西方学界传统上将条件句分为真实、假想和违实三类，基本上分别对应于Thompson *et al.*（2007：255—256）的真实、想象之假想+预言、想象之违实。可参看第二章第二节的相关论述。

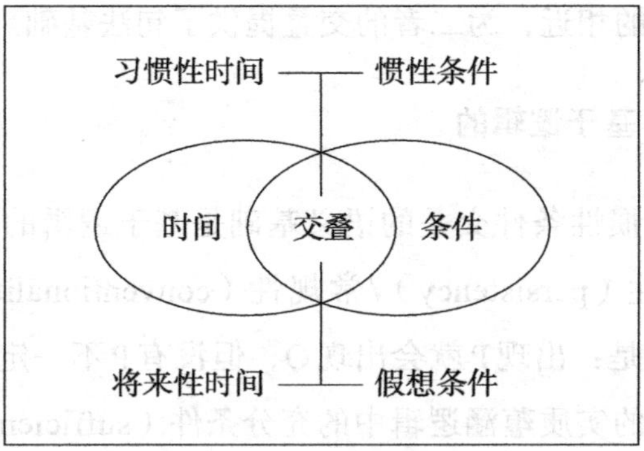

图12-1　时间与条件交叠的交叠域及次类对应图

第三节　时间与条件交叠的句法—语义基础

3.1　习惯性时间小句与条件小句交叠的句法—语义基础

3.1.1　句法基础：体、情态等的相近

“习惯性”[①]指的是一个事件（或状态）或者总是出现或者反复出现，也或者这一事件的时间并没有被指明。它具有“时间无关性”（timelessness）的特点，也就是说其认知解读是从时间轴上说话人所处时间之外来看待事件的。这也决定了其句法上的一些特征，即“习惯性”从体上说属于未完整体（imperfective），从情态上说则属于非现实情态（irrealis）（Givón，2001：283—305）。这些特征与条件句（当然也包括惯性条件句）在体和情态上的特征（沈家煊，1999：103—106；Palmer，2001：177—179）是完全一致的。

① 其实包括两个次类：习性的（generic）和惯性的（habitual）。习性句前后两组小句中的事件有一种理想化的对应关系，它们不指称某一限定语境中的某个特殊时间或物体，其主语是有类属或集合特征的名词性短语；惯性句前后两组小句中的事件总是有规律地同时/曾经同时发生，其主语是一个个体客体。（Visconti，2003：28—29、45）本书则不作细分，而统称为“习惯性”。

二者句法特征的相近，为二者的交叠提供了句法基础。

3.1.2 语义基础：基于逻辑的

习惯性时间与惯性条件交叠的语义基础是基于逻辑的。具体说来，习惯性事件具有持久性（persistency）/常规性（conventionality）的特征，这一特征的外化情形就是：出现P就会出现Q，但没有P不一定就没有Q。这样一来，就构成了典型的实质蕴涵逻辑中的充分条件（sufficient condition），而充分条件在自然语言中的对应表达形式就正是条件句。

这种对应关系可表示如图12-2：

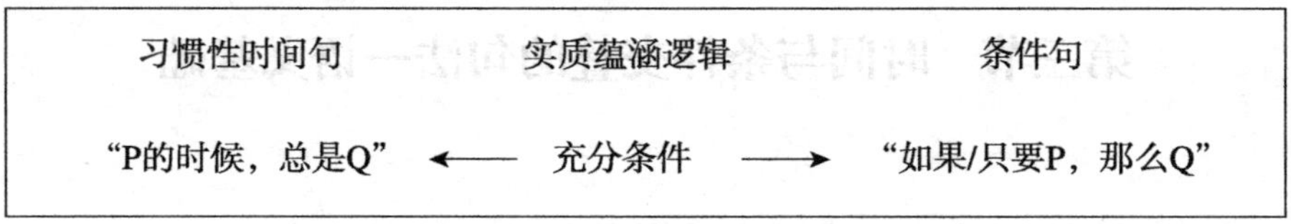

图12-2 习惯性时间与惯性条件的逻辑对应图

例子如：

（25）你按这个按钮，机器就开始工作。≈你按这个按钮的时候，机器就开始工作。≈如果/只要你按这个按钮，机器就开始工作。

两类小句这种逻辑语义上的对应关系，为二者的交叠提供了语义基础。此外，这也构成了两类小句都有双条件（biconditionals）逻辑解读（Givón，2001：332）的基础。

3.2 将来时时间小句与条件小句交叠的句法—语义基础

3.2.1 句法基础：体、情态等的相近

将来时时间小句与假想条件交叠的句法基础与上述习惯性时间与条件交叠的基础类似。即从体特征来说，二者都属未完整体；从情态上说，都是

非现实情态。比如在有形态标记来区分现实—非现实、直陈—虚拟的语言中，指称将来事件的时间小句和条件小句往往标记为虚拟[①]。（Palmer，2001：124—125/168—170/177—178）下面是西班牙语的例子：

（26）Cuando se termine la guerra, volveré a Inglaterra
when REFL terminate.3SG.PRS.SBJV DEF war 1SG.FUT.back to England
'when the war terminates, I will be back to England.'
战争结束的时候，我就返回英国。

3.2.2 语义基础：基于认知的

不确定性（uncertainty）是将来时间小句和假想条件小句交叠的语义基础。具体说来，将来性（futurity）总是必然含有一些预测（prediction）或者与此类似的成分（Lyons，1977：677），所以将来时间的事件本身就包含不确定性；而当说话人使用条件句时（当然包括假定条件句），则总是包含着对所述事件的不确定（Akatsuka，1985、1986：342—344；Taylor，1997）。确定或不确定与说话人的认识角度（epistemic stance）有关，所以此类交叠的语义基础是基于认知的。

比如上文例（13）提到的日语的例子，如果没有上下文，那么解读为时间和条件都可。但是如果说话人确定她的丈夫会回家，那么就只能取时间解读；如果不能确定，则要取条件的解读（Akatsuka，1985：626）。

条件句的不确定性可以通过问答形式来验证，即如果条件小句单用时，它只能用于回答极性问句的问题，如例（27）（28），而不能用于回答非极性问题，如例（29）。

（27）A：你会参加会议吗？ B：如果我的参会论文能写完的话。

① 这是大多数语言的情形，但也的确有语言选择了不同的路径，如北美喀多语（Caddo）中条件事件标记为非现实，但是将来事件却是标记为现实（Palmer，2001：157）。

（28）A：想不想喝点咖啡？B：如果你有的话。

（29）A：你为什么不能参加会议？B：*如果我的论文能写完的话。

当然，“不确定性”在条件句内部也有一个程度问题，比如下面两例所示：

（30）A：张三说他小时候在北京住了四年。B：他要是住了那么长时间，那应该去过很多次天安门。

（31）A：张三说他小时候在北京住了四年。B：他要是住了那么长时间，那为什么没去过天安门？

上面两例中B使用的条件小句都是对A话语的引述（quotation），但是在B对A所说话语的相信程度上，或者说B对条件小句中事件的确信程度上，例（30）显然要高于例（31）。

再来看下面的母（B）女（A）间的一个对话：

（32）A：我一点都不喜欢这种款式的衣服。

B：你要是不喜欢，以后就不看这样的了。

女儿说的话是自己的真实感受，可是母亲为什么还要使用2.2中所说的真实现在条件句？这一点可以用Akatsuka（1986：340—342）所说的“非共享知识/认同”（unsharable knowledge/belief）来解释。尽管例（32A）句是女儿的真实体验，但是对于母亲来说却并非如此，因为母亲不是直接经历者（direct experiencer），因而对所述事件处于不确定的认知状态，而例（32B）正反映出了这种差异。同样的解释也适用于例（33）。

（33）A：妈，外面下雨了。B：下雨了的话，我们就不出去了。

有时候，是选择时间还是条件，完全取决于说话人的自身特征等其他语境因素。比如如果说话人是一个病入膏肓的老人，那么例（34）的画线部分就解读为时间；如果说话人是个中年人甚至年轻人，那么最好的解读就是条件。

（34）我死了丧事从简。（转引自Chao，1968：117）

综上所述可以看出，交叠域两个次类的句法基础比较接近；但是语义基础却差异明显，一个是以逻辑语义为基础（客观倾向的），一个则是以认知语义为基础（主观倾向的）。

小　结

本章从功能—类型的视角，对时间和条件的交叠这一现象作了系统考察。考察的主要结论可以总结如下：

1）时间与条件的交叠表现在共时和历时两个层面。共时表现主要包括三种情形：时间与条件互为解读、同一小句作时间和条件两种解读、同一标记可以作两种解读。而历时表现则主要体现为，在“时间>条件”的这一语法化链条上总会有一个中间阶段是处于交叠状态。

2）有两类时间小句往往与条件出现交叠：习惯性的和将来时的。与习惯性时间出现交叠的是惯性条件，与将来时时间交叠的则是假想条件。这也就是时间与条件交叠的交叠域。

3）上述交叠域的两个次类都有其句法—语义方面的动因。其中，它们的句法基础比较接近，都是基于体、情态等句法特征的相近性；但语义基础却差异明显，一个是以客观倾向的逻辑语义为基础，一个则是以主观倾向的认知语义为基础。

除此之外，本章的考察也进一步为这一论断提供了证据：复句内部次类之间不是离散的，而是从不同的维度构成了一些连续统。其实除了时间和条件以外，条件—让步[①]、时间—原因、原因—条件、原因—目的等之间也都存在着不同程度的交叠。

① 可参看上文第八章。

第十三章　也论“条件小句是话题”

笔者在第六章中将汉语状语性小句前置比例要高于英语等语言的原因，归结为状语性小句都有话题性，而汉语是较典型的话题优先型语言，前者正好与后者相适应。本章具体考察条件小句和话题之间的关系。

Haiman（1978）首次对条件小句和话题之间的关系进行了跨语言的系统探讨，但是Haiman并不是对条件和话题这两个看似互不相干的范畴之间的关系产生兴趣的第一人。

在其系统讨论的前一年，Marchese（1977）就发表过一篇题为“Subordinate clauses as topics in Godié”的文章，他根据Godié语（非洲象牙海岸西南地区说的一种东部克鲁语（Kru language））中的语料发现条件小句和时间小句、前置的关系性小句一样，与名词话题有如下相似的特征：

1）它们都是松散地与主句联系在一起；

2）它们都不能作主要谓词的论元；

3）它们的重复性很高，包含有旧的或假定的信息（有定的）；

4）它们给后面小句中的事件提供了一个框架。

应该说，Marchese已经指出了条件小句和话题之间关系的几个关键点。Haiman的参考文献中并未列此文，二人的观察可谓是不谋而合。

而在Haiman（1978）系统讨论的十年之前，赵元任（Chao，1968：113）针对汉语的副词分句，提出过“干脆把附属分句当作分句主语看，而把主要分句当作谓语”的观点，而且还对条件分句和主语[①]之间的相似性进行了较细致的对比（Chao，1968：118）。

但是就上述三种文献的影响程度而言，Haiman（1978）无疑是更大一些。下文先简要介绍Haiman（1978）“条件小句是话题”的观点；接着综述学者们指出这一观点存在的问题；随后具体分析这些问题，并给出本书的解释。

第一节　“条件小句是话题”的提出

Haiman（1978）以巴布亚诸语言中的胡阿语（Hua）为主要研究对象，从跨语言视角对“条件小句是话题”这一观点从两个角度进行了详细论证：一是表层形态的，二是功能定义的。

1.1　表层形态的论证

表层形态的论证有以下一些证据支持：

1）胡阿语中的人称词尾（personal desinence）$-ma_3$可以出现在条件小句动词、关系性小句动词和某些中间动词（medial verb）[②]上，有$-ma_3$的关系性小句动词和中间动词相共通的一点就是它们都是预设（presupposition），所以$-ma_3$词尾就是一个表明其附着的动词所在的命题在本质上是预设的显性形态标记。如果条件小句是条件句的话题（=已知，预设），那么条件小句中的$-ma_3$就与前两种情况有着相同的功能，于是就能给$-ma_3$词尾提供一个统一的解释。

2）胡阿语中的连接助词-mo的出现要遵循一条一般限制：

连接助词只能跟在由S直接统辖（immediately dominated）的成分后面，

① 赵元任（Chao，1968）所说的“主语”基本上就是本书所说的“话题”。

② 这里的“中间动词”是根据动词在句中的位置来说的，即位于小句中间的动词，与之相对的是句末动词（final verb）。此外还有“中间小句”（medial clause）的说法，也是根据其在主句中的位置来说的（Payne，1997：321）。

而且这个成分不能是表层结构中S统辖的唯一成分。

符合上述限制的成分就是被S直接但非唯一统辖的NPs。而话题则正好符合这一结构界定。如果助词-mo标记的是潜在话题（potential topic），那该如何解释它也出现在条件小句中？一个可能的答案就是条件小句可以看作整个句子的话题。

3）许多语言中，条件小句和疑问小句在语序和标记这两点上有明显的一致关系；与此同时，许多语言中的话题标记和疑问标记之间也存在着一致关系。从逻辑上来说，与第三个事物相同的两个事物也是相同的。

4）话题，特别是对比话题（contrastive topic）往往是左异位（left-dislocated）成分，而条件小句也经常是左异位成分，这二者在信息结构上都是句中的已知成分，所以既不能被提问也不能被否定。

5）最后一点，也是最直接的一个证据，就是有些语言条件小句的常用标记也是话题的常用标记。比如土耳其语中，条件后缀-sa，附缀在一个NP上，标示出它是对比话题；再如他加禄语中，"kung"（如果）标示紧随其后的前置介词"tungkol"（关于）后面的宾语是对比话题。

1.2 功能定义的论证

功能定义角度，Haiman在对条件小句和话题的界定进行详细论证之后，给出了它们各自的功能定义：

（1）一个条件小句（可能只是假设性地）是说话人和听话人共享知识中的一部分。正基于此，它就被选来为后续话语提供一个框架。

（2）话题代表了一个实体，这个实体的存在是说话任和听话人一致认同的。正基于此，它就被选来为后续话语提供一个框架。

读者很容易就能看出这两个定义之间的相似关系。

第二节 后续的质疑及分析

Haiman（1978）的观点提出之后，许多学者都针对此观点给出了自己的看法。除了小部分学者之外，从整体上来说，大部分学者都支持这一观点，但是他们也从各自的角度提出了一些问题（Akatsuka，1986；Comrie，1986；Ford & Thompson，1986；Givón，1987；Marchese，1987；Ramsay，1987；Lehmann，1988；Sweetser，1990；Jacobsen，1992；Schiffrin，1992；Podlesskaya，2001；徐烈炯、刘丹青，2007；Thom-pson *et al.*，2007）。这些问题以及反对者的意见可以大致归结如下：

1）条件句小句间的语序与条件小句的话题性之间是否有关系？

2）符合1）的条件小句都可以看作话题，还是只有某次类/某些类条件句中的条件小句才可以？

3）条件小句与话题的关联在不同语言中是否存在程度上的差异（如考虑到话题优先型语言和主语优先型语言的区分等参项）？

4）如何解释顾钢（2001）、Caron（2006）等学者的反证以及曹逢甫（2005［1990］：267—8）指出的汉语中的一个“明显的反例”？

5）还有没有其他证据来支持这一观点？

6）状语性从属小句中只有条件小句与话题有关联吗？

除此之外，我们认为从Haiman（1978）开始，人们就忽视了一个核心问题，即：

7）为什么条件小句（以及其他的前置状语性小句）可以看作是话题？

下文将依次来对以上问题作详细分析，期望能给它们勾勒出一个较为明晰的答案。

2.1 前置的条件小句才具话题性

Haiman（1978）没有明确提及条件小句的前置或后置是否会对把条件小句看作话题产生影响，这一点被后来的学者广为诟病（Givón，1987：181；

Ramsay，1987：383；Sweetser，1990：133；Schiffrin，1992：170—172；徐烈炯、刘丹青，2007：208）。

语序是最常见的标示话题的语法手段之一，尽管有些语言的话题是后置的（如美洲奥吉布瓦语（Ojibwa）），或者像有些语言中那样没有固定的句法位置，而是靠形态来标示，但是前置性[①]依然是最常被人提及的一种话题特征，这可能是人类语言的一个倾向性共性（徐烈炯、刘丹青，2007：71；刘丹青，2008：254—255）。而对汉语这样的话题优先型语言来说，话题的前置性更是话题最主要的特征之一（Li & Thompson，1976：465；曹逢甫，1995［1979］：38—39、2005［1990］：45—48；屈承熹，2004：190、2006［1998］：198；徐烈炯、刘丹青，2007：25）。

从前文第六章第四节的论述中可以看到，后置的条件小句总是某些语用或言语处理甚至语言外的因素在起作用，它们各自有不同的功能，但是却与话题都没有关系。话题的前置性在这里得到了充分体现。

Haiman（1978）也应该注意到这一现象，因为其文中的例句都是条件小句前置的情况。他之所以没有明确指出这一点可能是出于：1）胡阿语是一种小句链语言（clause-chaining language），这类语言的特征之一就是状语性从句不允许后置，所以也就没有必要考虑语序问题（Givón，1987：181）；2）第二个也是更可能的一种原因，就是Haiman将话题的前置性看作是种默认值，谈论话题和条件小句的关系也就蕴涵着是前置条件小句的预设，无须进一步说明。与此类似的是Ford & Thompson（1986）的研究，她们从话语篇章的角度对Haiman的观点进行了论证，全文也没有明确将对象限定在前置条件小句，但是从其论证过程来看，其默认的状态就是只是前置的条件小句可以看作话题，而后置的小句则不行。

① 包括“强式前置性”和“弱式前置性”两种观点，前者是认为话题只能处于句首，后者认为除了句首位置，话题还可以出现在述题前的其它位置，所以也就允许句子内有几个话题存在（可参看徐烈炯、刘丹青（2007：第一章）的相关综述和评论）。笔者倾向于“弱式前置性”，但由于强、弱的区分对本书的讨论影响不大，所以正文中就以“前置性”统称之。

需要说明的一点是，在后来的研究中，Haiman将条件小句前置于结果小句这一语序共性列为了支持将条件小句看作话题的证据之一，认为这一语序共性正是象似性地反映了话题-述题的语用顺序（Haiman，1994；Podlesskaya，2001：1006）。但是我们从第六章第三节的论述中已经得知，条件小句的前置倾向是由条件小句本身的语义特征决定的，而不是源于它具有话题的功能。换句话说，其前置性和话题性之间不存在互为证明的关系，而仅仅是两种现象在此交汇而已。

所以，"条件小句是话题"中的条件小句是限于前置于结果小句的，下文的讨论自然也限制于此。

2.2　条件句次类对"条件小句是话题"没有影响

前文第二章中提到，条件句可以分为很多类别，有些学者就指出可以作话题的条件小句只限于其某一次类/某些次类，而不是所有的条件小句都可以看作是话题，比如Sweetser（1990）和Jacobsen（1992）的研究。但是下面的分析显示，条件句各次类中的条件小句都可以看作话题，并无差异。

2.2.1　事理条件句的条件小句也是话题

Sweetser（1990：125—133）在其三域理论体系[①]下就认为，尽管在胡阿语中可以将所有的条件小句看作是话题，但是英语中的情况却并非如此。Sweetser分析的出发点是Haiman（1978）将话题等同于已知信息的论述前提。基于此，Sweetser认为只有例（1）（2）这样的言语行为条件句和认识条件句中的条件小句可以看作话题，而像例（3）这样的事理条件句则没有话题性可言。因为只有在前两类条件句中，条件小句中的事件是上文已经提到过的（如小括号中的提示部分所标示的），所以是已知信息，于是也就可以看作话题；而事理条件小句则完全是假设性的（hypothetical），是无法看作已知信息

---

① 可参看第二章第二节的相关论书。

的，所以也就不能是话题。

（1）If (as we both know) you were at the party, how's Harry these days?

（2）If (as they just announced) they're looking for an apartment, they're planning a wedding before long.

（3）If they're planning a wedding, they'll be looking for an apartment soon.①

Haiman（1978）文中对"已知信息"这个概念并没有给以界定，而Sweetsr则对"已知信息"采取了更加严格的限定，似乎只有上文中直接出现的/激活的信息才能看作话题，如例（1）（2），这样做的后果就是类似例（4）（5）这样的认识和言语行为条件句中的条件小句也不能看作是话题。

（4）我立即回了一封信去，要她约定见面的时间和地点。她来信告诉我，将在一个下午两点钟，在我们学校第×栋楼的石柱旁边等我。如果我看到一个穿着灰色海勃风大衣的女子，那就是她。（COCO，309）

（5）宗教史上的圣徒可以为了神而献身，唯物主义的诗人把崇高的理想当作自己的神。我没有死，那就说明我还活着。而活的目的是什么？难道仅仅是为了活？如果没有比活更高的东西，活着还有什么意义？（COCO，342）

已知信息可以是重复性的，但它并不是已知信息的唯一形式，而且也不是最占优势的形式。Ford & Thompson（1986）通过对英语书面和口语两种语体中条件句的话语分析发现，前置的条件小句与其上文有好几种联系，于是也就作为已知信息为下文提供一个框架型话题（framework topics）②（Chafe，1976：50—51；Haiman，1978：583）。这几种联系包括：

---

① 这个句子可以被解读为认识条件句或者事理条件句，这里取后一种解释。

② 对这类话题不同学者在自己的体系内给出了许多说法：Schiffrin（1992：173）称为命题话题（propositional topics），Lambrecht（1994：117—127）称之为"场景设置型话题"（scene-setting topics），徐烈炯、刘丹青（2007：203—214）称为"分句式话题"。

1）重复前文的陈述，形式为"X. 假如X，那么Y"，如例（6）中条件小句就是对画线部分的重复：

（6）大家只能眼巴巴地等待半路停车，一停车就在大家的帮助下跳车窗而下。但是，很难说列车不会正巧在这一刻突然开动，因此跳窗而下的学生总是把自己小小的行李包托付给挤在窗口的几位，说如果不巧突然开车了，请把行李包扔下来。（COCO，418）

2）与前文中提到的构成对照，形式为"X.（但是）如果不是X，那么Y"，如例（7）中的条件小句就与其上文的画线部分构成对照：

（7）前面就是莫扎特的故居了，是一幢六层的寻常小楼，墙面漆成米黄色，正中标注着"莫扎特出生地"字样，如果不是醒目的墙漆和标注，小楼肯定会淹没在众多的楼房之中。（《人民日报》20120602）

3）提供前文概述情况的一个例证，形式为"概述.（例如）如果X，那么Y"，例（8）中的条件小句就是对前文画线部分的一个例证：

（8）人是不会满足的动物。如果我们的祖先满足于骑在驴背上吟诗，一边用脚后跟磕着驴肚子，一边比较那和尚是"推"门好还是"敲"门好，今天的诗人就不会乘坐快速列车，二十分钟从广岛来到椿岗。（COCO，17）

4）提出新的可能，来考察其后果，形式为"X，如果选择Y，那么Z"，上文例（4）可以归入这种类型。

上述四种情况中，前三种是直接与前文的某成分相关，第四种则是间接相关。[①]其中第四种所占比例最大。Thompson *et al.*（2007：283—285）在论

---

① 龚千炎（1985）、戴悉心（2001）对"即使"类连词引导的让步条件句的上文语境有过详细探讨，从篇章关联上来看也基本符合这里的四种类型。彭小川、杨江（2006）对"一旦"类连词引导的条件句的研究表明，其形式往往是第二种类型。

述利用状语性从句来保持段落（paragraph）内部的连贯（cohesion）时，提到条件句的三种保持段落连贯的方式，基本上相当于上面提到的前三种类型。稍有不同的是他们将Ford & Thompson所说的第二类情况仅限于违实条件小句，而没有考察其他情形。

于是可以看到，其实类似上述第一类的真正完全重复前文的情况只是其中之一，还有许多情况是对前文的话语换一种说法表达出来，如上文的例（5）；或者是对前文的一个小结，如例（9）。

（9）产房家庭化以后，一切操作都在产妇和丈夫的眼皮底下进行，医护人员的工作量和难度都加大了，这就要求你把产妇当亲人，给予精心服务。只要医务人员的工作做到位，医患之间就更容易沟通和配合。（COCO，21）

Sweetser所说的已知信息只限于Ford & Thompson（1986）提到的第一类情况，而符合这一限定的正是言语行为条件句和认识条件句中的条件小句，更多的事理条件句中的条件小句则是以后三类情况出现的。

当代对话题和已知信息之间关系的认识尽管还有些模糊地带，但是学者们基本上都认同话题绝不等同于已知信息的观点，也就是说尽管大多数情况下话题是已知的，但是也有许多情况下话题是新信息（Akatsuka，1986；徐烈炯、刘丹青，2007：184—188），所以Haiman（1978）将话题限定在最典型的已知信息型话题的做法本身就有误导性。但是作为一篇开拓性的论文，出现这样的情况似乎也无可厚非。因为当一个系统的新观点提出来的时候，很多细节考虑不到是正常的，这一点也可以从生成语法不断修正演变的发展历程中清晰地看到。

由此可见，事实并不是如Sweetser所说只有认识和言语行为条件小句才可以作话题，而是三类域中的条件小句都可以看作是话题。她之所以错过了这一结论，就是因为她沿用了Haiman话题等同于已知信息的观点，而且对已知信息作了更严格的限定。

2.2.2 假设性条件小句也是话题

下面转向Jacobsen（1992）的研究。Jacobsen（1992）通过对日语条件句的考察，认为尽管条件小句和话题偶尔有所重合（occasionally converging），但是二者还是独立的语义参项（independent parameters of meaning），可以看作话题的条件小句只是非假设性的（non-hypothetical），假设条件小句则无法作为话题。所以他认为Haiman的"条件小句是话题"的强式形式（strong form）是站不住脚的，而只能接受其弱式形式（weak form）。他提出的证据主要包括以下几点：

1）日语中的疑问词语（question words）及其答语是不能被话题化的（topicalized），但假设条件小句中却可以出现疑问信息，如例（10）（11）所示；

2）假设条件小句所承载的事件不是现实情态的事件，所以不具有预设性，所以也就无法作为话题；

（iii）假设条件小句蕴涵有对比意义（contrastive meaning），而话题则没有这种缊涵。

（10）DONO YOO NI　sureBA　itiban hayaku　nihongo　o

what　way ADV do.COND most　quickly Japanese ACC

mi-ni-tukerareru no　desyoo　KA.

Master-POT　COPM COP.TENT　Q

'How (lit., if I do how) can I master Japanese the most quickly?'

怎样做才能最快地掌握日语呢？/如果我怎么做能很快地掌握日语？（字面意思）

（11）ITU　denwa o　kakereBA　yorosii desu　KA

when phone ACC　call.COND　good　COP　Q

'When should (lit., would it be good if) I call you?'

何时（给您）打电话才合适呢？/何时打电话的话才好呢？（字面意思）[①]

---

① 感谢商务印书馆聘请的匿名审稿专家对例（10）（11）翻译的指正。

对第一种证据，笔者无法确认是何种现象。第一种可能的解释是，例（10）（11）不是条件句或至少不是典型的条件句，第二种解释是这个疑问词语并非属于条件小句，而是属于结果小句或整个条件句的。因为条件小句是不能被疑问的（Haiman，1978；Podlesskaya，2001），比如类似例（12）（13）这样的句子是不允许的。

（12）*如果我做什么，我能很快地掌握日语。

（13）*如果我什么时候喊你，我们一起去吃饭。

Jacobsen提出的第二种证据其实也正是Sweetser将事理条件句中的条件小句排除在具有话题性之外所提出的原因。条件小句表示的事件的现实与否和条件小句能否作话题之间没有必然关系，关键是看前者与上文是否有关联，而且能否为结果小句提供一个进一步论述的框架。这里区分的核心，是条件小句中的事件是否在上文以某种形式出现过（正如上文2.2.1中分析的四种模式），而不是事件本身的现实与否，只有前者才与条件小句的话题性相关，与后者则毫无关联。

最后来看Jacobsen的第三个证据。其实不只是假设条件小句，而是所有的条件小句都具有对比义。这种对比义来源于前文第六章中所提到的条件句的语义特征，即它是从许多可能的空间中挑选出来的，对比性是条件小句的天性。这一特征的一个表现方式就是条件完善原则。很难说话题有类似的蕴涵意义，但是对比性却是许多话题的特征之一，而且对比式话题也是常见现象（Chu，2003：272—274；徐烈炯、刘丹青，2007：84—88）。

综合上述分析可见，条件小句具有话题性这一命题对各类条件句都是适用的，而不是仅限于某一认知或语义次类条件句之内。

2.3 反对的意见都可以解释

顾刚（2001）和Caron（2006）是明确提出反对将条件小句看作话题的两种文献，前者是捎带提到而不是专门论述此问题，后者的副标题就是“为什么条件小句不是话题？”

2.3.1　对顾刚（2001）反证的解释

顾刚（2001：76—77）是针对Gasde & Paul（1996）的观点提出质疑的。Gasde & Paul（1996）是为数不多的从形式句法角度研究汉语复句的文章之一。他们的基本结论是：1）汉语复句（主从复句）中的从属连词（比如“因为”“如果”等）不是介词，而是功能语类连词（functional category Conjunction）；2）汉语作为话题优先型语言，其句法结构树中应该有一个功能语类“话题”（Topic），其功能投射形成的结构就是“话题短语”（Topic phrase, TopP），处于Cp和IP之间，而且它们是基础生成的，而非经过转换而来；[①]3）他们根据Haiman的论述，指出汉语中的条件小句和原因小句也与一般的名词短语一样能够在句法结构中占据TopP位置，其核心位置被非强制性的停顿标记“啊、呢、么”等以及专用于条件小句的语助词“的话”占据；4）“的时候、以前、以后”是词汇语类后置词（lexical category Postpostion），而非通常认为的名词。

针对上面的第三点结论，顾刚提出三点理由予以反驳：1）“的话”不是话题标记，很可能是条件句标记；2）把条件句分析成话题不具有普遍性的语法意义，因为英语中类似的条件从句不能分析为话题；3）前置性突出，并不一定是话题，否则就会得出泛话题的结论。

“的话”的性质在第五章2.4部分已经有过讨论，其在现代汉语中的功能之一无疑是话题标记（江蓝生，2004），如例（14）（15）。话题标记和条件小句标示的一致也正是两类范畴相似的直接证据（Haiman，1978）。

（14）买房子的话，明年再说吧。

（15）教学楼的话，这家监理公司就无权处理了。

---

① 徐烈炯、刘丹青（2007：第2章）也持相同的观点。

Haiman（1978）一开始就是将“条件小句是话题”这一观点建立在跨语言证据基础上，而且经过2.2.1的分析，英语的条件小句无疑也是有话题性。

顾刚的第三点理由源于像例（16）这样的句子中，“一个炎热的下午”应该被看作状语性成分，而不能是话题。

（16）一个炎热的下午，一家小吃店里顾客盈门。

时间或地点成分，特别是主语之前或无主句句首的此类成分，是较典型的语域式话题（徐烈炯、刘丹青，2007：58—61、113—115）。

所以可以说，顾刚的三点反证都是可以解释的，都无法成立。

2.3.2 对Caron（2006）反证的解释

再来看Caron（2006）的反对意见。Caron的语料主要来自尼日利亚巴奇州（Bauchi）南部使用的乍得诸语言（Chadic languages）以及Banda Linda语（中非共和国使用的一种阿达马瓦［Adamawa］语言）。下文逐一给出Caron的反证，并予以分析。

1）Haiman（1978）强调话题是预设性的，但是条件小句和极性问句一样，它们都不是预设，也不能被肯定或否定地断言。

这里，问题的关键还是要分清“预设性”的含义，它关涉的是实体或命题所指称的内容是否是说话人和听话人的共享内容，而不是实体或命题本身的真实与否。比如对“魔鬼”这个名词，在句子中它是否是预设的，要看它在前文或说听双方关于世界的背景知识中是否是共享知识，如果是，那么就是预设的；如果不是，那就是非预设的（最可能的是新信息），整个过程与“魔鬼”在真实世界中是否有真实的所指没有关系。这对于条件小句也是如此，例（17）中“（聂小轩）愿意”这个命题在上文中已经有所呈现，所以可以看作是预设的，至于这个命题所属的事件是否真的存在则不是我们关心的事情。

（17）他看自己日子不多了，担心女儿后半生没有着落，也不愿自己家传

手艺由他一辈绝了根，就把聂小轩招到跟前，问他可愿继承自己的门户。如果愿意，须拜师入赘一起办。（COCO，16）

与Caron的认识似乎恰恰相反，极性问句不同于特指问句的一个重要特征就是前者仅仅是说话人对已知的事件/状态不确定，因而征求听话人的赞同/不赞同，而特指问句则是说话人从听话人那里寻求新信息，所以极性问句是一种预设，只不过说话人对这种预设不能确定而已。正是说话人对情况的不确定/不能控制性（uncertainty/uncontrollability）将条件小句和极性问句联系了起来（Akatsuka，1986：342—344）。

2）条件小句可以出现在与反话题（antitopics）相同的位置。Caron举的例子如下：

（18）kadà　kà　sàya:　in　ya:　yi　tsà:da:.

NEG　2SG.SUBJ　buy　if　3SG.PERF　do　expensiveness

‘Don’t buy [it] if it is [too] expensive.’

不要买［它］，如果它［太］贵的话。

（19）ta-kàn　gan　shì　in　ta:　je:　kà:suwa:.

3SG-HAB　see　3SG　if　3SG.PERF　go　market

‘She always sees him when she goes to the market.’

她总能看见他，当她去市场上时。

“反话题”这一概念是由Chafe（1976：53—54）首先使用的，又被称为“右异位”（right-dislocation/right-detachment），是与“左异位”（left-dislocation/ left -detachment）相对的现象（Lambrecht，1994：176—184/199—205；Payne，1997：273—276；Givón，2001：265—268；Gregory & Michaelis，2001），典型的例子如下面两例：

（20）他曾经来过这里，那位打败你的将军。

（21）下午你看见过它吗，我家的小狗？

例（20）（21）中的双画线部分就是“反话题”位置，这样的成分也被称为“去焦点的NP”（de-focused NP）、“追补语NP”（afterthought NP）或者“谓词后成分”（post-predicate constituent）等（Lambrecht，1994：203）。由此可见，“反话题”是有独特语用功能的现象，而Caron所说的情况仅仅是条件小句在结果小句之后的现象。这是两种现象，不能混为一谈。

3）尽管条件小句和话题都属于所谓的“序言”（preamble），但是二者是不同的类型，即话题是述位（rheme）所讨论的指称概念，而条件小句则是一种框架（frames）。

笔者认为这种说法是一种误解，因为话题本来就包括相关性的和框架设置性的两大类（Chafe，1976；徐、刘，2007），而且两类话题比较的话，是后者而非前者才是话题最基本的共同话语功能，也就是说“框架”一词才是话题最基本的要素，条件小句则正符合这一点。

4）Caron认为最关键的一点，即乍得诸语言以及Banda Linda语中的条件小句标记与焦点标记而不是与话题标记相同。Polci语（尼日利亚北部的一种乍得语）中的焦点结构和条件句分别展现在例（22）（23）中，相同的情形也出现在同一地区的Zoɗi语以及中非共和国的Banda Linda语中。

（22）wún gi **kən** yu ɲen a ga: gi.

girl DEICT **COP** pour milk in calabash DEICT

‘THE GIRL poured milk into the calabash.’①

（是那）女孩把牛奶倒进了葫芦里。

（23）Găɾbà **kən** ndʒaŋ ɬo: wú ɗe kə fũ:-m.

Garba **COP** cut meat ACC INJ 2SG.SUBJ tell-1SG

‘If Garba slaughters an animal (lit. GARBA slaughters an animal), tell me.’

如果Garba屠杀一只动物（[字面意思]（是）GARBA屠杀一只动物，告诉我。）

① 大写表示焦点所在，下同。

事实上，条件小句和焦点结构使用相同的标记是很常见的一种共时现象，这种一致性是系词向两个不同的方向进行语法化而造成的，即“系词 > 焦点标记”和“系词 > 条件小句标记”，这两类语法化也都是具有跨语言共性的现象。

Heine & Kuteva（2007［2002］：95—96）列举了许多语言中的大量例证，表明要么系词直接语法化为焦点标记，如科拉语（Cora）中句首代词或指示词后面的系词“pĩ rĩ kĩ”（是）语法化为焦点标记；要么是语法化为焦点标记的构成成分之一，如Lamang语中伴随标记-à加上系词ýá语法化为焦点标记。而现代汉语的焦点标记“是”也是从系词语法化而来的（石毓智，2001b、2005b）。

系词语法化为条件小句连词最早是Traugott（1985）根据跨语言的考察提出来的，后来的研究（Hopper & Traugott，2005［2003］：186—187；Heine & Kuteva，2007［2002］：94—95）进一步证实了这一现象，如日语的条件连词“nara”和契卡索语（Chickasaw，美国印第安语的一种）中的“（h）oo”就都源于系词义的“nara”和“（h）oo”，斯瓦希里语的“i-ki-wa”（如果那是）和俄语中的“esli”都分别含有一个系词成分“w（a）”和“est”。[①]

此外，焦点和话题之间本来就不是截然对立的两个范畴，而是可以相互

① Heine & Kuteva（2007［2002］：95）通过与Alain Peyraube的个人交流，认为汉语中的系词“是”也是汉语条件标记的来源之一。石毓智（2005）也持同样的观点，即他在Hopper & Traugott（1993）（Hopper & Traugott（2005［2003］：186）的基础上，认为现代汉语中的“倒是、只是、可是、还是、要是、总是、就是、但是”等连词中的“是”，是判断词“是”进一步语法化为连词的结果。也就是说他认为上述转折、条件、让步连词有一个系词来源。但是，笔者认为汉语的事实难以支持上述观点。董秀芳（2004）令人信服地指出，包括上面所列连词在内的一些包含“是”字的连词和副词，都是由一个已有的连词或副词加上“是”后词汇化而成的。这里的“是”字是一个类似屈折词缀的形态成分（类似分析也见张谊（2003）），是作为系词的“是”进一步语法化的结果。这个“是”字已经失去了独立的词汇地位，只能黏附在前面的成分上，成了一个词内成分/构词语素。而由这个“是”构成的词语的性质则由“是”所黏附的成分的性质来决定，如“是”与条件连词“若”结合为“若是”后还是条件连词，与副词“总”结合为“总是”后还是副词，与连词“可”结合为“可是”后还是转折连词等。所以汉语中“要是、若是”一类词语中的“是”与Traugott（1985）所举的日语、契卡索语中的“是”不是一回事，前者是系词“是”语法化为一个类似词缀的成分黏附在前面的条件连词上形成的，而后者则是真正的由系词语法化为条件连词。

转化（刘丹青，2005c：120—121）。而英语一类的语言中话题也同时是对比焦点（Chafe，1976：49—50）。所以在某些情况下有的语言成分是焦点和话题的结合，也正因为如此才有了对比焦点或对比话题的说法（Chu，2003：272—274；徐烈炯、刘丹青，2007：84—88）。

由此可以看出，焦点标记和条件小句标记在共时上的一致性并不冲突，这种一致性并不代表其功能上的相同，只不过是从同一源头向不同方向发展后形成的多义性（polysemy）现象而已。

经过仔细分析后可以发现，顾刚（2001）和Caron（2006）反对“条件小句是话题”这一观点所提出的论据是有问题的，都是可以予以解释的。

2.3.3　对曹逢甫（2005［1990］）“反例”的解释

除了上述反对意见，曹逢甫（2005［1990］：267—268）在支持将条件小句及其他状语性小句看作话题的同时，还从汉语的事实出发提出过一种“明显的反例”，即如例（24）—（26）所示：

（24）a. 他$_i$走出去的时候，__$_i$发现灯还没有关。

　　　b. *他走出去的时候$_i$，__$_i$发现灯还没有关。

（25）a. 我$_i$因为没有时间所以__$_i$没买礼物。

　　　b. *我因为没有时间$_i$所以__$_i$没买礼物。

（26）a. 张明$_i$如果明天来不了，__$_i$就看不上摄影展了。

　　　b. *张明如果明天来不了$_i$，__$_i$就看不上摄影展了。

这些例子也就是前文第五章2.3中讨论到的前后小句主语相同而结果小句主语是零形回指的情况。很明显，上面三例中句子的话题是“他、我、张明”而不是“他走出去的时候、我因为没有时间、张明如果明天来不了”。如果将小句看作话题，那么如何来解释是前者而非后者构成了整个句子的话题链？

曹逢甫认为是主题提升规则的作用，如例（26a）是从例（27）经过例（28）的主题提升规则（曹逢甫，2005［1990］：270）生成的：

（27）如果张明明天来不了，他就看不上摄影展了。

（28）[s-COMP [sTopic$_{a1}$ [sTopica$_2$ [s…]]]]+[s-COMP [sTopic$_{b1}$ [sTopic$_{b2}$ [s…]]]]

$\longrightarrow$

[s-Topic$_i$+Topic$_j$ [s-COMP [se$_i$ [se$_j$ [s…]]]]+[s-COMP [se$_i$ [se$_j$ [s…]]]]]

Tp=Topic

条件：

1）Tp_{a1}和Tp_{b1}同指；

而且2）Tp_{a2}和Tp_{b2}同指。

我们同意徐烈炯、刘丹青（2007：32、43）的观点，即在话题优先型的语言中，话题是结构中的基本成分而无须靠移位形成。而对曹逢甫所说的上述“反例”，如果我们坚持将状语性小句看作话题，那就没有必要将话题链考虑进来，因为第二个小句是空话题的来源多种多样，比如承前省略宾语，如例（29），或者承前省略介词宾语，如例（30）等（方梅，1985）。这样看的话，曹逢甫说的反例就只不过是后面小句的话题承前省略了罢了。而再如例（31）这样的例子，如果从话题链的角度来说，第二个小句的话题却是第一个小句的次话题/主语，而并不是第一个小句的话题。换句话说，没有必要每一种情况都要将话题链考虑在内。

（29）儿子放单响的麻雷子$_i$，父亲放双响的二踢脚$_i$，__$_i$间隔停匀，有板有眼……

（30）丈夫回来，并没有向她$_i$闹气，__$_i$心中安顿了些，纵然是莫名其妙。

（31）这种跑车她$_i$买过一辆，__$_i$觉得不怎么好。

2.4 “条件小句是话题”的其他证据

从以上的论述可以看到，尽管在某些方面需要做出修正，但是Haiman（1978）的观点是具有跨语言的普遍性的。支持这一普遍性的证据，除了上面论述到的，至少还包括以下一些：

1）后置的条件小句往往带有焦点标记，如例（32）中使用了限定助词only（Podlesskaya，2001：1007），所以也就无法看作具有话题性。

（32）I will go there **only** if you go with me.

我会去那里只有你跟我一起。①

2）条件小句是有定的（Schlenker，2004），符合话题或者是有定或者类指的指称特征（Chao，1968；Li & Thompson，1976；曹逢甫，2005［1990］；屈承熹，2006［1998］；徐烈炯、刘丹青，2007：第5章）。

3）条件小句和话题标记的一致性不仅表现在共时，而且也表现在历时演变中。即历时上往往存在着以下两种语法化路径：条件小句标记>话题标记；话题标记>条件小句标记。

Kabak & Schiering（2004）从共时语法化的角度，分析了土耳其语中如例（33）中的条件小句标记ise向一个方向语法化成了一个话题标记，如例（34），而向另一个方向语法化为一个相当于英语中的“instead of”（而不是）的连词成分，如例（35）。

（33）Güvenilir gazete, bir de en çok satan gazete ise, gazeteciliğin keyfi bir başka oluyor.

If a trustworthy newspaper is also a bestseller, the pleasure of journalism becomes special.

如果一份值得信赖的报纸同时也是卖得最好的报纸，新闻业界就尤其感到高兴了。

① “only if”对应的是汉语中的“只有”一词，逻辑上的必要条件在汉语中已经语法化了，但在英语中却还没有，所以only在此句中是一个焦点标记，但汉语中则并非如此。此外，从语序上说翻译为“只有你跟我一起我才会去那里”更恰当。

（34）Ben **ise** patates hiç yemiyorum.

As for me, I don’t eat potatoes at all.

至于我，我不吃马铃薯。

（35）Bunlar insan yaratmaktan**sa**[①] öldürmeyi tercih ederler.

Instead of creating human-beings, they prefer to kill them.

他们喜欢杀戮人类，而不是创造人类。

Traugott（1985）、Hopper & Traugott（2005［2003］：186—187）对条件小句标记的来源作了跨语言的考察。[②]她们提出了五种主要来源：①来源于情态词（words for modality），特别是认识情态（epistemic modality）和祈愿情态（optative modality）词语；②来源于系词结构（copula constructions），常常是存在系词，而这些系词又常来源于“持续/保持”（standing/remaining）动词；③来源于疑问词，特别是像“知道”（know）类动词的疑问词补语；④来源于标记类似已知成分的词语，往往是话题标记或指代词；⑤源于本来是表时间的词语，特别是表持续（durative）时间概念或者即能表持续也能表瞬间（punctual）的时间词，这也是条件标记最常见的来源。

标示已知或特定（given）信息的标记，如话题标记、指示词，往往发展为条件小句标记或其他状语从句标记，如英语的条件连词“given that”是由义为“确定的”given与指示词“that”复合而成的，印度尼西亚语的“kalau”和梵语中的“yád”都既是话题标记，也是条件标记，桑哥语（Sango，乍得、刚果等中非地区使用的一种语言）的指示词“só”（这，那）语法化为时间和原因小句标记，如例（36a）中还只是指示词，但例（36b）却既有指示词用法，又有时间小句标记用法。（Traugott，1985：291—292；Heine & Kuteva，2007［2002］：115—116）

① 词缀*sa*是功能词*ise*的变体形式，此外还有一个变体形式是附着成分=（*y*）*sA*。话题标记只能用*ise*，条件标记可以用*ise*或=（*y*）*sA*，而相当于“而不是”的连词则用*sa*。

② 由于Hopper & Traugott（2005［2003］：186—187）的讨论是以Traugott（1985）为基础，为行文方便，下文用Traugott（1985）概之。

（36）a. yáká　só　í́　sára　só

garden　that　1PL　build　that

'that graden we build'

那（个）我们建造的花园

b. só　ndo　avokó　awe,　lo　goe　na　kóli　só.

When place darken　PFV　3SG　leave with　man　that

'when it turns to dark, she leaves with that man.'

天黑时，她与那男人（一起）离开。

现代汉语标示条件小句的句末语气助词“的话”就是由话题标记进一步语法化而来。江蓝生（2004）详细考察了“的话”的历时发展，发现“的话”是定语标记“的”与中心语名词“话”跨层语法化而来的。“话”最初是个言说义名词，在“说……的话”这一句法框架中，由于“话”与其前修饰成分有同指关系，所以“的话”就成为一个羡余成分。后通过话题化、脱离“说……的话”框架以及省略等一系列句法操作，给它提供了进一步语法化的环境，“的话”发展为话题标记。最后由于话题和条件小句之间的密切关系，“的话”发展为条件标记。整个语法化过程如（37）所示。

（37）的话：定语标记+（言说）名词 → 话题标记 → 条件标记

方梅（2006）在对语料进行精细地分析后发现，北京话口语中的言说动词“说”正在经历着两条路径的演变：一条路径是从言说动词经由引语标记，如例（38），到准标句词，如例（39），再到标句词，如例（40）；另一条路径则是从言说动词经由话题标记，如例（41），到例举标记，如例（42），到条件从句标记，如例（43）再到虚拟情态从句标记，如例（44）。

（38）那些农民回忆说，他们已经有半年多没有休息日了。（报道）

（39）可是，你总不能弄着弄着就变成了说，老板不干老板该干的事，麻烦来了光让我们下边的人扛雷，是不是？（访谈）

（40）在你刚下海的时候，有没有一个预期，说我要赚到多少钱。（访谈）

（41）所以呢我也挺喜欢那什么的，挺喜欢旅游的。可我现在还小哇，我上哪儿去呀？我将来就是什么呀，说考大学，如果考不上，我就连考两次。（调查）

（42）再一个就是说邻居之间比较团结……没有说纠纷呀，或者怎么着，隔阂。（调查）

（43）你自己得有主意。说你父母什么的家里人都不在你身边儿，你怎么办哪？（聊天）

（44）整天的犯困，开车开车能睡着了，走路走路能睡着了。除了说吃饭，随时都可能睡过去。（聊天）

上述两条语法化路径可以表示如下：

a. 说：言说动词 → 引语标记 → 准标句词 → 标句词

b. 说：言说动词 → 话题标记 → 例举标记 → 条件从句标记 → 虚拟情态从句标记

根据方梅的论述，笔者觉得（b）表示为下面方框内的内容似乎更合理一些，因为话题标记语法化为条件标记是由二者表示已知信息的功能相似点决定的，但例举标记和条件标记之间则缺乏明确的联系。

说：言说动词 → 话题标记 → 例举标记

└→ 条件从句标记 → 虚拟情态从句标记

刘丹青（2005c：122—123）提到上海话等北部吴语中来源于系词“是”的提顿词，当用在VP及小句后时，其功能得以扩展，是表示一种假设条件，如例（45）（46）所示。

（45）小张开车子是，速度肯定快个。 “小张开车的话，速度肯定快。”

（46）明朝落雨是，我也勿去勒。　　“明天下雨的话，我也不去了。”

其语法化过程可以表示为：

系词 → 话题标记 → 条件标记

话题标记语法化为条件标记，原因就在于条件小句为结果小句提供了进一步述说的框架，而且它往往表示的是已知信息，所以从功能上来看它就是典型的分句式话题。正是基于这种“天然”联系，话题标记就很容易扩展到条件句中成为条件小句的标记。

第三节　前置状语性小句是话题

Sweetser（1990：132—133）指出，在确定普遍语法中条件小句是否是典型的话题之前，还有许多尚未解答的问题，比如：①许多非条件的状语性从句往往以不同的方式，表现出“预设的”或“已知的”内容，或者是提供某种材料来作为主句的背景（background），前置的状语性从句尤其如此。因此，为了证明条件小句有特殊的话题性（especially topical），我们就必须证明话题标记和其他状语性从属连词之间没有类似的联系；②语序和条件小句的话题性之间有着怎样的联系。第二个问题在上文2.1中已经做了回答，本节来关注第一个问题。

下面的讨论将证明，条件小句是话题的特殊性（especial）并不是如Sweetser所说的必须证明其他状语性从句和话题无关，而是恰恰相反。前置的状语性从句都具有话题性，都可以看作其所在的整个句子的话题，只不过在这种联系中，条件小句和话题之间的联系不同于其他类状语性从句而已。我们将从标记一致和功能一致两个角度对前置状语性从属小句是话题进行论述，然后指出条件小句与话题之间不同于其他类小句和话题之间关系的原因所在。

3.1　形态和功能的证据

其他状语性从属小句和话题之间的关联与上文讨论条件小句是话题时一样，可以从形态标记和功能的一致性上得到揭示。

最早注意到这种一致性的还是赵元任。他（Chao，1968：113）指出汉语中几类主要的状语性从句，即让步小句、原因（或理由）小句、时间小句、处所小句、条件小句等，都可以看作是小句主语，而主句则可以看作是谓语。由于赵元任将主语/谓语的关系等同于话题/述题的关系，所以这里的观点也就是认为这些状语性小句都可以看作是话题。他给出的证据是：

1）这些小句跟主语一样，后面有相同的停顿或停顿语助词；①

2）除非是事后追补语，它们一般出现在句子的开头；

3）所谓的从属连接词总是可以跟在主语之后，来修饰小句中的动词；

4）复杂句与复合句或者有复杂谓语的简单句往往很像。

停顿和停顿语助词都是话题的形式标记（徐烈炯、刘丹青，2007），赵先生说的停顿语助词指的是“噻、呐②、吧、啊”几个词（Chao，1968：118）。在语序一章中我们看到，汉语的状语性小句并不是如赵先生所说“一般出现在句子的开头”，而是跟其他语言中的情况一样，条件和时间小句往往是出现在开头，而其他类小句则有的往往是后置的。所以证据第2条的论断需要修正，但是其揭示出这些前置的小句与话题有相同的位置的目的还是达到了。

曹逢甫（2005［1990］：262—268）完全支持赵先生的观点，并在以上分析的基础上又提出了以下一些新证据。

1）几类小句至少在底层结构中可以把它们看作含有一个关系子句的复杂名词词组，尽管其中心语的出现并不是强制性的③，这些中心语包括“的话、的时候、的那一天、之后、之前、的（原因、缘故、理由）”等；

---

① 类似的观点可参见Li & Thompson（1981：633—634）、屈承熹（2006［1998］：195）。

② 有的学者将这两个词写作“么、呢”。

③ Gasde & Paul（1994：279—282）也有相同的分析。

2）话题在指称上往往是有定的或通指的，几类小句基本上也符合这一特征；

3）几类小句（特别是时间和处所小句）和话题一样，可以作为“把”字宾语、“连”后成分和比较项而出现；

4）几类小句和词组话题也存在平行关系。

跨语言的材料也证实了上述论断。Marchese（1977、1987：270—271）指出Godié语中的条件小句和时间状语性小句、前置的关系性小句一样，与名词话题有如下相似的特征：1）它们与主句的关联很松散；2）它们不是主要谓语的论元；3）它们重复率很高，包含旧的或假定的信息（有定）；4）它们对后面小句的事件限定了框架。如例（47）中就是用状语性小句尾的nʌ来标示出前面的小句是话题：

（47）ʌ̄ tʌ nɔ kaa nʉ ʌ̄ yi ɔ 'ni

1SG look. for (COMPL) 3SG.ACC long.time and 1SG POT 3SG.ACC see

ʌ̄ ni ɔ **nʌ** nʉ ɔ yii kʊ bulʉ

1SG see(COMPL) 3SG.ACC TOP and 3SG (POT) 1SG.ACC up take

'I looked for him until I found him…When I had found him, he took me…'

我寻找他知道发现他……当我找到他，他带我……

Schiffrin（1992：193—194）认为至少对原因小句来说，它也可以像条件小句一样被看作是话题，因为它和条件小句在语义特征上有许多相似点。Thompson（1985）对目的小句前置或后置于主句的篇章功能进行考察，发现前置的目的小句的作用就像话题，它给主句的解释提供了一个框架，而它之所以能做到这一点是因为其在事件关系链上的角色；但是后置的目的小句则没有上述功能，它仅仅是与前面主句的某个语义单位局部相关（locally relevant）。（Lehmann，1988：187；Matthiessen，2002：262）

地峡萨巴特克语[①]中，状语性小句可以选择性地带上末尾助词*la*。而能够

① Isthmus Zapotec，墨西哥奥托-曼格诸语言（Otomanguean languages）的一种。

带这个助词的只有那些位于句首而且是有定的小句，像例（48）。

（48）Kumu wara be **la**, naa uyaá
Since sick he COMPL go I
‘Since he was sick, I went.’
因为他病了，我就去了。

*la*还可以出现在作为话题的名词短语之后，但是它绝不能出现在表示新信息的前置小句或者是焦点性名词短语之后，如例（49）。傈粟语中的状语性小句也与作为话题的NP使用相同的标记*nya*。（Thompson *et al.*，2007：294—295）

（49）Dede ma ke ganda sayá (***la**), tantu ja ndaané
till 1SG NEG (POT)can walk so.much full 1SG.POSS.belly
‘I am so full I can't walk.’
我吃得太饱了不能再走了。

MacDonald（1988）对Tauya语[①]的研究则给我们提供了一个机会，让我们能从更细致的角度来观察其他语言中状语性小句的话题性现象。Tauya语中有三种用后缀-na来标记的从属小句：关系性小句，补足语小句，无结果小句（inconsequential clauses）。其中，后两者都是从句前置于主句，例（50）是无结果小句的例子[②]。

（50）Fanu nipi tei - sa mene-a-na tauya - sa mene - a - ʔa
man 3SG.POSS ADESS stay-3SG-SUB ADESS stay-3SG-INDIC

① 一种巴布亚语，是生活在巴布亚新几内亚马当省Upper Ramu Valley中的群体使用的语言，当时还有大约400人。

② 作者指出之所以称之为“无结果小句”，是因为它们与后面的话语没有原因和结果的关系（MacDonald，1988：228）。这样看来这种小句似乎与汉语中的轻度转折句有些类似，都是状语性小句。

'Her husband stayed in Teri and/but she stayed in Tauya.'

她丈夫呆在Teri而她则留在Tauya。

补足语小句相当于一个名词短语，它们能带名词短语/名词所能带的所有格标记，它们能被疑问，但是不能带话题标记-ra。而无结果小句则不能有格标记以及某个格的解释，它们不能被疑问，但是能带话题标记-ra。

但是，如果补足语小句成为左异位成分，它们就不能再有格标记，而是由后面的一个复指代词ʔi携带。左异位之后的补足语小句也能带话题标记-ra了，而且必须出现在复制代词之前。这样的补足语小句就与无结果小句一样了。此外还有第二个证据来支持这一结论，就是它们后面都有一个有标记的停顿（marked pause）将它们与后续小句分开。由此可见，只要给补足语小句一个机会，它的话题性就会被激发出来，而其前置的位置也给这种转变提供了最大的便利。

胡素华（2004：11）也提到彝语中好几类从属小句作话题的情况，其中一种就与这里Tauya语的情况相似，是转折复句的第一个小句带话题标记-li，如：

（51）ŋa^{33} la^{33} ko^{33} li^{33} tʂɯ^{55} ʑi^{31} ko^{33}, ni^{55} a^{44} mo^{33} he^{33} a^{31} vu̠^{33} tɕe^{33}

1SG come AUX AUX can AUX AUX 2SG mother NEG like afraid

'I can come, but I am afraid your mother won't like it.'

我来倒是可以，但是怕你妈妈不喜欢。

综合以上来自各种语言的证据，我们可以得出这样的结论：前置的状语性小句都具有话题性，都可以看作是话题。

3.2 条件小句是话题的特殊性

尽管各类前置的状语性小句都可以看作是话题，但条件小句和话题之间的联系却尤为突出，从某种程度上甚至可以说只有条件小句和话题之间的关联是天然的。条件小句与话题的这种特殊关联性表现在以下几个方面：

1）几类状语性小句中只有条件小句在所有语言中以前置于主句为优势语序（Diessel，2001），而这一点正是话题的核心要求之一；

2）正如在上文2.4中所看到的，在语法化的链条上，最常见到的语法化路径是“话题标记>条件标记”，或者“条件标记>话题标记”，而其他几类小句标记与话题标记之间的演变现象则不常见；

3）条件小句是非现实情态表达，而条件小句作为话题则通常是假设性的已知信息。

3.3　前置状语性小句是话题的动因

前置状语性小句之所以可以看作话题，原因就在于它所具有的去句子化（desententialization）（Croft，2001）或者叫名词化（nominalization）（Lehmann，1988）特征。比如条件小句往往就在时、体、态等句法特征方面很不明显[①]。

还有其他证据支持这一观点。比如屈承熹（2004：189）曾指出：“如果该话题指的是一件事件，因为话题必须是一个名词组，所以这件事件不能用一个独立的子句[②]来表达，而必须将这句话转化成一个从属结构。”将这一论述回溯回去，就是从属结构相当于一个名词组，所以可以成为话题。Heine & Kuteva（2007：100—8）曾提出将事件（events）看作物体（objects）的观点，这与Matthiessen & Thompson（1988：280）提到的将事件用名词化形式来表达是一种将事件看作实体的隐喻的看法相一致。这些都给本书此处的观点提供了支持。

小　结

尽管“条件小句是话题”这个命题的成立需要一些限定条件，但它仍然

---

① 可参见第四章的相关论述。

② 这里“独立的子句”相当于单句（simple sentence）。

是一个具有普遍性的语言共性。只有前置的条件小句才具有话题性，后置条件小句的功能不同于此；在前置性条件小句可以看作话题这一点上，条件句的各次类之间没有差别，是否是话题优先型语言对之也没有影响；一些反对"条件小句是话题"这一观点的材料都是可以解释的；条件小句是话题的支持证据不仅有共时的，历时的分析也是肯定性的；不仅是条件小句，其他状语性小句在上述限定条件之下也都具有话题性，也都可以被看作话题；但条件小句在做话题这一点上有其特殊性；话题与条件小句及其他状语性小句的相通性，就在于它们都提供了一个框架，前者是典型的名词/名词短语的形式，后者则是典型的名词化了的事件的形式，它们后面的话语就都是在这个框架之内予以述说。

第十四章 结 语

本书在继承国内传统、借鉴国外研究的基础上，给汉语条件句及其分类作了一些不同于以往的界定。

（1）条件句，是由两个小句组合而成的复句，其中一个小句所表达的命题的实现是另一个所表达命题得以实现的前提条件，前一小句称为“条件小句”，后者称为“结果小句”。

（2）汉语的条件句系统

- 汉语条件句
  - 核心条件句（形–义对称）
    - 典型条件句
      - 假定条件句
    - 非典型条件句
      - 特定条件句
        - 充分条件句
        - 必要条件句
      - 让步条件句
  - 边缘条件句（形–义非对称）
    - 祈使条件句
    - 并列条件句
    - 比较条件句

汉语条件句的语义特征可以从三个方面加以考察：第一，条件句中的“条件”不同于逻辑上的“条件”；第二，条件句的假设性特征；第三，条件句的依存性特征。

尽管自然语言中的条件句对逻辑上的条件有所反映，但是二者差异明显：

有些条件句的命题无所谓真假，也就无法用实质蕴涵逻辑来说明；条件句的小句之间往往存在着某种关系，而逻辑上则不会关注这种关系是否存在；语言中的情态、极性特征等都会在条件句中有所反映，自然语言的条件句遵循“条件完善原则”，这些在逻辑研究中是无法考虑到的；逻辑分析对条件句与其他状语性小句以及疑问句等在句法和语源上的关系无能为力。

“假设性”这一语义特征完全适用于假定条件句，但是在特定条件句和让步条件句中则有所限制。汉语条件句有许多表达违实性语义的语法形式，特别是“假设连词+不是”引导的条件句就都是违实性的。但是汉语中并不存在“违实范畴”这一语法范畴，所以汉语无法区分Comrie（1986）所提出的条件句“假设性等级”。汉语的这一状况，正好符合Wierzbicka（1996、1997）提出的“违实结构是语义基式”的假说。

条件小句和结果小句之间一定存在着某种联系，即每一个有“如果p，q”语义的结构都有一个类似于“p和q之间的联系”的抽象的语法意义。前后小句之间存在着因果性的语义关联，这种关联可能是事理层面上的，也可能存在于言语行为层面。

条件句的句法特征主要表现在哪些句法现象能与条件句的语义特征相兼容方面。条件小句设置的心理空间能改变整个句子的时态特征，从而为某些句法现象提供出现的环境；“再”和“又”这两个表示动作的重复或继续的时间副词，在条件句中有不同的表现，根源就在于这两个词语所表示的时态特征的差异。

假定条件句与从语气角度划分出来的几类句类之间都是和谐的，但是其他几类条件句则多有限制。比如“只要”类连词引导的条件句就不能使用特指疑问，而“只有”类条件句则不能使用任何疑问语气，这二者也不能使用祈使语气。印欧语系语言的条件句在语气上往往区分出直陈语气和虚拟语气，并有相应的形态差异。汉语普通话中没有这种区分，只是使用语气助词来表示出假设语气。但在某些汉语方言中，似乎可以用语气助词来区分出上述两种语气的不同。

条件句中能不能出现体标记“了”以及能出现动词重叠这一“短时体”的原因就在于，条件句是非现实句，是无界性的，而上述两个体特征则正好与之相和谐。

汉语中的否定条件句可以分为两类，一类是由“除非”等专门的否定条件小句标记引导的条件句，第二类是条件小句中使用否定标记的条件句。“假设连词+不是”与“条件连词+主语+（其他成分）+不是+其他成分”这两个构式有着本质差异，即前者引导的条件小句都是违实性的，后者则无此功能。

跨语言的来看，条件句的标记手段至少包括以下几种：1）独立的连接词，包括连词、具有连接功能的副词、动词、语助词等；2）动词形式，包括附着形式、词缀甚至内部屈折；3）语序，主要通过颠倒主语和动词或者主语和助动词之间的顺序，来达到表示条件关系的目的；4）语调。汉语使用的是第一种类型。

汉语条件句中以连词前置于条件小句为优势语序，这也适用于汉语其他类状语性从句。这一语序特征具有跨语言的共性。可能构成反例的几种情况都有各自的解释，比如1）“倘、若、要”这几个连词既不是只能位于主语之后、谓语动词之前的位置，也不是只能位于主语前位置，而是在这两个位置都可以出现；2）若前后小句主语相同，连词就倾向后置于主语，反之则倾向前置的说法跟实际情况有所偏差，经过定量分析，我们发现小句主语状况与连词位置之间的关系可以表述为：

a. 当前后小句的主语都出现时（或者相同，或者不同），连词就倾向于前置；

b. 当条件小句主语出现，而结果小句使用零形式回指时，连词倾向于后置。

之所以出现这一情形，是联系项出现于被联系项的边缘位置和话题连续性这两个因素互相竞争的结果；3）“的话”不是后置连词而是语助词。

汉语条件句以条件小句前置于结果小句为优势语序，这一倾向性共性在世界语言中表现得极其明显。对这一语序共性，学者们从话语处理、认知、篇章信息功能等角度给出了许多解释，但是根本原因在于条件小句本身的语义特征，即其假设性和对比性。

作为事后追补语和维持篇章连贯性是导致条件小句后置的主要原因这一观点，有学者提出的其他一些因素，比如信息地位、重成分后置、直接成分尽早确认、特殊条件句等，但这些因素要么与语言事实相左，要么只适用于解释个别类条件句。

与英语一类的语言相比，汉语条件小句以及原因小句前置的比例要高得多，原因可能是这些状语性小句都具有话题性，正好与汉语是话题优先型语言的类型特征相符合。

条件句中的“那/那么”除了“接续性、因果性、推理性、主观性”这四个基本特征以外，还表现出了其他的倾向性特征：1）条件句中更倾向使用“那么”，而非“那”，即“那么>那”；2）“那/那么”更倾向出现在“知域”和“言域”而非“行域”条件句中，即“知言域>行域”；3）“那/那么”的使用增强了其所在条件句的“双条件”解读，即“[+那/那么]>[-那/那么]”。

此外，尽管许多条件句中“那/那么”的有无可能是随意的，而且并不影响句子的表达和理解，但是也的确有些情形下“那/那么”的使用是不允许或受限的，主要包括以下六种情形：1）“只有”引导的特定条件句；2）“除非”引导的例外条件句；3）让步条件句；4）当结果小句的主语是回指条件小句的代词时；5）关联条件句；6）惯常条件句。导致这些制约的因素是多样的，主要有以下四点：1）象似性原则；2）逻辑认知特征；3）句法及语法化因素；4）小句间特殊的句法、语用关系因素。

复句内部（并列与主从之间，以及主从复句次类之间）不是泾渭分明的，而是从不同的角度构成了一个个的连续统。让步条件句既有条件句的语义特征，又表现出了让步句的很多特征，所以它就是某个连续统中连接条件句和让步句的那个中间过渡形式。

它至少包括三个次类：选择让步条件句、普适让步条件句和量级让步条件句。对这三个次类的描写可以统一为一条规则：它们是一组条件句的集合，这个集合可能涉及两项，也可能是更多项。一般说来，在{1，2，3…N，N+1}这个集合中，选择和普适条件是包含了所有的子项，而量级条件句则是选取了{1}或者{N+1}。这也是让步条件句区别于其他类条件句的主要特征，因为其他类条件句都只有一个前件，而不是一组。

通过进一步的分析可以发现，除了句法语义共性，三个次类还表现出了各自的一些个性。比如它们各自句法表现形式上的差异，减缩形式、特殊形式、类固定结构等方面的不同。

而比较三个次类，可以发现一些有趣的现象：1）“无论、不管、不论”这三个连词并没有普适类或者选择类的倾向；2）普适类在频率上要高于选择类；而在选择类之内，使用选择问句形式的频率要高于反复问的形式；3）比起“不管、不论”来，“无论”似乎更加排斥反复问句形式；4）虽然一般情况下三个次类之间的差异是比较明显的，但是在很少数的情况下，三类之间也会有些交叠。

从定性和定量两个角度论证了汉语条件句违实义的达成依赖的是一个“复合系统”，百科常识、语境、一些标示过去时间的词语、否定、结果小句中的句尾“了”这五种因素则是这个系统的成员。绝大多数情况下，这几种可及因素相互组合，从而达成了条件句的违实义解读。这几种因素对违实义达成的贡献度有所不同，它们构成了一个“违实可及性等级”：（语境）> 否定> 时间词>了。

“除非”句是一种“例外条件”，它有两种语义解读：“只有”和“如果不/没”。说可以做两种“解读”，并不是说“等于”，事实上“除非”与这两种解读存在很多差异。其中第二种解读是“除非”句的优势用法，而且只有在第二种解读的时候，“除非”小句才既可以前置也可以后置。

在非法律、协议类文本中，“除非”句表现出了对“除非”小句或者结果小句的强调倾向。对“除非”小句的强调并不常见，而对结果小句结论的强调程度则与“除非”小句的假设性程度成正比。

“除非”句显示出了与其他类条件句很不相同的语序特征，即其条件小句的后置比例几乎达到了总数的一半。导致这一语序的原因可能与连词“除非”本身的语义特征、“除非”的语法化来源和其源出句式、“只有”对“除非”的替代等因素有关。后置“除非”小句的功能主要是作为事后追补语。在不同的语体中，“除非”小句的后置率表现出了较大的差异。

从构式的视角来看，汉语的“越A越B”符合“构式”的典型界定，是一个典型的构式。这一构式变体是其构式家族的核心构式，而“越来越……”等变体则属于承继构式。

从类型学的视角来看，“越A越B”构式具有以下类型特征：1）使用显性标记手段，2）标记手段前后形式上一致，3）构式表达的语义关系是单义的，4）比较语义词汇化到了单一标记中，5）构式前后小句是形式上并置而语义上主从的错配关系。

对时间和条件的交叠这一现象考察的主要结论可以总结如下：

1）时间与条件的交叠表现在共时和历时两个层面。共时表现主要包括三种情形：时间与条件互为解读、同一小句作时间和条件两种解读、同一标记可以做两种解读。而历时表现则主要体现为，在“时间>条件”的这一语法化链条上总会有一个中间阶段是处于交叠状态。

2）有两类时间小句往往与条件出现交叠：习惯性的和将来时的。与习惯性时间出现交叠的是惯性条件，与将来时时间交叠的则是假想条件。这也就是时间与条件交叠的交叠域。

3）上述交叠域的两个次类都有其句法—语义方面的动因。其中，它们的句法基础比较接近，都是基于体、情态等句法特征的相近性；但语义基础却差异明显，一个是以客观倾向的逻辑语义为基础，一个则是以主观倾向的认知语义为基础。

Haiman（1978）系统性地提出“条件小句是话题”的观点之后，学者们从不同角度提出了一些疑问甚至质疑。经过深入分析可以发现只有前置的条件小句才具有话题性，后置条件小句的功能不同于此；在前置性条件小句可以看作话题这一点上，条件句的各次类之间没有差别，是否是话题优先型语言对之也没有影响；一些反对“条件小句是话题”这一观点的材料都是可以解释的；条件小句是话题的支持证据不仅有共时的，历时的分析也是肯定性的；不仅是条件小句，其他状语性小句在上述限定条件之下也都具有话题性，也都可以被看作话题；但条件小句在做话题这一点上有其特殊性；话题与条件小句及其他状语性小句的相通性，就在于它们都提供了一个框架，前者是典型地以名词/名词短语的形式，后者则是典型地以名词化了的事件的形式，它们后面的话语就都是在这个框架之内予以述说。

在研究中，我们也获得了相当多的启示。

1）汉语中，“小句”有必要作为一级语法单位确定下来，当研究者将视线转向复句的时候，这种需要尤其突出。汉语复句的范围和类型，有必要在国内和国际两种范式的对照中重新予以审视。

2）尽管汉语复句及复句研究有自身的特色，但是在与其他语言的复句现象及研究模式的对照中，在类型学的视野下，才能发现哪些特色是“共性特色”，哪些是“个性特色”。

3）传统上汉语的复句研究往往是定性研究，但在分析中发现，有时候定性分析会出现误差，甚至得出偏离语言事实的结论。所以定性分析的同时，辅以定量分析，可以减少结论偏差，并有可能发现一些只靠定性分析发现不了的语言事实。

4）复句层面的范畴和单句层面的范畴之间不应该“老死不相往来”，打通两者之间的关系对这两方面的研究都应该是利远大于弊。

由于写作仓促，加之笔者水平有限，不足之处在所难免。具体说来有以下几个方面：

1）本书的一些观点需要更多更深入的研究来加以证实或修正。比如对汉语复句类型以及条件句类型的重新划分；小句主语情况对连词位置的影响；汉语条件小句及原因小句前置比例比英语等语言高的原因等。

2）个别章节的论述显得不太充分。比如对条件句句法特征的分析，不同类型条件句之间在句法表现上也应该有差异；对条件句依存性的语义特征也未来得及作进一步论述。

3）尽管做了一些定量研究，但是在力度上仍需加强。

一篇文章不可能涉及某一语言现象的所有方面，就汉语条件句来说，至少有以下一些问题值得深入研究：

1）汉语条件句的主观性（subjectivity）情况如何，其相应的句法语义表现是什么；

2）“条件完善原则”的具体表现有哪些，该如何解释此原则；

3）条件句的语用学考察，比如条件句往往成为礼貌表达的结构之一；

4）条件句与类指（genetics）或习惯（habituals）等范畴的关系如何；

5）条件句的篇章特征；

6）条件标记在语法化的链条上，从何而来，又会走向何处？

本书以下面两段话来作为全书的束卷语。它们传达出的信息是：条件句研究之路是艰辛的，但唯其如此，才充满了更多的乐趣与惊喜。

> “尽管条件句在所有语言中都是一种重要现象，而且它们的‘逻辑’如果不是确定性地也已经是彻底地被哲学家们研究过的，但是我们对世界语言中条件句的知识和了解依然很少。”（Palmer，1986：188）

> “但是在英语中，if是用途最广泛、变异用法最多的从属连词。事实上前面所讨论到的所有从属连词[①]，在形式或功能上都与if构成的结构有所重叠。所以我们似乎无法穷尽关于条件性的话题，也就不足为奇了。尽管我们相信本书以及之前两位作者的许多分析帮助我们加深了对条件性的了解，但是我们也确信if将会继续带给我们更多的兴趣和惊奇。”
>
> （Dancygier & Sweetser，2005：272）

① 其他从属连词主要包括：when，unless，since，because等几个。

缩略符号

1SG	First person singular	第一人称单数
2SG	Second person singular	第二人称单数
3SG	Third person singular	第三人称单数
1PL	First person plural	第一人称复数
2PL	Second person plural	第二人称复数
3PL	Third person plural	第三人称复数
ACC	Accusative	宾格
ADESS	Adessive	近处格
ADV	Adverb	副词
AGT	Agentive	施事者
AOR	Aorist	不定过去时
AP	Adverbial particle	状语助词
AUX	Auxiliary	助词
CL	Classifier	量词
CM	Comparative marker	比较标记
COMPR	Comparative	比较级
COMPL	Completive	补语
COND	Conditional	条件
CONTRA	Contrast	对比

COP	Copula	系词
COPM	Complementizer	补语化成分
CP	Connective particle	连接助词
DAT	Dative	与格
DEF	Definite	限定
DEICT	Deictic	直指的
DUR	Durative	持续体
DS	Different subject	不同主语
ERG	Ergative	作格
FUT	Future tense	将来时
HAB	Habitual aspect	习惯体
IRR	Irrealis	未然
IMPF	Imperfect indicative	未完过去时直陈式
INDEF	Indefinite	非限定
INDIC	Indicative	直陈式
INJ	Interjection mood word	感叹语气词
MOOD	Mood word	语气词
NEG	Negative	实义否定
NOM	Nominative	主格
OBJ	Objective	对象格
OM	Object Marker	宾语标记
PST	Past tense	过去时
PRS	Present tense	现在时
PRF	Perfect aspect	完整体
PFV	Perfactive aspect	完成体
POT	Potential marker	能性补语标记
Q	Question particle	疑问助词

SBJV	Subjunctive	虚拟语气
UB	Subject	主语
SUBJ	Subjunctive	虚拟式
SUBORD	Subordinator	从属连词
SS	Same Subject	相同主语
SM	Subject Marker	主语标记
REDPL	Reduplication	重叠
REL	Relative	关系词
RELF	Reflexive	反身代词
TENT	Tentative	暂时体

参考文献

艾尔丽，2008.否定判断结构“不是”、“不着”的连词化［J］.才智（14）：196—197。
艾皓德，1991.近代汉语以“时”煞尾的从句［J］.中国语文（6）：451—459。
北京大学中文系1955、1957级语言班编，1982.现代汉语虚词例释［M］.北京：商务印书馆。
曹逢甫，1995［1979］.主题在汉语中的功能研究［M］.谢天蔚译.北京：语文出版社。
曹逢甫，2005［1990］.汉语的句子与子句结构［M］.王静译.北京：北京语言大学出版社。
曹逢甫、萧素英，2002.论汉语两种关联句式的句法与语义［J］.语言暨语言学3（4）：811—838。
曹国安，1996.“时”可表示假设［J］.古汉语研究（1）：82—83。
陈保亚，2002.语言哲学的文本解释和结构解释——从非现实语气看中西方哲学思维取向［J］.北京大学学报（6）：28—37。
陈国华，1988.英汉假定条件句比较［J］.外语教学与研究（1）：10—18。
陈丽冰，1994.关于“越A越B”句式［J］.宁德师专学报（哲学社会科学版）（1）：78—81。
陈立民，2007.论句子由小句构成［Z］.东方语言学网：http: //www.eastling.org/discuz/showtopic-3118.aspx。
陈前瑞，2008.汉语体貌研究的类型学视野［M］.商务印书馆。
陈群，1999.说“越来越A”［J］.汉语学习（2）：26—28。
陈一，2005.句类与词语同现关系刍议［J］.中国语文（2）：123—129。
陈颖，2001.现代汉语假设分句末尾的“吧”和“呢”［J］.四川师范大学学报（社会科学版）（1）：108—112。
程祥徽，1980.青海口语语法散论［J］.中国语文（2）。
池昌海、凌瑜，2008.让步连词“即使”的语法化［J］.江南大学学报（人文社会科学版）（2）：91—96。
迟永长，2002.“只要”表哪种逻辑语义［J］.辽宁师范大学学报（社会科学版）（1）：

76—78。
储泽祥，2004.小句是汉语语法基本的动态单位［J］.汉语学习（2）：48—55。
储泽祥、梁勇，2001.广告语言的“结果-条件”劝说模式［J］.常德师范学院学报（社会科学版）（3）：87—88。
储泽祥、陶伏平，2008.汉语因果复句的关联标记模式与“联系项居中原则”［J］.中国语文（5）：410—422。
戴悉心，2001.“即使”句的分类及其语义语用分析［J］.世界汉语教学（2）：49—53。
戴耀晶，1997.现代汉语时体系统研究［M］.杭州：浙江教育出版社。
董秀芳，2000.论“时”字的语法化［J］.钦州师范高等专科学校学报（1）：48—54。
董秀芳，2004.“是”的进一步语法化：由虚词到词内成分［J］.当代语言学（1）：35—44。
丁声树等，1979［1961］.现代汉语语法讲话［M］.北京：商务印书馆。
范继淹，1982.是非问句的句法形式［J］.中国语文（6）：426—434。
饭田真纪，2012.粤语的条件分句标记“嘅”［J］.中国语文（5）。
范晓主编，1998.汉语的句子类型［M］.太原：书海出版社。
方梅，1985.关于复句中分句主语省略的问题［J］.延边大学学报（自然科学版）（1）：44—54。
方梅，1994.北京话句中语气词的功能研究［J］.中国语文（2）：129—138。
方梅，2000.自然口语中弱化连词的话语标记功能［J］.中国语文（5）：459—470。
方梅，2006.北京话里“说”的语法化［J］.中国方言学报（1）：107—121。
方梅，2007.语体动因对句法的塑造作用［J］.修辞学习（6）：1—7。
方梅，2008.由背景化触发的两种句法结构——主语零形反指和描写性关系从句［J］.中国语文（4）：291—303。
房玉清，1992.实用汉语语法［M］.北京：北京语言文化大学出版社。
冯春田，2004.聊斋俚曲里的假设助词“着”及相关问题［J］.中国语文（3）：241—246。
冯春田，2008.敦煌变文里的“若”系指代词及相关问题［J］.山东大学学报（哲学社会科学学版）（4）：26—29。
冯志纯，1988.从“只有”和“只”+“有”谈起［J］.语文研究（1）：22—24。
冯志纯，1990.试论转折关系的假设复句［J］.语言教学与研究（2）：48—61。
高文达，1988.济南方言语法特点［J］.语言学通讯（11）。
高增霞，2005.从非句化角度看汉语的小句整合［J］.中国语文（1）：29—38。
龚波、谢明君，2012.疑问句中“如果”与“只要”的功能差别及其解释［J］.汉语学习（3）。
龚千炎，1985.现代汉语的假设让步句［C］//语言研究和探索（三）.北京：北京大学出版社：157—168。
古川裕，2006.关于“要”类词的认知解释［J］.世界汉语教学（1）：18—28。
顾钢，2001.话题和焦点的句法分析［J］.天津师范大学学报（社会科学版）（1）：76—80。
郭春贵，1989.“只要”与“如果”用法的异同［J］.语言教学与研究（4）：55—64。
郭继懋，2008.“因为所以”句和“既然那么”句的差异［J］.汉语学习（3）：22—29。
郭锐，1997.过程和非过程——汉语谓词性成分的两种外在时间类型［J］.中国语文（3）：162—175。
韩陈其，1986.古代汉语假设连词的形式特征［J］.赣南师范学院学报（哲学社会科学版）（3）：69—78。
何乐士、敖镜浩、王克仲、麦梅翘、王海棻，1985.古代汉语虚词通释［M］.北京：北京出版社。
贺阳，1997.“只要”与“只有”［J］.语文建设（4）：13—15。
洪波，1998. 论汉语实词虚化的机制［C］// 郭锡良. 第二届国际古汉语语法研讨会论文选编——古汉语语法论集.北京：语文出版社：370—379。
侯瑞芬，2004.“无论……都……”中“或者”与“还是”的差异［J］.北京教育学院学报（3）：17—20。
侯学超，1998.现代汉语虚词词典［M］.北京：北京大学出版社。
侯巍，2005.汉语否定虚拟条件句研究［D］.吉林大学硕士学位论文。
胡丽珍、雷冬平，2007.论“除非”的功能及其句式演变［J］.中南大学学报（社会科学版）（2）：234—240。
胡明扬，1981.北京话的语气助词和叹词（上）［J］.中国语文（5）：347—351。
胡明扬，1981.北京话的语气助词和叹词（下）［J］.中国语文（6）：416—423。
胡明扬，1984.《老乞大》复句句式［J］.语文研究（3）：35—40。
胡明扬，1995.语义语法范畴问题［J］.汉语学习（1）：2—4。
胡素华，2004.凉山彝语的话题结构——兼论话题与语序的关系［J］.民族语文（3）：9—15。
胡裕树主编，1995.现代汉语（第六版·重订本）［M］.上海：上海教育出版社。
黄伯荣、廖序东，1983.现代汉语（修订版）［M］.兰州：甘肃人民出版社。
黄伯荣，2002.现代汉语（第三版）［M］.北京：高等教育出版社。
黄伯荣主编，1996.汉语方言语法类编［M］.青岛：青岛出版社。
黄成龙、王术德，2007.蒲溪羌语的话题——评述结构［J］.语言暨语言学8（2）：519—551。
黄诚一，1957.说“除非”［J］.中国语文（1）：11—16。
黄卫星，2001.“无条件句”的逻辑分析［C］// 语言问题再认识.上海：上海教育出版社：

164—177。
贾宝书，2007."只有"和"只要"的语法意义辨析［J］.山东教育学院学报（5）：59—62。
江蓝生，2002.时间词"时"和"後"的语法化［J］.中国语文（4）：291—301。
江蓝生，2004.跨层非短语结构"的话"的词汇化［J］.中国语文（5）：387—400。
江蓝生，2007.同谓双小句的省缩与句法创新［J］.中国语文（6）：483—493。
江显芸，1990."除非"析［J］.上海师范大学学报（3）：138—142。
蒋严，2000.汉语条件句的违实解释［C］// 语言研究和探索（十）.北京：商务印书馆：257—279。
金立鑫，1988."那么"的词类问题［J］.中国语文（2）。
金立鑫、白水振，2003.现代汉语语法特点和汉语语法研究的本位观［J］.汉语学习（5）：15—21。
金美兰，2006.汉语假设连词及其英语对应形式研究［D］.延边大学硕士学位论文。
金岳霖，2005［1979］.形式逻辑［M］.北京：人民出版社。
克里斯特尔，戴维，2004.现代语言学词典［M］.沈家煊译.北京：商务印书馆。
邝岚，2004.论"如果"和"如果说"［J］.暨南大学华文学院学报（4）：50—57。
黎锦熙，2000［1924］.新著国语文法［M］.北京：商务印书馆。
李健雪，2006.承诺类言语行为假设空间的建构及特点［J］.山东外语教学（4）：27—32。
李晋霞，2005.论话题标记"如果说"［J］.汉语学习（1）：28—32。
李晋霞，2006.试论"使"字兼语句向复句的演变［J］.汉语学报（2）：40—47。
李晋霞，2010.反事实"如果"句［J］.语文研究（1）：53—55。
李晋霞，2011."这么"、"那么"的逻辑关系差异探析［J］.语言教学与研究（3）。
李晋霞，2007.复句类型的演变［J］.汉语学习（2）：20—26。
李晋霞、刘云，2003.从"如果"与"如果说"的差异看"说"的传信义［J］.语言科学（3）：59—70。
李莉莉，2011.现代汉语无条件让步句研究［D］.吉林大学博士学位论文。
李敏，2006.现代汉语非现实句法范畴的实现［D］.华东师范大学博士论文。
李泰洙，2000.《老乞大》四种版本从句句尾助词研究［J］.中国语文（1）：47—56。
李晓琪，1991.现代汉语复句中关联词的位置［J］.语言教学与研究（2）：79—91。
李艳洵，2006.汉语假设复句预设浅析［J］.湘潭师范学院学报（社会科学版）（4）：153—155。
李宇明，1997.汉语语法"本位"论评——兼评邢福义"小句中枢说"［J］.世界汉语教学（1）：16—23。
李宇明，1998.动词重叠的若干句法问题［J］.中国语文（2）：83—92。

李宇明，2000a.动词重叠与动词带数量补语［C］// 语法研究和探索（九）.北京：商务印书馆：18—37。

李宇明，2000b.汉语量范畴研究［M］.武汉：华中师范大学出版社。

李宇明，2004.儿童语言的发展［M］.武汉：华中师范大学出版社。

李宗江，2006.“回头”的词汇化与主观性［J］.语言科学（4）：24—28。

廖秋忠，1986.现代汉语篇章中的连接成分［J］.中国语文（6）：13—27。

林若望，2009.浅谈中文“条件倚变句”与“差比句”的相似性［C］// 语言学论丛（第三十九辑）.北京：商务印书馆：400—421。

林书武，1983.英语一种特殊条件句与汉语“越A越B”句［J］.语言教学与研究（4）：29—32。

刘楚群，2004.论“越V越A”——兼论从“越V越A”到“越来越A”的语义虚化过程［J］.河北师范大学学报（哲学社会科学版）（4）：111—115。

刘丹青，2001a.论元分裂式话题结构初探［C］// 语言问题再认识：庆祝张斌先生从教五十周年暨八十华诞.上海：上海教育出版社：74—93。

刘丹青，2001b.语法化中的更新、强化与叠加［J］.语言研究（2）：71—81。

刘丹青，2002a.汉语中的框式介词［J］.当代语言学（4）：241—253。

刘丹青，2002b.汉藏语言的若干语序类型学课题［J］.民族语文（5）：1—11。

刘丹青，2003a.语序类型学与介词理论［M］.北京：商务印书馆。

刘丹青，2003b.语言类型学与汉语研究［J］.世界汉语教学（4）：5—12。

刘丹青，2005a.汉语关系从句标记类型初探［J］.中国语文（1）：3—15。

刘丹青，2005b.语法调查与研究中的从属小句问题［J］.当代语言学（3）：193—212。

刘丹青，2005c.话题标记从何而来？——语法化中的共性与个性续论［C］// 语法化与语法研究（二）.北京：商务印书馆：107—130。

刘丹青，2007.话题标记走向何处？——兼谈广义历史语法化的三个领域［C］// 语法化与语法研究（三）.北京：商务印书馆：106—125。

刘丹青，2008.语法调查研究手册［M］.上海：上海教育出版社。

刘斐、张虹倩，2011a.语体学视野下的“除非”句研究［J］.南阳师范学院学报（社会科学版）（8）：48—52。

刘斐、张虹倩，2011b.“除非”句句式历时演变研究［J］.北方论丛（4）：51—54。

刘桂芳，1992.条件句浅谈［J］.松辽学刊（社会科学版）（1）：77—79。

刘桂芳、沈庶英，1993.试谈“如果……，那么……”句式的属性［J］.松辽学刊（社会科学版）（1）：43—46。

刘建平，2006.汉语偏正复句偏句关联词位置探究［D］.上海外国语大学硕士学位论文。
刘新友，1996.自然语言“只有”的逻辑意义——兼及自然语言连接词的研究［J］.辽宁师范大学学报（社科版）（4）：42—46。
刘月华、潘文娱、故铧，2001.实用现代汉语语法（增订本）［M］.北京：商务印书馆。
刘振铎，1986.现代汉语复句［M］.天津：天津人民出版社。
柳英来，1988.“即使……也”之我见［J］.语文教学与研究（5）：25—26。
龙国富，2013.“越来越……”构式的语法化——从语法化的视角看语法构式的显现［J］.中国语文（1）：25—34。
卢付林，1999.和“除非”相关的几个句式的研究［J］.邵阳师范高等专科学报（4）：59—61。
陆丙甫、金立鑫，1988.关于多重复句的层次问题［J］.汉语学习（5）：4—7。
陆承刚，1998.“不……不……”在假言判断中的作用［J］.高等函授学报（哲学社会科学版）（2）：30—32/26。
陆俭明，1983.汉语中表示主从关系的连词［J］.北京大学学报（哲学社会科学版）（3）：90—96/29。
陆镜光，2006.论小句在汉语语法中的地位［J］.汉语学报（3）：2—14。
罗仁地、潘露莉，2005.焦点结构的类型及其对汉语词序的影响［C］// 徐烈炯、潘海华.焦点结构和意义的研究.北京：外语教学与研究出版社：47—63。
罗日新，1995a.关联词语分布态势及奥秘所在［J］.辽宁师范大学学报（1）：56—61。
罗日新，1995b.关联词语纵横谈［J］.语文研究（1）：28—32。
罗晓英，2006.现代汉语假设性虚拟范畴研究［D］.暨南大学博士学位论文。
吕叔湘，2005［1979］.汉语语法分析问题［M］.北京：商务印书馆。
吕叔湘，2004［1944］.吕叔湘文集（第1卷）：中国文法要略［M］.北京：商务印书馆。
吕叔湘主编1999.现代汉语八百词（增订本）［M］.北京：商务印书馆。
吕叔湘、江蓝生，1985.近代汉语指代词［M］.上海：学林出版社。
吕映，1992.无条件句的语义特征［J］.杭州师范学院学报（1）：142—147。
吕正春、徐景茂，1983.“只有……才”句式表达何种假言判断［J］.齐齐哈尔师范学院学报（4）：107—111。
马贝加，2002.“要”的语法化［J］.语言研究（4）：81—87。
马建忠，1983［1898］.马氏文通［M］.北京：商务印书馆。
马明艳，2005.“要不是”句式的三维考察［J］.宁夏大学学报（人文社会科学版）（6）：15—18。
马清华，2012复句的系统复杂化与自繁殖［J］.山西大学学报（1）：38—48。

马庆株，1998.汉语语义语法范畴问题［M］.北京：北京语言文化大学出版社。
马真，1997.简明实用汉语语法教程［M］.北京：北京大学出版社。
梅立崇，1995.现代汉语的“即使”假言句［J］.世界汉语教学（1）：25—31。
缪小春、朱曼殊，1989.幼儿对某几种复句的理解［J］.心理科学（6）：8—12。
莫超，2004.白龙江流域汉语方言语法研究［M］.北京：中国社会科学出版社。
聂焱，2002.新议条件复句的范围及分类［J］.西北第二民族学院学报（1）：109—110。
彭睿，2011.临界频率和非临界频率——频率和语法化关系的重新审视［J］.中国语文（1）：3—18。
彭小川、杨江，2006.说“一旦”［J］.世界汉语教学（1）：51—58。
齐沪扬，2002a.论现代汉语语气系统的建立［J］.汉语学习（2）：1—12。
齐沪扬，2002b.语气词与语气系统［M］.合肥：安徽教育出版社。
钱乃荣，2004.上海方言中的虚拟句［J］.方言（2）：97—110。
钱乃荣主编，2001.现代汉语（修订版）［M］.南京：江苏教育出版社。
强星娜，2008.从陈述语气词到话题标记：跨方言考察［Z］.草稿。
强星娜、唐正大，2009.从时间状语到虚拟标记——以上海话“慢慢叫”的语法化为例［J］.语言研究（2）：53—60。
裘荣棠，1993.略说“越来越X”的构成条件［J］.淮北煤师院学报（社会科学版）（2）：102—107。
屈承熹，2004.汉语认知功能语法［M］.哈尔滨：黑龙江人民出版社。
屈承熹，2006［1998］.汉语篇章语法［M］.潘文国等译.北京：北京语言大学出版社。
全力波，2004.现代汉语复句研究述评［J］.株洲师范高等专科学校学报（6）：114—117。
邵京，1988.语言差别与思维差异——汉英反事实假设研究综述［J］.外语教学与研究（1）：2—9。
邵敬敏，2011.汉语框式结构说略［J］.中国语文（3）：218—227。
邵敬敏主编，2001.现代汉语通论［M］.上海：上海教育出版社。
沈家煊，1989.不加说明的话题-从“对答”看“话题-说明”［J］.中国语文（5）：326—333。
沈家煊，1994.“语法化”研究综观［J］.外语教学与研究（4）：17—24。
沈家煊，1995a.正负颠倒和语用等级［C］// 语法研究和探索（七）.北京：商务印书馆，237—244。
沈家煊，1995b.“有界”与“无界”［J］.中国语文（5）：367—380。
沈家煊，1999a.“在”字句和“给”字句［J］.中国语文（2）：94—102。
沈家煊，1999b.不对称和标记论［M］.南昌：江西教育出版社。

沈家煊，2003.复句三域“行、知、言”［J］.中国语文（6）：483—493。
沈家煊，2004a.语用原则、语用推理和语义演变［J］.外语教学与研究（4）：243—251。
沈家煊，2004b.再谈“有界”与“无界”［C］// 语言学论丛（第三十辑）.北京：商务印书馆：40—54。
沈家煊，2008.“移位”还是“移情”?——析“他是去年生的孩子”［J］.中国语文（5）：387—395。
沈家煊，2009.“计量得失”和“计较得失”——再论“王冕死了父亲”的句式意义和生成方式［J］.语言教学与研究（5）：15—22。
沈家煊、王伟，2002.行·知·言——汉语复句语义的三个域［C］.论证（2）：25—37。
沈开木，1989.单句复句区分存在的问题［J］.四川师范学院学报（哲学社会科学版）（2）：66—75。
史冠新，1989.山东临淄话中几个特殊的语气词［J］.青岛大学学报（社会科学版）（2）：79—87。
史金生，2005.“要不”的语法化［J］.解放军外国语学院学报（6）：6—13。
石毓智，2000.汉语的有标记和无标记句法结构［C］// 语言研究和探索（十）.北京：商务印书馆：19—30。
石毓智，2001a.肯定和否定的对称与不对称（增订本）［M］.北京：北京语言文化大学出版社。
石毓智，2001b.语法的形式和理据［M］.南昌：江西教育出版社。
石毓智，2001c.汉语史上疑问形式的类型学转变及其机制——焦点标记“是”的产生及其影响［J］.中国语文（5）：454—465。
石毓智，2005a.判断词“是”构成连词的概念基础［J］.汉语学习（5）：3—10。
石毓智，2005b.论判断、焦点、强调与对比之关系——“是”的语法功能和使用条件［J］.语言研究（4）：43—53。
宋京生，2001.汉英从属连词比较［J］.四川外语学院学报（5）：63—65/99。
宋京生，2003.汉、英连词在句中的位置比较［J］.华东船舶工业学院学报（社会科学版）（2）：67—69。
寿永明，1997.“不……不……”格式的语法意义［J］.杭州大学学报（2）：133—136。
宋玉柱，1988.“无论”偏句中的连词［J］.语文建设（2）：34。
宋作艳、陶红印，2008.汉英因果复句顺序的话语分析与比较［J］.汉语学报（4）：61—71。
孙良明，2012.谈“小句”出现之“源”、历史引用和建立“新小句”——并说取消单复句代之以并列结构［J］.鲁东大学学报（哲学社会科学版）（3）：36—43/70。

太田辰夫，2003［1958］. 中国语历史文法［M］. 蒋绍愚、许昌华译. 北京：北京大学出版社。
唐正大，2005. 汉语关系从句的类型学研究［D］. 北京：中国社会科学院语言所博士论文。
町田茂，2003. 关于汉语复句里的动词语法化现象［C］// 语言研究和探索（十一）. 北京：商务印书馆：108—124。
涂光禄，1993. 贵阳方言语气词初探［J］. 贵州大学学报（1）：78—83/92。
王灿龙，2000. 试论小句补语句［J］. 语言教学与研究（2）：65—71。
王芳，2014. 条件句的非典型成员——事实条件句［J］. 汉语学习（2）：56—64。
王广成，2006. 两种条件句式的语义、句法解释［J］. 语言科学（6）：42—51。
王华，2007. 小句宾语句中宾语小句的语义类型及其整合特征［J］. 安阳工学院学报（2）：82—87。
王华，2008. 小句宾语句的多层整合现象［J］. 语文研究（1）：13—21。
王还，1989. 只有……才……”和“只要……就……［J］. 语言教学与研究（3）：69—72。
王菊泉，1999. 比较［C］// 赵世开主编，汉英对比语法论集. 上海：上海外语教育出版社：90—170。
王力，1985［1943］. 中国现代语法［M］. 北京：商务印书馆。
王了一，1982［1946］. 汉语语法纲要［M］. 上海：上海教育出版社。
王明华，1989. 能带小句宾语的动词［J］. 杭州大学学报（2）：110—121。
王维贤、张学成、卢曼云、程怀友，1994. 现代汉语复句新解［M］. 上海：华东师范大学出版社。
王文格，2010. 现代汉语小句的研究现状及存在的问题［J］. 汉语学习（1）：67—76。
王晓凌，2002. 表“可能”的“会”的使用条件［J］. 语文学刊（2）：36—38。
王晓凌，2007a. “会”与非现实性［J］. 语言教学与研究（1）：60—67。
王晓凌，2007b. 论非现实语义范畴［D］. 上海：复旦大学博士学位论文。
王学忠，2008. 试探“越……越……”格式分布［J］. 绥化学院学报（5）：123—125。
王宇婴、蒋严，2011. 汉语违实语义的构成因素［C］// 走进形式语用学. 上海：上海教育出版社：366—412。
王忠良，1996. 假设关系句式及其逻辑分析［J］. 延边大学学报（社会科学版）（4）：104—108。
吴福祥，2003. 汉语伴随介词语法化的类型学研究——兼论SVO型语言中伴随介词的两种演化模式［J］. 中国语文（1）：43—58。
吴福祥，2004. 近年来语法化研究的进展［J］. 外语教学与研究（1）：19—24。
吴福祥，2005a. 汉语语法化研究的当前课题［J］. 语言科学（2）：20—32。

吴福祥，2005b.汉语历史语法研究的目标［J］.古汉语研究（2）：2—14。
吴福祥，2007.汉语方所词语“俊”的语义演变［J］.中国语文（6）：494—506。
吴慧颖，1991.句首“那么”的词性［J］.中国语文（5）：360—362。
吴为善、夏芳芳，2011“A不到哪里去”的构式解析、话语功能及其成因［J］.中国语文（4）：326—333。
武进之、朱曼殊、缪小春，1986.幼儿复合句句法结构发展的初步分析［C］// 朱曼殊.儿童语言发展研究.上海：华东师范大学出版社：9—19。
武琼，2006.现代汉语条件类关联词语研究综述［J］.现代语文（语言研究）(9)：16—17。
武琼，2007.现代汉语条件类关联词语研究［D］.南京：南京师范大学硕士学位论文。
伍人义，1995.浅谈“如果……那么”句的内部结构差异［J］.汉语学习（4）：27—28。
芜崧，2011.试论无条件让转句“再……也……”［J］.江汉大学学报（人文科学版）(1)：85—90。
吴中伟，1995.复句的话题［J］.世界汉语教学（2）：18—22。
席嘉，2004.与副词“只”有关的几个连词的历时考察［J］.武汉大学学报（人文科学版）(6)：744—749。
席嘉，2006.与“组合同化”相关的几个连词演化的考察［J］.语言研究（3）：93—96。
席嘉，2009.汉语无条件构式的历时演化考察［J］.武汉理工大学学报（社会科学版）(5)：144—148。
席嘉，2010.“除”类连词及相关句式的历时考察［J］.语言研究（1）：80—84。
项梦冰，1997.连城客家话语法研究［M］.北京：语文出版社。
项梦冰，1998.连城方言的话题句［J］.语言研究（1）：67—86。
萧国政，1995.“句本位”“词组本位”和“小句中枢”［J］.世界汉语教学（4）：5—13。
解惠全，1987.论实词的虚化［C］// 语言研究论丛（第四辑）.天津：南开大学出版社：208—227。
谢晓明、肖任飞，2008表无条件让步的“说·什么”紧缩句［J］.语言研究（2）：99—104。
邢福义，1984.“要不是p就q”句式及其修辞效果［J］.语言教学与研究（1）：5—13。
邢福义，1985a.复句与关系词语［M］.哈尔滨：黑龙江人民出版社。
邢福义，1985b.现代汉语的“即使”实言句［J］.语言教学与研究（4）：34—48。
邢福义，1985c.“越X，越Y”句式［J］.中国语文（3）：178—185。
邢福义，1986.转折词和“如果说p，那么q”句式［J］.语文建设（3）：26—27。
邢福义，1993.汉语复句与单句的对立和纠结［J］.世界汉语教学（1）：11—19。

邢福义，1995.小句中枢说［J］.中国语文（6）：420—428。
邢福义，1996.汉语语法学［M］.长春：东北师范大学出版社。
邢福义，2000.小句中枢说的方言实证［J］.方言（4）：289—298。
邢福义，2001a.汉语复句研究［M］.北京：商务印书馆。
邢福义，2001b.小句中枢说的方言续证［J］.语言研究（1）：13—22。
邢福义，2001c.说“句管控”［J］.方言（2）：97—106。
邢福义，2004.研究观测点的一种选择——写在“小句中枢”问题讨论之前［J］.汉语学报（1）：47—51。
邢福义主编，1991.现代汉语［M］.北京：高等教育出版社。
邢向东，2002.神木方言研究［M］.北京：中华书局。
邢向东，2005.陕北晋语沿河方言愿望类虚拟语气的表达手段［J］.语文研究（2）：44—48。
邢向东，2006.陕北晋语语法比较研究［M］.北京：商务印书馆。
许宝华、宫田一郎主编，1999.汉语方言大词典［Z］.北京：中华书局。
许凤才，2005.俄汉语主从复合句的对比研究［D］.上海：上海外国语大学博士学位论文。
徐丹,2003.“使”字句的演变——兼谈“使”字的语法化［C］// 语法化与语法研究（一）.北京：商务印书馆：224—238。
徐杰，2003.主语成分、话题特征及相应语言类型［J］.语言科学（1）：3—22。
徐杰，2005.词组与小句之间的差异及其蕴含的理论意义［J］.汉语学报（3）：51—64。
徐菊秀，1987.试说副词“只有”［J］.苏州大学学报（哲学社会科学版）（1）：86—88。
徐李洁，2004.英汉条件句：if与“如果”和“如果说”［J］.外国语（3）：44—50。
徐李洁，2005.条件句与主观化：对英语if条件句结构的认知研究［D］.上海：上海外国语大学博士学位论文。
徐李洁，2008.英语IF条件句主观化模式的建构［J］.外国语（1）：62—67。
徐烈炯，2000.信息焦点与语义焦点［Z］.北京大学学术报告。
徐烈炯，2005.几个不同的焦点概念［C］// 焦点结构和意义的研究.北京：外语教学与研究出版社：11—33。
徐烈炯、刘丹青，2007.话题的结构与功能（增订本）［M］.上海：上海教育出版社。
徐默凡，2005.汉语中从句位置的配置要求及其作用［J］.语言研究（3）：32—38。
徐盛桓，2004.充分条件的语用嬗变［J］.外国语（3）：11—19。
徐阳春，2001.“如果A，就B”句式考察［J］.继续教育研究（6）：94—96/100。
徐阳春，2002.现代汉语复句句式研究［M］.北京：中国社会科学出版社。
徐阳春，2003.“只要p，就q”表示最低条件［J］.浙江树人大学学报（3）：55—58。

杨年保，2003.关于假设句、让步句、条件句［J］.云梦学刊（5）：110—111。
杨树森，1994.“只要”和“只有”表示什么条件［J］.语文建设（12）：9—10。
杨玉玲，2007.“这么”和“那么”篇章不对称考察［J］.语言文字应用（4）。
杨玉玲，2010.“这”“那”系词语的篇章用法研究［M］.北京：中国广播电视出版社。
姚双云，2008.复句关系标记的搭配研究［M］.武汉：华中师范大学出版社。
姚双云，2012.汉语条件句的会话功能［J］.汉语学习（3）。
殷树林，2007.确指类反问假设复句的结构和意义［J］.淮北煤炭师范学院学报（哲学社会科学版）（3）：84—85/100。
袁毓林，1996.话题化及相关的语法过程［J］.中国语文（4）：241—254。
袁毓林，2002a.名词代表动词短语和代词所指的波动［J］.中国语文（2）：99—110。
袁毓林，2002b.汉语话题的语法地位和语法化程度——基于真实自然口语的共时和历时考量［C］// 语言学论丛（第二十五辑）.北京：商务印书馆：82—115。
俞鸣蒙，1984.也论“要不是”和“要不”［J］.语言教学与研究（2）：49—51。
于娜，2007.现代汉语假设和条件连词研究综述［J］.现代语文（语言研究）（7）：14—15。
詹卫东译,2004.语用关系与汉语的词序RandyJ. LaPolla［C］// 语言学论丛（第三十辑）.北京：商务印书馆：334—368。
张宝胜，2006.也说“复句三域”［C］// 语法研究和探索（十三）.北京：商务印书馆：281—294。
张斌，1998.汉语语法学［M］.上海：上海教育出版社。
张斌，2002.新编现代汉语［M］.上海：复旦大学出版社。
张伯江，1992a.假设从句后置的条件（上）［J］.思维与智慧（1）：39—41。
张伯江，1992b.假设从句后置的条件（下）［J］.思维与智慧（2）：35—38。
张伯江，1994.汉语句法的功能透视［J］.汉语学习（3）：15—20。
张伯江，1996.汉语功能语法研究［M］.南昌：江西教育出版社。
张伯江，2005.功能语法与汉语研究［J］.语言科学（6）：42—53。
张伯江，2007.语体差异和语法规律［J］.修辞学习（2）：1—9。
张伯江、方梅，1994.汉语口语的主位结构［J］.北京大学学报（哲学社会科学版）（2）：66—75/57。
张虹倩、刘斐，2010.语言学史上的“除非”之争［J］.宜宾学院学报（11）：56—59。
张家合，2010.程度副词“越”、“越发”的语法化及相关问题［J］.汉语学习（5）：69—75。
张佳音，2003.“除非”及其句式的语义分析［J］.河北大学学报（哲学社会科学版）（2）：140—142。

张金桥、莫雷，2005.汉语假设条件复句的心理表征项目互换效应研究［J］.心理科学（1）：230—232。
张静，1986.新编现代汉语（修订本）［M］.上海：上海教育出版社。
张丽丽，2006.从使役到条件［J］.台大文史哲学报（65）：1—38。
张炼强，1990.试说以“时”或“的时候”煞尾的假设从句［J］.中国语文（3）：174—179。
张迈曾，1993.《语言对思维构成的作用——语言对中西方思维影响的研究》评介［J］.当代语言学（3）：14—17。
张万禾、石毓智，2008.现代汉语的将来时范畴［J］.汉语学习（5）：27—34。
张学成，1994.“只要A，就B”的句法、语义、语用的制约关系［J］.杭州师范学院学报（2）：89—95。
张雪平，2008a.现代汉语假设句研究［D］.天津：南开大学博士学位论文。
张雪平，2008b.“非现实”研究现状及问题思考［J］.解放军外国语学院学报（5）：13—19。
张谊生，1992.“除非”及其句式［C］// 汉语研究论集（第一辑）.北京：语文出版社。
张谊生，2000.现代汉语虚词［M］.上海：华东师范大学出版社。
张谊生，2002.助词与相关格式［M］.合肥：安徽教育出版社。
张谊生，2003.“副十是”的历时演化和共时变异——兼论现代汉语“副+是”的表达功用和分布范围［J］.语言科学（3）：34—49。
张谊生，2006.试论主观量标记“没”、“不”、“好”［J］.中国语文（2）：127—134。
张谊生，2012.试论叠加、强化的方式、类型与后果［J］.中国语文（2）：128—138。
赵国军，2010.也谈“越A越B”——从量范畴的角度看倚变关系［J］.长江师范学院学报（3）：40—44。
赵京战，1994.关于假设义类词的一些问题［J］.中国语文（4）：305—308。
赵新、刘若云，2006.“除非”条件句的语义和语用分析［J］.语言研究（1）：17—22。
赵有华，2004.浅析IF—条件句的语用功能［J］.浙江师范大学学报（社会科学版）（1）：92—95。
郑丽，2008.古汉语假设连词“使”的来源及虚化过程［J］.南京林业大学学报（人文社会科学版）（2）：86—89。
郑曦，1987.类比假设句的类型和特征［J］.语文教学与研究（3）：34—35。
周刚，2001.汉、英、日语连词语序对比研究及其语言类型学意义［J］.语言教学与研究（5）：42—54。
周刚，2002.连词与相关问题［M］.合肥：安徽教育出版社。
周自厚，2001.“如果”句式与“如果说”句式［J］.天津成人高等学校联合学报（1）：

45—48。

朱斌、伍依兰，2012.“否则”的隐省规律［J］.语言研究（2）：91—93。

朱德熙，1956.单句、复句、复句的紧缩［C］// 语法和语法教学——介绍“暂拟汉语教学语法系统”.北京：人民教育出版社：313—324。

朱德熙，1982.语法讲义［M］.北京：商务印书馆。

朱德熙，1985.语法答问［M］.北京：商务印书馆。

朱其智，2010.“随着V”与“越来越A”同现研究及其历时考察［J］.世界汉语教学（1）：66—72。

曾萍萍、毛继光，2011.“越X越Y”构式解析［J］.长春师范学院学报（人文社会科学版）（4）：91—94。

Abeillé, Anne and Robert D. Borsley 2008. Comparative correlatives and parameters. *Lingua* 118: 1139–1157.

Akatsuka, Noriko. 1985. Conditionals and the epistemic scale. *Language* 61 (3), 625–639.

Akatsuka, Noriko. 1986. Conditionals are discourse-bound. In *Traugott et al.* (eds.), 333–351.

Akatsuka, Noriko. 1992. Japanese modals are conditionals. In Diane Berntari, Gary N. Larson and Lynn A. Macleod (eds.), *The joy of grammar: A festschrift in honor of James D. McCawley*. Amsterdam/Philadelphia: John Benjamins, 1–10.

Akatsuka, Noriko. 1993. Conditionality and deontic modality in Japanese and Korean: Evidence from the emergence of conditionals. In Patricia M. Clancy (ed.), *Japanese/ Korean Linguistics,* Vol. 2. Stanford, CA: CSLI,177–192.

Akatsuka, Noriko. 1997. *Negative conditionality, subjectification, and conditional reasoning.* In Athanasiadou and Dirven (eds.), 323–354.

Akatsuka, Noriko. and Patricia M. Clancy 1993. Conditionality and deontic modality in Japanese and Korean: Evidence from the emergence of conditionals. In Patricia M. Clancy (ed.), *Japanese/ Korean Linguistics,* Vol. 2. Stanford: CSSLI, 177–192.

Anderson, Gregory D. S. 2002. Case-marked clausal subordination in the Burushaski complex sentence. *Studies in Language* 26 (3), 543–571.

Arnold, Jennifer E. and Thomas Wasow 2000. Heaviness vs. newness: The effects of structural complexity and discourse status on constituent ordering. *Language* 76 (1), 28–55.

Athanasiadou, Angeliki. 1997. *Introduction.* In Athanasiadou and Dirven (eds.), 1–12.

Athanasiadou, Angeliki and René Dirven 1996. Typology of *if*-clauses. In Eugene H. Casad (ed.), *Cognitive linguistics in the Redwoods: The expansion of a new paradigm in linguistics*. Berlin/New York: Mouton de Gruyter, 609–654.

Athanasiadou, Angeliki and René Dirven (eds.) 1997a. *On conditionals again*. Amsterdam/ Philadelphia: John Benjamins.

Athanasiadou, Angeliki and René Dirven 1997b. Conditionality, hypotheticality, counterfactuality. In Athanasiadou and Dirven (eds.), 61–96.

Au, Terry Kit-fong. 1983. Chinese and English counterfactuals: The Sapir-Whorf hypothesis revisited. *Cognition* 15: 155–187.

Au, Terry Kit-fong. 1984. Counterfactuals: in reply to Alfred Bloom. *Cognition* 17: 289–302.

Bechert, Johannes. 1991. The problem of semantic incomparability. In Dietmar Zaefferer (ed.), *Semantic universals and universal semantics*, Groningen-Amsterdam studies in semantics 12. Berlin: Foris Publications, 60–71.

Beck, Sigrid. 1997. On the semantics of comparative conditionals. *Linguistics and philosophy* 20. 229–271.

Bertocchi, Alessandra. and Mirka Maraldi. 2011. Conditionals and concessives. In Philip Baldi and Pierluigi Cuzzolin (eds.), *New perspectives on historical Latin syntax* Volume 4: *Complex sentences, grammaticalization, typology*. Berlin/Boston: De Gruyter, 93–193.

Bhatt, Rajesh. And Roumyana Pancheva. 2006. Conditionals. In Martin Everaert and Henk van Riemsdijk *The blackwell companion to syntax*, Vol. I. Malden, MA, USA : Blackwell Pub, 638–687.

Biber, Douglas., Stig Johansson, Geoffrey Leech, Susan Conrad and Edward Finegan. 1999. *Longman grammar of spoken and written English*. London: *Longman*.

Biezma, Maria. 2011. Optatives: Deriving desirability from scalar alternatives. *Sinn und Bedeutung (SuB)* 15, 117–132.

Biq, Yung-O. 1995. Chinese causal sequencing and *yinwei* in conversation and press reportage. *Berkeley Linguistic Society* 21, 47–60.

Bloom, Alfred H. 1981. *The linguistic shaping of thought: A study in the impact of language on thinking in China and the West*. Hillsdale, New Jersey: Lawrence Erlbaum Associates, Publishers.

Bloom, Alfred H. 1984. Caution—the words you use may affect what you say: A reply to Au. *Cognition* 17: 275–287.

Borsley, Robert D. 2004. An approach to English comparative correlatives. In Stefan Müller (ed.), *Proceedings of the HPSG04 conference*. Stanford: CSLI Publications, 70–92.

Bowerman, Melissa. 1986. First steps in acquiring conditionals. In Traugott *et al.* (eds.),285–307.

Brasoveanu, Adrian. 2008. Comparative Correlatives as Anaphora to Differentials. In Tova Friedman and Satoshi Ito (eds.), *Proceedings of SALT 18*. Amherst: The University of Massachusetts, 126–143.

Bybee, Joan. and Michael Noonan 2002. *Complex sentences in grammar and discourse: Essays in honor of Sandra A. Thompson*. Amsterdam: John Benjamins.

Bystrov, Igor S. and Stankevič, Nonna V. 2005 Conditional constructions in Vietnamese. In Victor S. Xrakovskij (ed.), *Typology of conditional constructions*. (LINCOM Studies in Theoretical Linguistics 25). Muenchen: Lincom Europa, 498–511.

Cappelle, Bert. 2011. The *the… the…*construction: Meaning and readings.*Journal of Pragmatics* 43, 99–117.

Caron, Bernard. 2006. Condition, topic and focus in African languages: Why conditionals are not topics. *ZAS Papers in Linguistics* 46, 69–82.

Chafe, Wallace. 1976. Givenness, contrastiveness, definiteness, subjects, topics, and point of view. In Charles N. Li (ed.), 25–55.

Chafe, Wallace. 1984. How people use adverbial clauses. *Berkley Linguistic Society* 10, 437–449.

Chafe, Wallace. 1995. The realis-irrealis distinction in Caddo, the Northern Iroquoian languages, and English. In Bybee, Joan and Suzanne Fleischman (eds.) , *Modality in grammar and discourse*. Amsterdam/Philadelphia: John Benjamins, 349–365.

Chao, Y. R. 1968. *A grammar of spoken Chinese*. Berkeley/Los Angeles: University of California Press.

Charolles, Michel. 2005. Framing adverbials and their role in discourse cohesion: From connection to forward labeling. Paper presented for the Symposium on the *Exploration and Modelling of Meaning*. Biarritz.

Chen, Guohua. 2000. The grammaticalization of concessive markers in Early Modern English. In Olga Fischer, Anette Rosenbach, Dieter Stein (eds.) , *Pathways of change: Grammaticalization in English*. Amsterdam/Philadelphia: John Benjamins, 85–110.

Cheng, Wenjie. 1985. Pictures of ghosts: A critique of Alfred Bloom' s the linguistic shaping of thought. *American anthropologist* 87 (4): 917–922.

Chu, Chauncey C. 2003. Please, let topic and focus co-exist peacefully. In 徐烈炯、刘丹青

（主编），话题与焦点新论［C］，上海：上海教育出版社，260–280.

Comrie, Bernard. 1986. Conditionals: A typology. In Traugott *et al.* (eds.), 77–99.

Couper-Kuhlen, E. and B. Kortmann (eds.) 2000. *Cause, condition, concession, contrast*. Berlin: Mouton de Gruyter.

Creswell, Cassandre., Katherine Forbes, Eleni Miltsakaki, Rashmi Prasad, Bonnie Webber, and Aravind Joshi 2002. The discourse anaphoric properties of connectives. In *Proceedings of the 4th discourse anaphora and anaphor resolution colloquium (DAARC 2002)*. Lisbon, Portugal, 45–50.

Cristofaro, Sonia. 2003. *Subordination*. Oxford: Oxford University Press.

Croft, William. 1994. Conditional constructions in the context of the typology of complex sentences.［MS］

Croft, William. 2001. *Radical construction grammar*. Oxford/New York: Oxford University Press.

Culicover, Peter W. and Jackendoff, Ray S. 1999. The view from the periphery: The English comparative correlative. *Linguistic inquiry* 30, 543–571.

Dahl, Õsten. 1997. The relation between past time reference and counterfactual: A new look. In Athanasiadou and Dirven (eds.), 97–114.

Dancygier, Barbara. 1985. IF, UNLESS and their Polish equivalents. *Papers and studies in contrastive linguistics* 20: 64–72.

Dancygier, Barbara. 1987. Conditionals: sequence of events and sequence of clauses. In Jacek Fisiak (ed.), *Studies in contrastive linguistics*. Berlin: Mouton de Gruyter, 357–373.

Dancygier, Barbara. 1993. Interpreting conditionals: Time, knowledge and causation.*Journal of Pragmatics* 19, 403–434.

Dancygier, Barbara. 1998. *Conditional and prediction*. Cambridge: Cambridge University Press.

Dancygier, Barbara. 2002. Mental space embeddings, counterfactuality, and the use of unless. *English language and linguistics* 6 (2), 347–377.

Dancygier, Barbara. 2003. Classifying conditionals: Form and function. *English language and linguistics* 7 (2), 309–23.

Dancygier, Barbara and Eve Sweetser. 1996. Conditionals, distancing, and alternative spaces. In Adele E. Goldberg (ed.), *Conceptual structure, discourse and language*. Stanford, Calif.: CSLI Publications, 83–98.

Dancygier, Barbara and Eve Sweetser. 1997. *Then* in conditional constructions. *Cognitive linguistics* 8 (2), 109–136.

Dancygier, Barbara and Eve Sweetser. 2000. Constructions with *if*, *since* and *because*: Causality, epistemic stance, and clause order. In Couper-Kuhlen and Kortmann (eds.), 111–142.

Dancygier, Barbara and Eve Sweetser. 2005. *Mental spaces in grammar : Conditional constructions*. Cambridge: Cambridge University Press.

Declerck, Renaat. and Susan Reed. 2000. The semantics and pragmatics of *unless*. *English language and linguistics* 4 (2), 205–241.

Declerck, Renaat. 2001. *Conditionals: A comprehensive empirical analysis*. Berlin/New York: Mouton de Gruyter.

Defrancq, Bart. 2008. Contrastive corpus analysis of cross-linguistic asymmetries in concessive conditionals. *Proceedings of the international symposium on using corpora in contrastive and translation studies*. Hangzhou: Zhejiang University. http://www.lancs.ac.uk/fass/projects/corpus/UCCTS2008Proceedings/papers/Defrancq.pdf.

Diessel, Holger. 2001. The ordering distribution of main and adverbial clauses: A typological study. *Language* 77 (3), 433–455.

Diessel, Holger. 2005. Competing motivations for the ordering of main and adverbial clauses. *Linguistics* 43 (3), 449–470.

Dik, Simon C. 1990. On the semantics of conditionals. In Jan Nuyts, A. Machtelt Bolkestein and Co Vet (eds.), *Layers and levels of representation in language theory: A functional view*. Amsterdam: John Benjamins, 233–261.

Dik, Simon C. 1997. *The theory of functional grammar. Part 1: The structure of the clause* (*Second, revised edition*). Berlin/New York: Mouton de Gruyter.

Dikken, Marcel den. 2005. Comparative Correlatives Comparatively. *Linguistic inquiry* 36 (4), 497–532.

Dryer, Matthew. S. 1992a. Adverbial subordinators and word order asymmetries. In John A. Hawkins and Anna Siewierska (eds.), *Performance principles of word order*. EUROTYP Working Papers, European Science Foundation, 50–67.

Dryer, Matthew. S. 1992b. The Greenbergian word order correlations. *Language* 68 (1), 81-138.

Dryer, Matthew. S. 2005. Order of adverbial subordinator and clause. In Martin Haspelmath, Matthew S. Dryer, David Gil, and Bernard Comrie (eds.), *The world atlas of language structure*. Oxford: Oxford University Press, 382–385.

E. Chen-chun. 2011. The YUE-construction in Mandarin Chinese. In Zhuo Jing-Schmidt (ed.) *Proceedings of the 23rd North American conference on Chinese lingusitics (NACCL-23)*, Volume 2. Eugene: University of Oregon, 241–257.

Eifring, Halvor. 1988. The Chinese counterfactual. *Journal of Chinese Linguistics* 16, 193–218.

Evans, J. St. B. T., and D. E. Over 2004. *If.* Oxford: Oxford University Press.

Fauconnier, Gilles. 1975a. Pragmatic scales and logical structure. *Linguistic inquiry* 6: 353–375.

Fauconnier, Gilles. 1975b. Polarity and the scale principle. In Robin E. Grossman, L. James San and Timothy J. Vance (eds.), *Papers from the eleventh regional meeting of the Chicago Linguistic Society*. Chicago: Chicago Linguistic Society, 188–199.

Fauconnier, Gilles. 1994［1985］. *Mental Spaces: Aspects of meaning construction in natural language*. New York: Cambridge University Press.

Fauconnier, Gilles. 1997. *Mappings in thought and language*. Cambridge: Cambridge University Press.

Fauconnier, Gilles and Eve Sweetser. 1996. *Spaces, worlds, and grammar*. Chicago: University of Chicago Press.

Feng, Gary. and Li Yi. 2006. What if Chinese had linguistic markers for counterfactual conditionals? Language and Thought Revisited. *Proceedings of the annual meeting of the 28th Cognitive Science Society*. Vancouver, Canada, 1281–1286.

Ferguson, Charles A., Judy Snitzer Reilly, Alice ter Meulen and Elizabeth Closs Traugott 1986. Overview. In Traugott *et al.* (eds.), 3–20.

Fillenbaum, Samuel. 1986. The use of conditionals in inducements and deterrents. In Traugott *et al.* (eds.), 179–195.

Fillmore, C. J. 1986. Varieties of Conditional Sentences. *Eastern states conference on linguistics 3*, 163–182.

Fillmore, C. J. 1988. The mechanisms of "construction grammar" . *BLS* 14, 35–55.

Fillmore, C. J. and P. Kay. 1999. Grammatical constructions and linguistic generalizations: The *what's X doing Y?* construction. *Language* 75 (1), 1–33.

Fillmore, C. J. , Paul Kay, and Mary Catherine O' Connor. 1988. Regularity and idiomaticity in grammatical constructions: The case of let alone. *Language* 64 (3), 501–538.

Fleischman, Susanne. 1989. Temporal distance: A basic linguistic metaphor. *Studies in language 13*, 1–50.

Foley, William A. and Robert D. Van Valin. 1984. *Functional syntax and universal grammar*.

Cambridge: Cambridge University Press.

Ford, Cecilia E. 1993. *Grammar in interaction: Adverbial clauses in American English conversations*. Cambridge: Cambridge University Press.

Ford, Cecilia E. 1997. Speaking conditionally: Some contexts for *if*-clauses in conversation. In Athanasiadou and Dirven (eds.), 387–413.

Ford, Cecilia E. and Sandra A. Thompson. 1986. Conditionals in discourse: A text-based study from English. In Traugott *et al.* (eds.), 353–372.

Frajzyngier, Zygmunt. 1996. *Grammaticalization of the complex sentence: A case study in Chadic*. Amsterdam/Philadelphia: John Benjamins.

Gasde, Horst-Dieter. and Waltraud Paul. 1996. Functional categories, topic prominence and complex sentences in Mandarin Chinese. *Linguistics* 34, 263–294.

Geis, Michael L. 1973. If and unless. In Braj B. Kachru, Robert B. Lees, Yakov Malkiel, Angelina Petrangeli, Sol Saporta (eds.), *Issues in linguistics: Papers in honor of Henry and Renéé Kahane*. Urbana: University of Illinois Press, 231–253.

Geis, Michael L. and Arnold M. Zwicky. 1971. On invited references. *Linguistic inquiry* 2, 561–566.

Givón, Talmy. 1979. Discourse and syntax. *Syntax and semantics*, Vol 12. New York: Academic Press.

Givón, Talmy. 1983. *Topic continuity in discourse: A quantitative cross-language study*. Amsterdam/Philadelphia: John Benjamins.

Givón, Talmy. 1987. Beyond foreground and background. In Russell S. Tomlin (ed.), *Coherence and grounding in discourse*. Amsterdam/Philadelphia: John Benjamins, 175–188.

Givón, Talmy. 1990. Syntax: A functional-typological introduction. Amsterdam/Philadelphia: John Benjamins.

Givón, Talmy. 2001. *Syntax: An introduction,* Vol.Ii. Amsterdam/Philadelphia: John Benjamins.

Goldberg, Adele E. 1995. *Constructions: A construction grammar approach to argument structure*. Chicago and London: The University of Chicago Press.

Goldberg, Adele E. 2003. Constructions: A new theoretical approach to language. *Trends in cognitive sciences* 7 (5), 219–224.

Goldberg, Adele E. 2006. *Constructions at work: The nature of generalization in language*. Oxford: Oxford University Press.

Goodman, Nelson. 1947. The problem of counterfactual conditionals. *The Journal of*

Philosophy 44 (5), 113–128.

Gordon, Bryan James. 2008. Antitopic and afterthought: Givenness and grammar in Ponca and Omaha. *Kansas Working Papers in Linguistics,* Vol. 30, 74–87.

Greenberg, Joseph H. 1966［1963］. Some universals of grammar with particular reference to the order of meaningful elements. In J. H. Greenberg (ed.), *Universal of language* (Second edition). Cambridge. MA: MIT Press. 译文见：陆丙甫、陆致极译，国外语言学，1984 (2): 45–60.

Greenberg, Joseph H. 1986. The realis-irrealis continuum in the classical Greek conditional. In Traugott *et al*. (eds.), 247–264.

Gregory, Michelle L. and Laura A. Michaelis. 2001. Topicalization and left-dislocation: A functional opposition revisited.*Journal of pragmatics 33*, 1665–1706.

Gundel, Jeanette K. 1988. Universals of topic-comment structure. In Michael Hammond, Edith Moravacsik and Jessica Wirth (eds.), *Studies in syntactic typology*. Amsterdam: John Benjamins.

Haegeman, L. 1984. Pragmatic conditionals in English, *Folia linguistica*,(18), 485–502.

Haegeman, L. and Herman Wekker. 1984. The syntax and interpretation of futurate conditionals in English. *Journal of linguistics* 20, 45–55.

Haiman, John. 1978. Conditionals are topics. *Language* 54 (3), 564–589.

Haiman, John. 1983. Paratactic *if*-clauses.*Journal of pragmatics* 7, 263–281.

Haiman, John. 1986. Constraints on the form and meaning of the protasis. In Traugott *et al.* (eds.), 215–227.

Haiman, John. 1988. Inconsequential clauses in Hua. In Haiman and Thompson (eds.), 49–69.

Haiman, John. 1994. Conditionals, grammatical. In R.E. Asher (ed.), *The encyclopedia of language and linguistics*. New York: Pergamon Press, 685–689.

Haiman, John. and Sandra A. Thompson (eds.) 1988. *Clause combining in grammar and discourse*. Amsterdam/Philadelphia: John Benjamins.

Haiman, John. and Tania Kuteva. 2002. The symmetry of counterfactuals. In Bybee and Noonan (eds.), 101–124.

Harris, Alice C. and Lyle Campbell. 1995. *Historical syntax in cross-linguistic perspective*. Cambridge: Cambridge University Press.

Harris, Martin B. 1986. The historical development of SI-clauses in Romance. In Traugott *et al.* (eds.), 265–284.

Harris, Martin B. 1988. Concessive clauses in English and Romance. In Haiman and Thompson (eds.), 71–99.

Hasada, Rie. 1997. Conditionals and counterfactuals in Japanese. *Language sciences* 19 (3), 277–288.

Haspelmath, Martin, Ekkehard König 1998. Concessive conditionals in the languages of Europe. In Johan van der Auwera and Dónall P. ÓBaoill (eds.), *Adverbial constructions in the languages of Europe.* Berlin/New York : Mouton de Gruyter, 563–640.

Hawkins, John A. 1983. *Word order universals.* New York: Academic Press.

Hawkins, John A. 1994. *A performance theory of order and constituency.* Cambridge: Cambridge University Press.

Heine, Bernd., Ulrike Claudi, and Friederike Hunnemeyer. 1991. *Grammaticalization: A conceptual framework.* Chicago: University of Chicago Press.

Heine, Bernd. and Tania Kuteva. 2007 [2002]. *World lexicon of grammaticalization.* Cambridge: Cambridge University Press/ 北京：世界图书出版公司.

Heine, Bernd. and Tania Kuteva. 2007. *The genesis of grammar: A reconstruction.* Oxford: Oxford University Press.

Hoffmann, Thomas. 2010. The more data you see, the less you know…A usage-based account of the English comparative correlative construction. Unpublished research report presented at the University of Regensburg, 5 May 2010.

Hollenbach, Barbara E. 1995. Semantic and syntactic extensions of body-part terms in Mextecan: The case of 'Face' and 'Foot'. *International journal of American linguistics,* 61 (2), 168–190.

Hopper, Paul J. 1979. Aspect and foregrounding in discourse. In Talmy Givón (ed.), 213–242.

Hopper, Paul J. and Elizabeth Closs Traugott 2005 [2003]. *Grammaticalization.* Beijing: Peking University Press.

Horn, Laurence Robert. 1984. Toward a new taxonomy for pragmatic inference: Q-based and R-based implicature. In Deborah Schiffrin (ed.), *Meaning, form and use in context: linguistic application.* Washington D.C.: Georgetown University Press, 11–42.

Hsiao, Su-ying. 2003. On proportional correlative constructions in Chinese and Mongolian. *Journal of Taiwanese languages and literature* 1, 239–267.

Iatridou, Sabine. 1994. On the contribution of conditional *then. Natural language semantics* 2, 171–199.

Iwasaki, Eiichi. 2010. The comparative correlative in standard English: An analysisi of the internal structures of the first and second clauses. *The economic journal of Takasaki City University of economics* 53 (2), 79–92.

Iwasaki, Eiichi. 2011. comparative correlative constructions revisited. *The economic Journal of Takasaki City University of economics* 54 (1), 39–55.

Jacobsen, Wesley M. 1992. Are conditionals topics? The Japanese case. In Diane Berntari, Gary N. Larson and Lynn A. Macleod (eds.), *The joy of grammar: A festschrift in honor of James D. McCawley*. Amsterdam/Philadelphia: John Benjamins, 131–160.

James, Deborah. 1982. Past tense and the hypothetical: A cross linguistic study. *Studies in language* 6, 375–403.

Johnson-Laird, Philip N. 1986. Conditionals and mental models. In Traugott *et al.* (eds.), 55–75.

Kabak, Barış and René Schiering 2004. A corpus study on the distribution of Turkish *ise* and its clitic form. *Turkic languages* 8 (2), 232–244.

Kapetangianni, K. and H. L. Taylor. 2009. "Comparative correlatives in Greek: The syntax of oso" . In Claire Halpert, Jeremy Hartman and David Hill (eds.), *Proceedings of the 2007 workshop in Greek syntax and semantics at MIT*. MIT Working Papers in Linguistics 57.

Katis, Demetra. 1997. The emergence of conditionals in child language: Are they really so late?. In Athanasiadou and Dirven (eds.), 355–385.

Kaufmann, S. 2006. Conditionals. In Keith Brown (editor-in-chief), *Encyclopedia of language and linguistics*, 2nd edition, Volume 3. Boston: Elsevier, 6–9.

Kibardina, Svetlana M. 2005. Conditional constructions in German. In Victor S. Xrakovskij (ed.), *Typology of conditional constructions*. (LINCOM Studies in Theoretical Linguistics 25). Muenchen: Lincom Europa, 326–335.

Kitis, Elisa. Conditional constructions as rhetorical constructions. *Working papers in linguistics*. Thessaloniki: Altintzis, 2004.

Kozintseva, Natalia A. Conditional constructions in Armenian. In Victor S. Xrakovskij (ed.), *Typology of conditional constructions*. Muenchen: Lincom Europa, 2005.

König, Ekkehard. 1985a. On the history of concessive connectives in English: Diachronic and synchronic evidence. *Lingua* 66, 1–19.

König, Ekkehard. 1985b. Where do concessives come from? On the development of concessive connectives. In Jacek Fisiak (ed.), *Historical semantics, historical word formation*. Berlin:

Mouton de Gruyter, 263–282.

König, Ekkehard. 1986. Conditionals, concessive conditionals and concessives. In Traugott *et al.* (eds.), 229–246.

König, Ekkehard. 1988. Concessive connectives and concessive sentences: Cross-linguistic regularities and pragmatic principles. In John Hawkins (ed.), *Explaining language universals*. Oxford: Blackwell, 145–166.

König, Ekkehard. 1991. Concessive relations as the dual of causal relations. In Dietmar Zaefferer (ed.), *Semantic universals and universal semantics*, Groningen-Amsterdam studies in semantics 12. Berlin: Foris Publications, 190–209.

König, Ekkehard. 1992. From Discourse to Syntax: The Case of Concessive Conditionals. In Rosemarie Tracy (ed.), *Who climbs the grammar tree*. Berlin/New York : Mouton de Gruyter, 423–433.

König, Ekkehard. and Johan van der Auwera. 1988. *Clause integration in German and Dutch conditionals, concessive conditionals, and concessives*. In Haiman and Thompson (eds.), 101–133.

Kordi, Elena E. 2005. Conditional constructions in French. In Victor S. Xrakovskij (ed.), *Typology of conditional constructions*. (LINCOM Studies in Theoretical Linguistics 25). Muenchen: Lincom Europa, 302–325.

Kortmann, Bernd. 1997. *Adverbial subordination: A typology and history of adverbial subordinators based on European languages*. Berlin/New York : Mouton de Gruyter.

Kortmann, Bernd. 1998. Adverbial subordinators in the languages of Europe. Johan van der Auwera and Dónall P. ÓBaoill (eds.), *Adverbial constructions in the languages of Europe*. Berlin/New York : Mouton de Gruyter, 457–561.

Kortmann, Bernd. 2001. Adverbial Conjunctions. In Martin Haspelmath, Ekkehard König, Wulf Oesterreicher, and Wolfgang Raible (eds.), *Language typology and language universals: An international handbook*, Vol.1. Berlin/New York: Mouton de Gruyter, 842–854.

Kozintseva, Natalia A. 2005. Conditional constructions in Armenian. In Victor S. Xrakovskij (ed.), *Typology of conditional constructions*. (LINCOM Studies in Theoretical Linguistics 25). Muenchen: Lincom Europa, 168–194.

Kuo, Chi-hsien. 2006. The information status and discourse function of conditionals in Mandarin. Unpublished Ph.D. Thesis at Georgetown University.

Lambrecht, Knud. 1988. *Presentational cleft constructions in spoken French*. In Haiman and Thompson (eds.), 135–179.

Lambrecht, Knud.1994. *Information structure and sentence form: Topic, focus and the mental representations of discourse referents*. Cambridge: Cambridge University Press.

Langacker, Ronald W. 1987a. Nouns and verbs. *Language* 63 (1), 53–94.

Langacker, Ronald W. 1987b. *Foundations of cognitive grammar*, Vol.1and2. Stanford: Stanford University Press.

Lazard, Gilbert. 2006. More on counterfactuality, and on categories in general. *Linguistic typology* 10, 61–66.

Leech, Geoffrey. And Jan Svartvik. 1975. *A communicative grammar of English*. London: Longman.

Lehmann, Christian. 1988. *Towards a typology of clause linkage*. In Haiman and Thompson (eds.), 181–225.

Leuschner, Torsten. 2006. *Hypotaxis as building-Site: The emergence and grammaticalization of concessive conditionals in English, German and Dutch*. München: Lincom Europa.

Leuschner, Torsten. 2008. From speech-situation evocation to hypotaxis: The case of Latin *quamvis* 'although'. In Elena Seoane and María JoséLópez-Couso (eds.), *Theoretical and empirical issues in grammaticalization*. Amsterdam/ Philadelphia: John Benjiamins, 231–252.

Leung, Tommi Tsz-Cheung. 2008. Thai /yîng/ and the syntax-semantic mapping of comparative correlatives. In Wilaiwan Khanittanan & Paul Sidwell (eds.), *SEALSXIV: papers from the 14th meeting of the Southeast Asian Linguistics Society (2004)*, Volume 1. Canberra, Pacific Linguistics, 205–217.

Levinsohn, Stephen H. 1992. Preposed and postposed adverbials in English. *Work papers of the Summer Institute of Linguistics, University of North Dakota* 36: 19–31.

Li, Charles N. (ed.), 1976. *Subject and topic*. New York: Academic Press.

Li, Charles N. and Sandra A. Thompson 1976. Subject and topic: A new typology of language. In Charles N. Li, ed., 457–489.

Li, Charles N. 1981. *Mandarin Chinese: A functional reference grammar*. Berkeley: University of California Press.

Li, Xiao and Carlos A. Fasola. 2010. The semantics of *yue...yue* in Mandarin Chinese. In L.E. Clemens and C.-M. L. Liu (eds.), *Proceedings of the 22nd North American Conference on Chinese Linguistics (NACCL-22) and the 18th International Conference on Chinese*

Linguistics (IACL-18), Vol 2. Harvard University, Cambridge, MA, 36–53.

Lin, Jo-Wang. 2007. On the Semantics of Comparative Correlatives in Mandarin Chinese. *Journal of Semantics* 24 (2), 169–213.

Liu, Chen-Sheng Luther. 2008a. The light verb lai in Chinese comparative correlatives. *Language and linguistics* 9 (1), 69–99.

Liu, Chen-Sheng Luther. 2008b. The view from Yue: Chinese comparative correlatives. *Lingua* 118: 1033–1063.

Liu, Dangqing. 2004. Identical topics: A more characteristic property of topic prominent languages. *Journal of Chinese linguistics*, 32 (1): 20–64. 译文"同一性话题：话题优先语言一项更典型的属性",强星娜译,见徐烈炯、刘丹青 2007, 323–352.

Liu, L. G. 1985. Reasoning counterfactually in Chinese: Are there any obstacles? *Cognition*, 21: 239–270.

Longacre, Robert E. 1985. Sentences as combinations of clauses. In Timothy Shopen (ed.), *Language typology and syntactic description*, *Vol. 2: Complex constructions*. Cambridge: Cambridge University Press, 235–86.

Lyons, John. 1977. *Semantics*, Vol.2. Cambridge: Cambridge University Press.

Lyons, John. 2000 [1995]. *Linguistic semantics: An introduction*. Beijing: Foreign Language Teaching and Research Press/ Cambridge: Cambridge University Press.

MacDonald, Lorna. 1988. *Subordination in Tauya*. In Haiman and Thompson (eds.), 227–246.

Marchese, Lynell. 1977. Subordinate clauses as topics in Godié. *Studies in African linguistics*. Supplement 7.

Marchese, Lynell. 1987. On the role of conditionals in Godie procedural discourse. In Russell S. Tomlin (ed.), *Coherence and grounding in discourse*. Amsterdam/Philadelphia: John Benjamins, 263–280.

Matthews, P. H. 1997. *The Oxford concise dictionary of linguistics*. Oxford: Oxford University Press.

Matthiessen, Christian M. I. M. and Sandra A. Thompson. 1988. *The structure of discourse and "subordination"* . In Haiman and Thompson (eds.), 275–329.

Matthiessen, Christian M. I. M. 2002. *Combing clauses into clause complexes: A multi-faceted view*. In Bybee and Noonan (eds.), 235–319.

McCawley, James D. 1988. The comparative conditional construction in English, German and Chinese. In *Proceedings of the Fourteenth Annual Meeting of the Berkeley Linguistics*

Society, 176–187.

Meulen, Alice ter. 1986. *Generic information, conditional contexts and constraints*. In Traugott *et al.* (eds.), 123–145.

Miltsakaki, Eleni., Cassandre Creswell, Katherine Forbes, Aravind Joshi, Bonnie Webber 2003. Anaphoric arguments of discourse connectives: Semantic properties of antecedents versus non-antecedents. In *Proceedings of the Computational Treatment of Anaphora Workshop, EACL 2003*, Budapest.

Miracle, W. Charles. *Discourse markers in Chinese*. Columbus, Ohio: Unpublished Ohio State University Ph.D. dissertation, 1991.

Nicolova, Rousselina. Conditional constructions in Bulgarian. In Victor S. Xrakovskij (ed.), *Typology of conditional constructions*. Muenchen: Lincom Europa, 2005.

Nikiforidou, Kiki. and Demetra Katis. 2000. Subjectivity and conditionality: The marking of speaker involvement in modern Greek. In Ad Foolen and Frederike van der Leek (eds.), *Constructions in cognitive linguistics: Selected papers from the fifth international cognitive linguistics conference*, 217–237. Amsterdam/ Philadelphia: John Benjamins.

Nikolaeva, Irina. 2001. Secondary topic as a relation in information structure. *Linguistics* 39 (1), 1–49.

Ogloblin, Alexander K. 2005. Conditional constructions in Indonesian. In Victor S. Xrakovskij (ed.), *Typology of conditional constructions*. (LINCOM Studies in Theoretical Linguistics 25). Muenchen: Lincom Europa, 462–488.

Ohori, Toshio. 1996. Case markers and clause linkage. In Eugene H. Casad (ed.), *Cognitive linguistics in the Redwoods: the expansion of a new paradigm in linguistics*. Berlin/New York: Mouton de Gruyter, 693–712.

Okamoto, Shigeko. 1993. Idiomatic conditionals in Japanese. In Patricia M. Clancy (ed.), *Japanese/ Korean Linguistics,* Vol. 2. Stanford: CSSLI, 68–81.

Oranskaya, Tatyana I. 2005. Conditional constructions in Hindi. In Victor S. Xrakovskij (ed.), *Typology of conditional constructions*. (LINCOM Studies in Theoretical Linguistics 25). Muenchen: Lincom Europa, 218–245.

Palmer, F. R. 1986. *Mood and modality*. Cambridge: Cambridge University Press.

Palmer, F. R. 2001. *Mood and modality (Second edition)*. Cambridge: Cambridge University Press.

Payne, Thomas E. 1997. *Describing morphosyntax: A guide for field linguists*. Cambridge:

Cambridge University Press.

Payne, Thomas E. 2006. *Exploring language structure: A student's guide*. Cambridge: Cambridge University Press.

Podlesskaya, Vera Isaakovna. 2001. Conditional constructions. In Martin Haspelmath, Ekkehard König, Wulf Oesterreicher, and Wolfgang Raible (eds.), *Language typology and language universals: An international handbook,* Vol.2. Berlin/New York: Mouton de Gruyter, 998–1010.

Perelmouter, Ilja A. 2005 Conditional constructions in Homeric Greek. In Victor S. Xrakovskij (ed.), *Typology of conditional constructions*. (LINCOM Studies in Theoretical Linguistics 25). Muenchen: Lincom Europa, 246–278.

Quirk, Randolph, Sidney Greenbaum, Geoffrey Leech and Jan Svartvik. 1985. *A comprehensive grammar of the English language*. London and New York: Longman.

Ramsay, Violeta. 1987. The functional distribution of preposed and postposed "IF" and "WHEN" clauses in written discourse. In Russell S. Tomlin (ed.), *Coherence and grounding in discourse*. Amsterdam/Philadelphia: John Benjamins, 383–408.

Rawlins, Kyle. 2008a. *(Un)conditionals: an investigation in the syntax and semantics of conditional structures*. University of California, D. dissertation.

Rawlins, Kyle. 2008b. Unifying if-conditionals and unconditionals. *Semantics and Linguistic Theory 18*, University of Mass Amherst. [MS]

Reilly, Judy Snitzer. 1986. *The acquisition of temporals and conditionals*. In Traugott *et al.* (eds.), 309–331.

Richards, Jack C., John Platt and Heidi Platt. 2001. *Longman dictionary of language teaching and applied linguistics*. Peking: Foreign Language Teaching and Research Press.

Rifkin, Jay. 2000. If only if only were if plus only. *Chicago Linguistic Society (CLS)* 36-1, 369–384.

Ross, John Robert. 1967. *Constraints on variables in syntax*. Doctoral dissertation, MIT, Cambridge, Mass.

Saloné, Sukari. 1977. Conditionals. In Ernest R. Byarushengo, Alessandro Duranti, and Larry M. Hyman (eds.), *Haya grammatical structure*. Los Angeles: Department of Linguistics, University of Southern California, 149–159.

Santorini, Beatrice. 1992. Variation and change in Yiddish subordinate clause word order. *Natural language and linguistic theory* 10 (4), 595–640.

Schiffrin, Deborah. 1992. Conditionals as Topics in Discourse. *Linguistics* 30: 165–197.

Schlenker, Philippe. 2004. Conditionals as definite descriptions: A referential analysis. *Research on Language and Computation* 2 (3), 417–162.

Seiler, Hansjakob. 1997. Conditionality in dimensional perspective. In Athanasiadou and Dirven (eds.), 307–320.

Shopen, Timothy. 2007. *Language typology and syntactic description*. Cambridge: Cambridge University Press, 3 Vols.

Smirnova, Myrrah A. and Nikolaj A. Dobronravin. 2005. Conditional constructions in Hausa. In Victor S. Xrakovskij (ed.), *Typology of conditional constructions*. (LINCOM Studies in Theoretical Linguistics 25). Muenchen: Lincom Europa, 425–450.

Smith, E. Allyn. 2011. English Comparative Correlatives, Conditionals, and Adverbs of Quantification. In Reich, Ingo et al. (eds.), *Proceedings of Sinn & Bedeutung 15*. Saarbrücken, Germany: Universaar – Saarland University Press, 547–563.

Steinand, Dieter and Susan Wright. 1995. *Subjectivity and subjectivisation: Linguistic perspectives*. Cambridge: Cambridge University Press.

Su, Lily I-wen. 2005. Conditional reasoning as a reflection of mind. *Language and linguistics* 6.4, 655–680.

Sweetser, Eve. E. 1990. *From etymology to pragmatics: Metaphorical and cultural aspects of semantic structure*. Cambridge: Cambridge University Press.

Sweetser, Eve. E. 1996a. Reasoning, mappings, and meta-metaphorical conditionals. In M. Shibatani and S. Thompson (eds.), *Grammatical constructions: Their form and meaning*. Oxford: Oxford University Press, 221–233.

Sweetser, Eve. E. 1996b. Metal spaces and the grammar of conditional constructions. In Fauconnier and Sweetser, ed., 318–333.

Tabakowska, Elzbieta. 1997. Conceptulization: Conditionals as an instance of figure/ground alignment. In Athanasiadou and Dirven, eds., 273–288.

Taylor, Heather. 2004. Interclausal (co)dependency: the case of the comparative correlative. *Michigan Linguistics Society*, University of Michigan. http://ling.umd.edu/~htaylor/papers/Taylor_MLS2004_CC.pdf .

Taylor, H. L. 2006. Out on Good Syntactic Behavior. Generals Paper. University of Maryland. http://citeseerx.ist.psu.edu/viewdoc/download?doi=10.1.1.134.1369&rep=rep1&type=pdf.

Taylor, John R. 1997. Conditionals and polarity. In Athanasiadou and Dirven, eds., 289–306.

Thompson, Sandra A. 1985. Grammar and written discourse: Initial vs. final purpose clauses in English. Text 5 (1/2), 55–84.

Thompson, Sandra A., Robert E. Longacre and Shin Ja J. Hwang 2007. Adverbial clauses. In Timothy Shopen (ed.), *Language typology and syntactic description*, Vol. 2: *Complex constructions*. Cambridge: Cambridge University Press, 237–300.

Thompson, Sandra A., and Couper-Kuhlen, Elizabeth. 2005. The clause as a locus of grammar and interaction. *Language and linguistics*, 6 (4): 807–837.

Tommola, Hannu. 2005. Conditional constructions in Finnish. In Victor S. Xrakovskij (ed.), *Typology of conditional constructions*. (LINCOM Studies in Theoretical Linguistics 25). Muenchen: Lincom Europa, 357–389.

Traugott, Elizabeth Closs. 1985. Conditional markers. In John Haiman (ed.), *Iconicity in syntax*. Amsterdam/Philadelphia: John Benjamins, 289–307.

Traugott, Elizabeth Closs. 1997. *Unless* and *but* conditionals: A historical perspective. In Athanasiadou and Dirven (eds.), 145–167.

Traugott, Elizabeth Closs. 2000. Promise and pray-parentheticals. *Paper presented at the Eleventh International Conference on English Historical Linguistics*, Santiagov de Compostela, Spain, September 2000.

Traugott, Elizabeth Closs, Alice ter Meulen, Judy Snitzer Reilly, Charles A. Ferguson. 1986. *On Conditionals*. Cambridge: Cambridge University Press.

Traugott, Elizabeth Closs and Ekkehard König. 1991. *The semantics-pragmatics of grammaticalization revisited*. In Traugott and Heine (eds.), 189–218.

Traugott, Elizabeth Closs and Bernd Heine (eds.). 1991. *Approaches to grammaticalization*, Vol. 1/2. Amsterdam/Philadelphia: John Benjamins.

Traugott, Elizabeth Closs and Richard B. Dasher. 2005. *Regularity in semantic change*. Cambridge: Cambridge University Press.

Tsai, Mei-chih. 1996. A Discourse Approach to Causal Sentences in Mandarin Chinese. *Language, information and computation (PACLIC)* 11, 93–98.

Turner, Mark. 1996. *The literary mind*. New York: Oxford University Press.

Umbach,Carla. 2004. On the notion of contrast in information structure and discourse structure. *Journal of Semantics* 21 (2): 155–175.

Van der Auwera, Johan. 1986. *Conditionals and speech acts*. In Traugott *et al.* (eds.), 197–214.

Van der Auwera, Johan. 1997a. *Conditional perfection*. In Athanasiadou and Dirven (eds.),

169–190.

Van der Auwera, Johan. 1997b. Pragmatics in the last quarter century: The case of conditional perfection. *Journal of pragmatics* 27, 261–274.

Von Fintel, Kai. 1997. Bare plurals, bare conditionals, and *Only*. *Journal of Semantics* 14, 1–56.

Verstraete, Jean-Christophe. 2005. The semantics and pragmatics of composite mood marking: The non-Pama-Nyungan languages of northern Australia. *Linguistic typology* (9), 223–268.

Visconti, Jacqueline. 2003. From temporal to conditional: Italian auqlora vs English whenever. In K. M. Jaszczolt and Ken Turner (eds.), *Meaning through language contrast,* Vol. 2. Amsterdam/Philadelphia: John Benjamins.

Wang, Yufang. 1995. A corpus-based study of adverbial clauses in Mandarin Chinese conversation: A preliminary analysis. *Proceedings of PACLIC 10*. Hong Kong: City University of Hong Kong, 237–241.

Wang, Yufang. 2006. The information structure of adverbial clauses in Chinese discourse. *Taiwan Journal of linguistics,* Vol. 4.1, 49–88.

Werth, Paul. 1997. *Conditionality as cognitive distance*. In Athanasiadou and Dirven (eds.), 243–271.

Whaley, Lindsay J. 1997. *Introduction to typology: The unity and diversity of language*. Thousand Oaks, Calif.: SAGE Publications.

Wierzbicka, Anna. 1996. *Semantics: Primes and Universals.* Oxford: Oxford University Press.

Wierzbicka, Anna. 1997. *Conditionals and counterfactuals: Conceptual primitives and linguistic universals*. In Athanasiadou and Dirven (eds.), 15–59.

Wold, Dag. 1991. A few properties of *the…the…*comparative constructions. *Proceedings of the Second Annual Meeting of the Formal Linguistic Society of Midamerica* (FLSM2) at University of Michigan, Ann Arbor, 272–281.

Wu, Kuangming. 1987. Counterfactuals, universals, and Chinese thinking: A review of "The Linguistic Shaping of Thought: A Study in the Impact of Language on Thinking in China & the West" . *Philosophy East and West* 37 (1), 84–94.

Wunderlich, D. 1977. Assertion, conditional speech acts, and practical inferences.*Journal of Pragmatics* 1, 13–46.

Xrakovskij, Victor S. (ed.), 2005. *Typology of conditional constructions*. (LINCOM Studies in Theoretical Linguistics 25). Muenchen: Lincom Europa.

Xu, Liejiong. 2006. Topicalization in Asian Languages. In Martin Everaert and Henk van Riemsdijk (eds.) , *The Blackwell companion to Syntax,* Vol.5. Oxford: Blackwell Publishing, 137–174. 译文“亚洲语言中的话题化现象”，杨大然译,见徐烈炯、刘丹青 2007, 283–322.

Yamaguchi, Seiko Fujii. 1989. Concessive Conditionals in Japanese: A Pragmatic Analysis of the S1-*TEMO* S2 Construction. *Proceedings of the Fifteenth Annual Meeting of the Berkeley Linguistics Society*, 291–302.

Yang, Fan-Pei Gloria. 2007. A cognitive approach to Mandarin conditionals. Unpublished Ph.D. Thesis at University of California, Berkeley.

Yeh, David. and Dedre Gentner. 2005. Reasoning counterfactually in Chinese: Picking up the pieces. *Proceedings of the 27th Annual Meeting of the Cognitive Science Society*. Stresa, Italy, 2410–2415.

Yeh, Hui-Chen. 2000. Temporal and conditional clauses in Chinese spoken discourse: A function-based study. *PACLIC 14: 14th Pacific Asia Conference on Language, Information and Computation: Proceedings*. Waseda University International Conference Center, Tokyo, Japan, 365–376.

Yip Po-Ching and Don Rimmington. 2004. *Chinese: A comprehensive grammar*. London/New York: Routledge.

Zaefferer, D. 1990. Conditionals and Unconditonals in Universal Grammar and Situation Semantics. In R. Cooper, K. Mukai, and J. Perry (eds.) , *Situation theory and its applications I*. CSLI, 471–492.

Zaefferer, D. 1991. Conditional and unconditionals: Crosslinguistic and logical aspects. In Dietmar Zaefferer (ed.), *Semantic universals and universal semantics*, Groningen-Amsterdam studies in semantics 12. Berlin: Foris Publications, 210–236.

后记

一本著作的出版，不仅仅意味着某个话题研究的告一段落，还意味着一段可堪回首时光的定型和与这段时光相伴的所有故事的完成。

本书的出版大致可以分为三个阶段，与此对应的是不同阶段故事中的人与事。

第一个阶段当然是写作开始至2009年答辩结束。难忘北京望京中国社会科学院研究生院三十八亩小院的心无旁骛和日积月累。这一阶段的心绪集中呈现在了当时的“后记”中。历史的还原与留存，全文如下：

论文终于完成了。“终于”这个词，是每一位学人在写完论文的时候都会想到的词。它意味着自己经历过了学术探索的洗礼，它代表了自己的生活在经历了一段近似“疯癫”的时期之后又回归到自然。论文写作之初，李宇明师曾形象地描述说，至少要蜕一层皮，才能写出一篇博士论文。初听可怖，而当论文完成，才理解那确是真景实情。写作的过程，时而兴奋，时而颓唐；有时思路畅行、笔头繁忙，有时又望墙兴叹、不知航向。当思虑的火苗渐行燎原，躁动变幻成平淡；当散落的文字集结成篇，挣扎涅磐为坦然。论文终于写完。

路途尽管艰辛，但是有了老师、同学、亲人的鼓励与帮助，我才未耽于前行。谢谢！

三年前，吾师李宇明先生不计我初出茅庐、青涩无知，收我于门下。三年来，先生解我学业的疑惑，授我做人的道理。会议间隙，先生给我们讲解他论文的学术诱发点；报告会上，先生的讲座常听常新，总能给人许多启示与思索。毕业论文的选题源于先生的直接启示，此后，网上往来的电邮，办公室里浸心的探讨，家中促膝的长谈，这一切，见证了我论文的成长与长成。

当我深陷于理论思考不能自拔时，先生告诫说："理论是灰暗的，事实之树常青。"；当我踯躅于如何下笔时，先生鼓励说："思想在你笔下，理论在你笔下，关键是笔要动起来。"寥寥数语，却给我醍醐灌顶的警醒与久旱逢雨的欢畅。先生躬亲于国情民生之事，以一位学者特有的淡泊清风之节、执着奉献之性操劳于国家语言信息生活之大计。日日忙碌，月累年积，竟至椎间盘突出，很长一段时间，小腿也起浮肿。每次旁人劝说应好好休息调养一段时间，先生总是以"我自己的身体，我知道"搪塞过去，扭过头，又跋涉在语言生活的路上。为人为学如此这般，先生为我树立了一座精神的灯塔坐标！

三年来，师母白丰兰女士给了我莫大的关爱。许多次，自己将学业、生活上的难题和盘托出，师母总会以和煦的神情，达观的态度，鼓励的话语将我的阴霾扫光。2008年12月21日，师母生日。多日操劳，师母体内上火引起咽炎，但她还是在电话上给我说了很长时间，询问工作情况，嘱咐论文写作。找工作有消息后告诉师母，师母回短信说："太好了！安心写论文，别留遗憾…"师母身患类风湿，从卧床十几年到现在奇迹般地能蹒跚信步，师母教会了我们什么才是坚毅不屈，什么才是笑对人生！感动与感激并不能表达出我内心的情愫，还是踏实地多做点事情吧，带着师母的叮咛，靠着师母化给我们的精神力量！

三年来，社科院语言所为我们提供了广阔的学习空间和丰厚的学术给养。张伯江老师的功能语法，刘丹青老师的语言类型学，胡建华老师的形式句法，沈明老师的国际音标，方梅老师的篇章语法，这些课程让我们得以系统地学习各种理论方法，极大地开阔了眼界，增长了见识。论文开题时，沈家煊、刘丹青、张伯江、吴福祥四位先生，或是提示写作思路，或是增添语言事实，直接促动了之后文章的写作。所里定期组织的"语言学沙龙"，让我们在激烈的辩论中总有所得，而时不时直接聆听大师的讲演则给我们启迪万千。

三年来，我的硕士生导师冯学锋教授一如既往地关心着我的学习与生活。2006年刚来京时，冯老师"要努力学习""要有自信"的叮嘱奠定了我三年攻博的基调。论文写作伊始，我向美国加州大学洛杉矶分校陶红印教授讨读他尚未刊登出来的文章，陶老师不仅慷慨给与，而且对我的论文提出了切中肯綮的意见。写作中间，有粤语连词的一个问题向麦耘先生请教，麦老师也是尽心给以解答。

三年来，郑梦娟、邹玉华、贾红霞、何瑞、孙春颖、李晋霞、李艳华、王玲玲、吕禾、王继红师姐，尹洪波、邹海清、汲传波、陈前瑞、刘贤俊、周统权师兄，于辉、李英姿、王辉同窗，或者帮我学习之惑，或者助我生活之困。同门之谊，地久长存！

三年来，同级的吴早生、余光武、强星娜、陈丹丹、左玉瑢、赵翠阳，我们互助而行，共同经历了写论文时的痛苦与快乐和找工作时的艰辛与收获；完权、张定、陈敏哲、李可胜诸兄帮我复印资料，借我急需用书；王晓君师兄、柯航师姐在我找工作时提供了许多有用信息；好友张炜、马景、徐龙第、燕海雄，大家海阔天空，给我单调的生活送来些许斑斓的色彩；金兰挚友王峰，总是在我消沉无助时，送来及时的滋助。朋友之情，铭感腑内！

三年来，女友高莉伴我走过了每一步路程。高兴的时候，她与我分享；失落的时候，她给我最温暖的避风港。三年里她表现得远比我要坚强，承受了很多，付出了许多。我只能用一生来慢慢补偿！

最后的文字写给生我养我的父母。他们面朝土地度过了半生，奔波的脚步却从未停驻。我二十一年的求学路，父亲、母亲含辛茹苦！是时候了，让儿子，来接过你们肩头的重束！

需要补充感谢的，是刘丹青、张谊生、张旺熹三位先生对于论文的评阅指点，沈家煊、刘丹青、张伯江、崔健、郭锐五位先生答辩时的当面指导。

第二个阶段是2009年毕业至2016年。这段时间是拜师请教和投稿刊文的七年。感谢陆丙甫、陶红印、蒋严、萧素英、陈前瑞诸位先生的耐心答疑和不吝赐教，感谢强星娜、陈舜婷、李会荣、王玮、王琪等同侪的切磋讨论和美言鼓励。感谢《语言科学》（2篇）《世界汉语教学》《汉语学报》《中国社会科学院研究生院学报》《首都师范大学学报（社会科学版）》（2篇）《当代语言学》《东方语言学》《中国语文》《汉语学习》（3篇）《云南师范大学学报（对外汉语教学与研究版）》以及俄罗斯的《圣彼得堡大学学报》等杂志提供宝贵版面，感谢责编老师们严谨指正、悉心审校、认真编辑。

第三阶段是2017年至今。2016年9月，在李宇明、方梅和洪波三位先生的推荐下，拙作参与了商务印书馆2016年语言学出版基金的评审。次年3月，收到通知未能入选。但与此同时，商务何瑛老师也告知"匿名评审和终评专家们一致认为贵稿认真修改后可作为普通书稿在我馆出版"。真心感谢商务印书馆的不离不弃和慷慨收留，又过去七年，终于要出版了。第二次修订时，复旦大学王梦园博士多有助力，校正了书稿的许多例句，减少了书稿的一些漏误。

三个阶段，十五个春秋，融汇成一个个故事，一回回感慨，一声声感谢。

2016年从论文中析出的最后一篇文章投稿完成，从此就转向了语言政策规划和语言治理，至今又八年。有一次跟一位学友聊天，他问我啥时候再回归汉语句法语义研究，我回答说：不知道。事实上，也确实是不知道：有时候是出走了就未曾回头，有时候是离开了又返回，不到终点谁又能保证。但无论如何，条件句的研究都是我学术之河中不可或缺的源泉，都为我后来和未来的学术研究提供了充分和必要的条件。

王春辉

2024年正月初五日

于观约斋